그저그래

추이융왠(崔永元) 지음 | 리동혁 옮김

글

그저그래

초판 1쇄 인쇄 : 2002년 7월 8일
초판 1쇄 발행 : 2002년 7월 18일

지은이 : 추이융왠
펴낸이 : 박국용
편　집 : 조형미디어
교　열 : 오윤진
영　업 : 하태복
총　무 : 이현주
인　쇄 : (주)조광출판인쇄

펴낸곳 : 도서출판 금토
서울 종로구 신문로 1가 58-14 한글회관 203호
전화 : 02)732-6252, 6253　팩스 : 738-1110
E-MAIL:kumtokr@hanmail.net
HOMEPAGE:http://www.kumto.co.kr
1996년 3월 6일 출판등록 제16-1273호

ISBN 89-86903-32-6 03820
값 8,800원

Copyright ⓒ 2001 by CUI YONG YUAN
Chinese original edition published by HUAYI PUBLISHING HOUSE
Korean translation rights arranged with HUAYI PUBLISHING HOUSE through BEIJING
INTERNATIONAL RIGHTS AGENCY Co., Ltd.)/SEOUL PUBLISHING INTELLIGENCE
Korean Translation copyright ⓒ 2002
by KUMTO PUBLISHING Co.

이 책의 한국어판 저작권은 서울출판정보를 통한 저작권자와의 독점 계약으로 도서출판 금토에 있습니다.
저작권법에 의해 한국 내에서 보호를 받는 저작물이므로 무단 전재와 무단 복제를 금합니다.

푸른 하늘에 **흰 구름**이 없다면
하늘은 그처럼 푸르러 보이지 않는 법,
활짝 피어난 꽃 곁에 **푸른 잎**이 없다면
꽃이 그처럼 산뜻해 보일 수 있을까?

CONTENTS

6　추천의 글
10　한글판 책머리에

17　스승
38　먹자주의
59　친구
80　강호의 인생
90　세상의 풍류아
120　영도자
136　살아있다는 것
156　불면증

170　문화전달
188　고추는 작아도
212　취재 길
257　재판
275　동쪽엔 일본
287　사랑, 질병과 축구
297　웃음
306　또 몇 마디

310　옮기고 나서

추천의 글

추이융왠〔崔永元〕이라는 사람

류우전원〔劉慶雲·작가〕

지금까지 나는 추이융왠을 두 번밖에 만나보지 못했다. 그는 줄곧 '진실한 말 솔직하게〔實話實說〕' 프로를 진행했는데, 처음 그를 볼 때는 그 프로가 갓 시작되어 그 이름이 아직 사람들의 입에 오르지 않은 상태였다.

그때 그들은 문외한을 몇 사람 긁어모으고 전문가 한 분을 모셔다가 축구 이야기를 했다. 프로 제작에 들어가기 전의 저녁식사 때였다고 기억한다. 제작주임이 날라 온 도시락엔 채소가 많고 고기는 적은데다 밥이 식기까지 했다.

머리를 숙이고 밥을 먹고 있는데 우리가 식사하는 것을 보려고 추이융왠이 다가왔다. 그를 보자마자 나는 속으로 방송국이 야단났다고 생각했다. 새로 온 이 진행자는 입이 비뚤어져 있었기 때문이다.

그러나 프로가 시작되어 그가 입을 열자 내 곁에 앉아 있던 영화배우 뤼리핑〔呂麗萍〕이 혀를 차며 그를 부러워했다. 나도 뒤질세라 혀를 차며 탄성을 냈다. 정말 그 입이란 겉보기와는 다른 것이었다. 이후 몇 해 동안 '진실한 말 솔직하게' 프로를 봐오다 보니 그는 지금의 추이융왠이 되어버렸다.

우리 집 문 앞에는 구운 떡과 해장국을 파는 아저씨 한 분이 있다. 안후이성〔安徽省〕 출신으로 고향의 특유한 극인 황매극(黃梅戱, 중국의 수많은 지방 극의 하나로 후베이성의 황메이에서 생겨났으나 안후이성에서 대성공하여 안후이 사람이라면 저마다 몇 마디 부를 수 있다)을 좋아하는 것 외에 전국의 수많은 시청자들과 마찬가지로 추이융왠을 좋아한다. 매일 아침 해장국을 먹으러 가면 그 아저씨는 황매극을 잠시 중단하고 추이융왠 이야기를 꺼내곤 한다.
언젠가 그 아저씨는 밀가루 반죽을 탁 내려치면서 말했다.
"이 추이란 사람은 말이야, 말하는 게 글쎄 남들과는 다르다니까."
그 한 마디에 나는 추이융왠에게 감동하는 것보다도 더 그 아저씨한테 감동하고 말았다. 그가 추이융왠의 참모습을 발견했기 때문이다. 우리는 추이융왠이 우리처럼 말하기에 그를 좋아한다고 생각해왔다. 그의 상표가 바로 '서민진행자' 아닌가.
그런데 그 아저씨는 바로 추이융왠이 우리와 다르게 말하기 때문에 우리 마음에 든다는 것을 발견하지 않았는가?
추이융왠은 모든 TV 진행자들의 말하는 방식을 바꿔놓았는지도 모른다. 이런 변화는 우리한테 신선한 바람을 불어넣었다. 잘 생각해보면 생활 속의 모든 변화는 말과 말하는 방식의 변화로부터 시작된다. 어느 때든 예외가 아니다. 혹시 이것이야말로 우리 대중 생활에 대한 추이융왠의 공헌 아닐까?
그는 남다른 말하기로 사람들의 시선을 끌었다.
말하는 방식의 변화란 어떻게 말하는가, 유머러스한가, 지혜가 숨어 있는가 하는 것만이 아니다. 그보다 더 중요한 것은 무슨 말을 하느냐이다. 화제의 선택과 그 화제에 대한 자신만의 독특한 주관, 알맞은 이야기 전개가 중요한 것이다.
물론 이것이 모두 추이융왠 개인의 공은 아닐 수도 있다. 그의 뒤에는 기획자와 제작자와 작가가 숨어 있을 테니까.
두 번째로 추이융왠을 만난 것은 바로 이 책 〈그저 그래〉 때문이다. 나보고 책을 읽고 비평을 써달라고 한 것이다. 원고를 안고 집으로 가면서 나는 한구석이 불안했다. 말을 잘 한다고 꼭 글을 잘 쓰는 건 아니다. 창을 휘두르는 데 능하다고 해서 원숭이를 다루는 재간까지 있다는 법은 없다. 이런 책들은 나도 꽤나 보았지만 다 피리를 부느라고 눈을 가리지도 못하는 격이었다.
그러나 원고를 다 읽은 다음 내 입에서는 감탄이 절로 튀어나왔다.

"얘 괜찮은걸."

프로를 진행하는 방식이 남과 다르듯이 그가 쓴 책도 남과 달랐다.

다른 사람들의 책과 마찬가지로 자기가 겪은 일들을 쓴 것이지만 지나간 일들을 솎아서 골라낸 다음, 그 골라낸 부분에서 자기와 세계의 독특한 통로를 찾아냈던 것이다.

이 책의 짜임새는 아주 특별하다. 옛일들의 순서가 따로 없다. 전부 수십 년 후의 감각에 따라 다시 조합하고 배열했다. 예를 들어, 먹는 것이나 잠자는 것에 대한 느낌, 길을 떠나는 감정과 소리에 대한 생각 등이 그렇다. 수십 년의 침전과 여과를 거쳐 그는 자기 마음속에 남아 있는 말의 파편과 반향을 찾아내고 재생시켰다. 이런 구조를 문학작품에 사용한다면 최고의 작품이 될 것이다.

남들과 마찬가지로 가족과 친구, 동료들에 대해 쓰고, 어제와 오늘과 내일을 이야기했으며 흥분과 슬픔과 고뇌를 그렸지만 그는 이 모든 것들에 대한 사랑과 애환을 이성적인 높이에서 중년남자의 '그저 그래' 한마디로 요약해버렸다.

책에는 자신에 대한 조소가 가득 찼을 뿐 자아도취는 보이지 않는다. 하지만 바로 '그저 그렇기' 때문에 더욱 두드러지게 독자의 눈을 사로잡는다. 이런 걸 가리켜 무거운 것을 손쉽게 드는 격이라고 일컫는다.

그의 삶의 자세에 대해서도 이야기할 게 많다. 그는 책에서 여러 사람들의 신분과 생활을 살펴보았다. 하층 노동자들의 생활에 각별한 애정을 가지고 있었다.

그는 둥베이〔東北, 헤이룽장·지린·랴오닝 지방〕나 산베이〔陝北, 산시성 북부 지방〕, 신장〔新疆, 중국 서북부의 위그루 자치구〕에 가고 싶어한다. 거기에 가서 울지도 웃지도 못하는 고생을 하더라도 사람이 붐비는 호텔 홀보다는 편안하리라고 생각한다. 이것이 그가 꾸며서 한 말이 아니라면 그의 본성이 그런 것이라고 볼 수 있다.

이 책을 다 읽고 나자 속담 한마디가 생각났다.

'세상만물 가운데서 무엇이 가장 나와 친한가? 내 몸을 낳아준 어머니와 내 몸을 살려주는 곡식이지.'

책에서 나를 가장 감동시킨 부분은 다음 이야기다.

산베이의 왕커원(王克文)은 추이용왠의 친구로 산베이 민요 3천여 곡을 수집한 사람이다. 그 사람이 언젠가 추이용왠의 친구한테 무슨 일을 부탁하고 나서 미안해서 대추 한 상자를 인편으로 보냈다고 한다. 추이용왠이 친구에게 대추를 전달하면서 그 뜻을 알려주었더니 친구는 정중하게 말했다.

"마음놓으라고. 깨끗이 씻어 한 알 한 알 잘 먹을 테니."

친구와 헤어진 다음 추이용왠은 마음이 놓이지 않아 휴대폰으로 친구에게 메시지를 보냈다.

'동전 세 닢으로 바늘 두 개를 샀거니, 물건은 많지 않아도 인정은 소중하다네.'

이 책은 담담하게 붓 가는 대로 쓴 것이지만 문화적 함량이 매우 높다. 높은 문화의 힘이 이 책을 남다르게 만들어 주었다.

물론 이 책에도 흠이 없는 건 아니다. 제일 큰 병은, 그가 옛일을 말할 때 거친 데도 있고 오류도 눈에 띤다는 점이다. 사랑하는 사물과 미워하는 일에는 감정이 가득 찼지만 또한 책 속에는 평범한 부분도 끼어 있다. 때문에 어떤 장은 깊은 감명을 일으키지만 어떤 대목은 맹물처럼 맛이 떨어진다. 하지만 그런 맹물 같은 대목이 조금밖에 되지 않으니 다행이다. 대가리 떼버리고 꼬리도 잘라내면 그래도 먹을 게 많은 사탕수수라고 보아야겠다.

이 책이 출판되면 나는 즉시 두 권을 살 예정이다. 한 권은 내가 갖고, 또 한 권은 문 앞에서 해장국을 파는 아저씨에게 선사하겠다.

2001년 6월
베이징(北京) 빠리좡베이리(八里莊北里)에서

한글판 책머리에

한국 축구는 정말 수수께끼

내 책을 한글로 번역한 리동혁 씨를 만났더니 그는, 한국의 출판사에서 내 글을 읽고는 혹시 내가 한국계가 아니냐고 묻더라고 했다. 나는 킥킥 웃고 말았다. 나는 중국의 순종 한족(漢族)이고 조상 삼대를 올려 훑어도 다 한족이니 말이다.

그러나 내가 한(韓)민족과는 참 인연이 깊다는 생각이 든다.

어린 시절 나는 북한 영화를 많이 보았다. 그 속의 이야기와 인물과 노래는 내게 깊은 인상을 심어주었고 지금도 기억에 생생하다.

고등학교 시절 우리 담임이신 이병국 선생님은 조선족이었다. 그 분이 나에게 끼친 영향력은 본문에 상세히 썼기에 여기에서 더 말하지 않겠다.

사회에 나와서는 조선족 친구들을 사귀었다. 옌볜[延邊]TV의 김호는 내 불면증을 고쳐준다고 열성스레 나섰다가 성사시키지 못했지만 내가 이 책을 다 쓰도록 격려하는 데는 성공했다.

최근에도 한국인들과 여러 번 왕래가 있었다.

한국 이야기가 나오니 하는 말이지만, 열렬한 축구 팬인 나에게는 한국의 축구가 수수께끼여서 한국에 세 번 갈 때마다 여러모로 비밀을 알아보았으나 종내 소원을 이루지 못했다.

마침 2002년 월드컵이 한국에서 열리니 이번에 가면 비밀을 알 수 있을지도 모르겠다 여기고 5월 말부터 한국에서 보름 남짓 보냈다. 한국 팀의 월드컵 본선 첫 승리와 역사적인 16강 진출을 목격하고 한국 축구 팬들의 불같은 열정을 현장에서 접하면서 수수께끼의 답을 찾은 줄 알았는데, 귀국한 후 한국 팀이 8강, 4강으로 달려갈 줄이야! 나는 그만 입을 다물지 못했다.

한국 팀이 과시한 거대한 저력과, 그 밑에 깔려 있는 한국 국민의 의지를 제대로 알려면 아직도 알아야 할 게 참 많다는 생각이 든다. 그러자면 한국에 몇 번이나 더 나들이를 해야 할까.

이제는 또 내 책을 한국인들에게 선보이게 되었으니 참으로 한민족과 끈끈한 인연이 있는 게 아니고 무엇인가?

따져보면 여러 다른 환경에서 생활하는 한민족은 여러 다른 시기에 여러 다른 방법으로 내게 영향력을 행사했다. 이번에 내 책을 통해 한국인들에게 중국을 알릴 기회가 생겨 너무나 기쁘다.

〈그저 그래〉는 2001년 7월에 출판되어 6개월 동안에 21쇄, 정식 발행 부수만도 100만 부를 훨씬 넘어섰고, 해적판은 더구나 그 숫자를 헤아리기 어렵다. 아마 합해서 5백만 부는 넘으리라는 것이 책을 낸 출판사 측의 추산이다.

무엇이나 따져보기 좋아하는 사람들은 이상해한다. 자서전도 아니고 에세이도 아니며 소설도 아닌데 그렇게 잘 나간 이유가 무엇인가? 이게 도대체 무슨 장르란 말인가? 솔직하게 말해 나도 이 책이 무슨 장르에 속하는지 모르겠다. 그래서 그냥 '내 책'이라고만 부르기로 했다.

나는 그저 내 정신세계를 만들어준 실제적인 경험과 내 심금을 울려준 이야기 그리고 나를 감동시킨 사람들의 일을 사실대로 기록했을 따름이다. 그 사연들과 그 사람들이 나를 그처럼 감동시켰기에 내 문장력은 전문 작가보다 떨어지지만 그처럼 많은 사람들을 감동시킬 수 있었던 것이 아닐까.
'생활은 영원히 문학보다 아름답다'는 말이 다시 한번 증명되었다.
독자들은 책에서 지난 30여 년 동안의 중국인의 군상(群相)들을 보게 된다. 평범하거나 비범한 인간들이 어떻게 생각하고, 어떻게 움직였는가를 속속들이 알게 되므로 이 책의 가치는 바로 여기에 있지 않을까. 한국인들도 이 책으로 속 깊은 중국의 제 맛을 알게 되기를 바란다. 검은 안경을 끼고 중국을 보면서 무엇이든 다 새까맣다고 여기지도 말고, 핑크빛 환상에 젖지도 말기를 바라는 심정이다.
지금 한국과 중국의 두 나라 사이와 두 나라 인민들의 교류가 갈수록 빈번해지고 있고, 서로를 아는 정도도 깊어가고 있지만 아직 충분히 이해하지 못했다는 것은 분명한 일이다. 가끔 서로 오해도 있으므로 서로간에 더 많은 소통이 있어야 한다.
나는 중국에서 가장 인기 있는 TV 프로 중의 하나인 '진실한 말 솔직하게'를 6년 동안 진행해오면서 여러 가지 문화의 충돌과 포용과 교류를 탐구해왔다. 3만이 넘는 여러 나라, 여러 계층의 사람들이 우리 스튜디오에 와서 솔직하게 마음속의 생각을 털어놓았다. 한국인도 온 적이 있지만 너무 적어 중국에 오는 한국인의 숫자와는 걸맞지 않을 정도다.
중국인들이 한국인의 생각과 행동을 잘 알 수 있도록 이후에 '진실한 말 솔직하게' 프로 현장에서 한국인의 얼굴을 더 많이 볼 수 있기를 바란다.
이 책을 읽거나 읽지 않은 한국 친구들이 소원을 성취하고 만사형통하기를 삼가 기원한다.

2002년 6월 28일
베이징에서 추이용왠

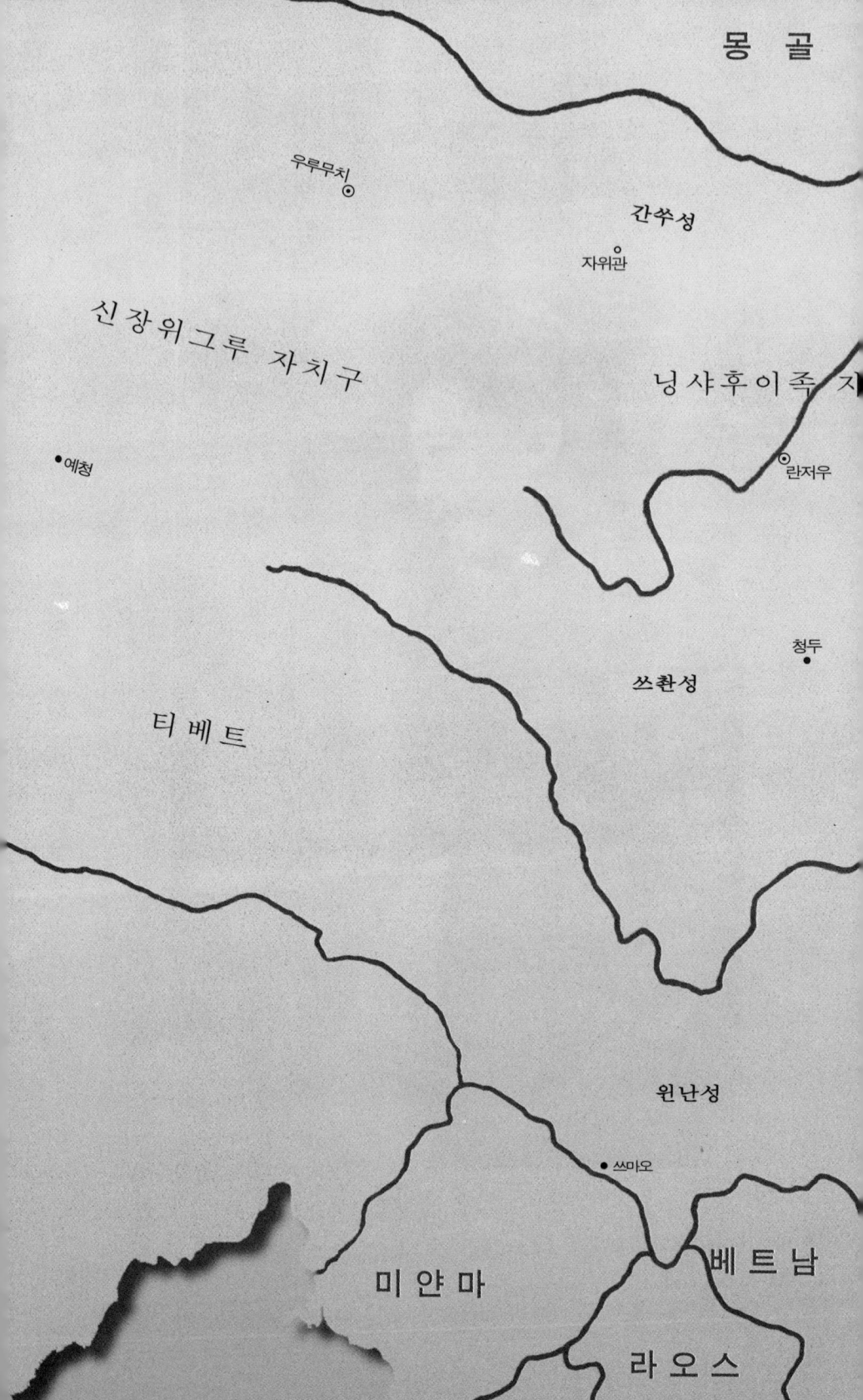

스승

싸우다 지면 '너 여기서 기다려, 우리 형님 불러오겠어'라고 하고,
그림을 잘 그리지 못하면 '내 스승은 아무개…'라고 말하기 좋아한다.
- 황융위(黃永玉, 원로화가)

나는 성이 왕(王)씨인 선생님들과 인연이 있어 어린 시절부터 어른이 되기까지 여러 분을 만났다.
학교에 가서 처음 만난 선생님이 바로 성이 왕씨인 여자 선생님이었다. 그때 우리 식구들은 전쟁이 일어난다는 이유로 모두 시골로 소개(疏開)되어 학교에 다녔으므로 학교에는 농촌 아이들이 많았다.
그들은 몸놀림이 크고 목소리가 높은 타고난 자유주의자들이었다. 그래서 선생님들이 다루기가 무척 어려웠다. 그들이 소란을 피우므로 자연히 나는 낙타 떼 속의 면양처럼 두드러졌다.
왕 선생님이 나를 편애한 것은 전적으로 내가 겉으로는 착하고 성실해 보였기 때문일 것이다. 그것은 내가 장난을 치기 싫어해서가 아니라 사실은 몸이 나빴기 때문이다.
나는 손바닥만한 땅벌 둥지를 막대기로 툭 쳐서 떨어뜨린 적이 있다.

그러자 머리가 벌한테 쏘여 마름모꼴로 변해버렸다. 같이 갔던 아이가 대대로 한의(漢醫)를 하다가 몰락한 가문에서 자라난 아이여서 냇가에서 약초를 찾아 내 상처에 발라주었는데, 오후가 다 지나도록 낫지 않아서 나는 머리가 시퍼렇게 된 채 집에 돌아올 수밖에 없었다.

다행히 그때는 벌에 쏘인 사람들이 아주 많아 나는 그들의 말대로 의외의 사고라고 둘러대어 어머니의 주먹질을 면했다.

왕 선생님이 나에게 맡겨준 체육부장 직무에 나는 미안할 지경이었다. 초등학교 3학년까지 수업 시간의 3분의 1은 병실에서 누워 지냈던 것이다. 감기, 신열, 설사, 편도선염, 골절 따위를 두루 겪다 보니 한동안 나는 베개 위의 소독약 냄새가 가족의 체취처럼 친근하게 느껴졌다.

왕 선생님은 어문(語文, 국어)을 가르쳤는데 담임 선생이기도 했다. 그 선생님은 내 첫 작문을 입에 침이 마르도록 칭찬해주셨다. '운동원은 시위를 떠난 화살처럼…' 이라는 대목을 특별히 좋아하셨다.

나중에야 알게 되었지만 이런 칭찬은 상투적인 수법이었다. 그러나 그때 선생님이 내게 칭찬이 아니라 비평을 했더라면 나는 어떻게 되었을까? 아이들의 자신감은 분명히 칭찬 속에서 자라나는 것이다.

이만하면 왕 선생님이 아주 완벽하게 하신 셈인데도 어머니는 더 많은 것을 요구하셨다.

"얘는 마음이 약해요. 잘못이 있으면 직접 훈계하지 않아도 되지요. 옆에 있는 사람들을 나무라기만 해도 얘는 질겁을 하니까요."

이런 어머니의 부탁에 대한 결과는 날마다 선생님이 나를 빗대고 다른 아이들을 야단치는 듯한 느낌을 받는 것이었다.

그 농촌에서의 3년 세월은 손가락 퉁기는 한 순간에 지나가고 트럭 한 대가 우리 식구들을 싣고 시내로 들어왔다. 베이징의 펑타이〔豊臺〕에 있는 제3초등학교에 가서 등록하니 새 선생님도 여자 선생님, 역시 왕씨였다.

학급에는 철도노동자들의 자제들이 많았다. 부모들이 일에 바빠 돌아다니다 보니 자식교육은 전부 선생님한테 맡겨버렸다. 학급의 몇몇 개구쟁이들이 소란을 부리기 시작하자 나는 시골학교가 그야말로 깨끗한 땅, 정토(淨土)라는 생각이 들었다.

1963년 생인 우리는 학교를 다니는 면에서는 정말 자랑할 만한 것이 없었다. '황하 가에 중화민족의 우수한 자손들이 모여' 하고 노래 부르던 30~40년대를 놓쳤고, '청춘만세, 모든 나날이 다 오리라' 는 50년대도 빠뜨렸으며, '광활한 천지에는 할 일이 많아' 라는 60년대와 '햇빛 찬란한 나날' 이라는 70년대도 겪어보지 못했다.

'4인방'(四人幇, 王洪文 · 江靑 · 張春橋 · 姚文元을 주축으로 한 극좌 과격파)은 우리를 극성스레 해치기도 전에 자기들이 먼저 고꾸라졌다. 순조롭다고 하면 참 순조로운 셈이었다.

정치운동이 우리에게 남겨준 가장 심각한 기억은 고전소설 〈수호지〉를 평론한 사건과 '송강(宋江) 비판' 그리고 '우경번안풍 반격' 이었다. 1970년대 중반에 정치목적 때문에 전국적으로 〈수호지〉를 비판하고, 특히 그 주인공인 송강을 투항파라고 단죄했다.

또한 덩샤오핑이 70년대 중반에 정계에 복귀하여 문화대혁명에서 타도되었던 인물들을 등용, 지난날 억울하게 비판 당한 사건들을 시정했는데, 이것을 '우경번안풍' 이라고 점찍어 반격했다. 그 결과 덩샤오핑은 일생에서 세 번째로 실각되었다.

〈수호지〉 평론이 우리들에게는 이야기를 듣는 좋은 기회였다. '지혜롭게 생일선물을 빼앗다', '임충(林冲)이 눈오는 밤에 양산박에 올라가다', '축가장을 세 번 치다' 따위의 이야기에 홀딱 반해 우리는 날마다 선생님한테 물어보았다.

"다음번에는 언제 계속 비판합니까?"

'우경번안풍' 반격에 대해서는 며칠 전에 뒤져낸 쌍〔桑〕 아무개라는 동창생이 쓴 반격시가 여기 있다.

작년 7, 8, 9월에
번안바람 맹렬하게 창궐하였지.
그놈들은 '번안번안' 떠들어대면서
당중앙에 총부리를 겨누었단다.

비판 임무가 내려오면 우리 3인 전투소조는 즉시 집으로 돌아가 신문과 먹을 찾아내어 대자보(大字報, 50년대에 나타나 60~70년대 문화대혁명 시기에 전성기에 이르렀다가 덩샤오핑 시기에 금지되었다)를 쓰기 시작했다.

처음에는 묵은 달걀이라는 뜻으로 별명이 로딴〔老蛋〕인 애가 썼는데 하도 신통치 않아서 나는 차마 두고 볼 수가 없었다. 내가 다시 한번 써서 셋이서 대자보를 겨드랑이에 끼고 학교로 돌아와보니 어느새 대자보가 온 학교에 쫙 나붙어 있어 우리 것은 붙일 자리가 없었다.

대부분 대자보는 입에 발린 소리를 하는 것 외에 구체적으로 사람을 지목했다. 정치운동은 눈앞의 가시를 뽑아버리는 절호의 기회라는 것을 사람들이 모를 리 없었다. 한 인간이 정치운동에서 허리를 다치고 나면 일생 병신이 되고 마는 것이다.

어른들은 평소의 온화한 모습은 온데간데없이 사라지고 다 서슬이 퍼래 가지고 체면을 가리지 않았다.

별안간 박수소리가 터져 나왔다. 웬 학생의 어머니가 대자보를 들고 갈라진 목소리로 선생이 자기 자식을 박해한 죄질을 고발하고 있었다.

"친하냐 친하지 않느냐는 계급에 따라 다르고, a, b, c를 배우지 않아도 혁명하는 것은 마찬가지다."

대자보를 붙일 데가 없어서 그 여자는 망연한 표정이 되었다. 그래서 사람들은 그녀를 보고 다른 대자보 위에 덧붙이라고 부추겼다. 짓궂은 장난 같은 박수소리와 환호소리 속에서 그녀는 대자보를 붙였고, 사람들은 '와' 하고 몰려들어 서로 밀쳐대며 구경했다.

나는 그때의 느낌을 정확하게 그려낼 수 없다. 그저 왕 선생님이 비판 대상이 아닌 것을 보고 안도의 숨을 내쉬었던 것만 생각난다.

나는 어릴 때부터 자기를 내세우기 좋아했고, 자라서는 걸핏하면 악몽을 꾸었다. 어린 나이에 남의 총잡이가 될 뻔한 적이 얼마였던가. 나이가 어리다는 걸 방패로 삼을 수 있지만 마음속의 불안한 심정은 여전히 일생을 동반하게 된다.

'진실한 말 솔직하게' 프로에 나왔던 쓰궈량[史國良]이 바로 그런 사람이었다. 초등학교 3학년 때 그는 썬궈언[申國恩] 선생님이 교실에서 '린뺘오[林彪, 60년대 말에서 70년대 초반 중국의 2인자. 71년 9월, 비행기를 타고 외국으로 도망가다 몽골에서 추락해 사망]는 카멜레온이다' 라고 말했노라고 고발했다. 그때부터 썬 선생님은 이루 말할 수 없는 고초를 당했다.

"제가 선생님을 찾아뵈었을 때 선생님은 변소의 구더기가 우글거리는 물 속에 서서 검토서를 쓰고 계셨습니다. 팔에는 상처가 드러났고, 다리는 물에 잠겨 허옇게 되었더군요. 저는 선생님한테 토마토 한 개를 드렸습니다. 선생님 말씀이 이랬어요. 참 맛있네요, 이건 금년에 처음으로 먹어보는 토마토군요, 선생님은 토마토를 제일 좋아해요…."

 2000년 3월의 어느 날, 방송국 스튜디오에 나와서 키가 180cm 이상인 쓰궈량은 소파에 옹송그리고 앉아 어린애처럼 엉엉 울었다.
 "우리 함께 썬 선생님이 어떤 분인가 알아봅시다."
 내가 말했다. 대형 브라운관에 선생님의 미소를 띤 사진이 나타났다. 젊은 시절부터 그녀는 미소를 곧잘 지었다. 세월이 흘러 백발이 성성해져서도 이처럼 조용히 웃고 계셨다. 잠시 후 선생님이 현장에 나오셨다. 소박한 옷차림에 잔잔한 미소를 지은 선생님을 보고 그 자리에 있던 사람들은 모두 눈물을 쏟고 말았다.
 34년이 지나갔다. 쓰궈량은 드디어 직접 자기 입으로 선생님한테 사과할 수 있었다.
 "죄송합니다. 선생님."
 우리는 어떠한가?
 우리한테는 쓰궈량 같은 미안한 마음이 있기나 한가?
 우리가 자기 손으로 직접 누군가를 다치게 하지 않았을 수도 있다. 우리는 양심의 추궁을 계속 피했는지도 모른다. 아예 마음에 두지 않았을지도 모른다.
 그러면 역사는 재현될 가능성이 높다. 우리와 우리의 후대는 다른 비극에서 중요한 역을 나눠 맡을지도 모른다.

 왕 선생님은 1년 동안 나를 가르쳤다. 다음 선생님에게 인계할 때 왕 선생님의 평가는 너무 좋았다.
 '이 학생에게서는 아직까지 그 어떤 결함도 발견하지 못했음.'
 그 평가는 다음 선생님이 나를 못살게 구는 구실이 되었다. 젊고 힘

좋은 여자 선생님은 나를 맡게 되자 이를 악물고 으름장을 놓았다.
"너 인기가 천장 높은 줄 모른다지? 어디 한번 바로잡아줘야겠다."
나도 거기에 괜찮게 대응해주었다. 아마 자라는 나이가 되어서 그런지 날마다 딴 생각에 잠겨 칠판을 멍하니 바라보면서 정신을 팔기 일쑤였다.
수학 시간에 선생님이 교편을 들고 칠판의 오른쪽 왼쪽을 가리키면 학생들의 머리가 모두 오른쪽 왼쪽으로 움직였는데 유독 나만 듬직하게 앉아 움직이지 않았다. 그래서 선생님은 분필 한 토막을 꺾어 정확하게 내 얼굴에 명중시켰다.
"미꾸라지 한 마리가 개울을 흐려놓는구나!"
수학을 가르치는 루(魯)선생님의 말씀이었다.
'우와!' 학급 일동이 환성을 올렸다. 몇몇 열등생들은 두 팔을 벌려 내가 자기들의 대오에 들어오는 걸 환영했다.
그때부터 내 수학성적은 일시에 추락했고, 수학공포증에 걸리고 말았다. 대학 입학시험을 마치자 내 머릿속을 스친 첫 생각은 이제 다시는 수학과 씨름하지 않아도 되는구나 하는 것이었다.
서른여덟 살이 되는 생일 전의 어느 날, 나는 자다가 악몽에서 깨어났다. 가슴이 후두둑후두둑 뛰었다. 꿈에 또 수학시험을 본 것이다.
'못에는 물이 들어가는 관이 있는데 5시간이면 물을 가득 채울 수 있다. 못 밑바닥에는 물이 빠져나가는 관이 있는데 8시간이면 물을 다 뺄 수 있다. 물이 들어가는 관과 빠지는 관을 동시에 틀어놓으면 몇 시간이 지나면 빈 못에 물을 다 채울 수 있는가?'
쳇, 머리가 돌았잖아? 대체 물을 채우려는 거야, 아니면 물을 빼려는 거야?
어느 날 내가 자유시장에 수박을 사러 갔더니 사람들이 손가락질하며 수군거렸다.

"저 사람, '솔직하게' 아냐?"

수박 좌판 앞에 멈춰 서자 장사꾼은 기분이 좋아 나를 쳐다보며 웃는 눈이 느물느물했다.

"추이 형, 큼직한 걸로 하나 골라 드릴게요. 무게는 일곱 근 여섯 냥 네 돈인데요, 한 근에 1위안 1마오 5편입니다. 추이형, 그럼 몇 위안일까요?"

나는 그만 자제력을 잃고 버럭 소리쳤다.

"잡소리 그만해요!"

미안! 나에게는 수학이 상처요, 눈물 흔적이다. 수학은 습관성 관절염에 시달리는 다리요, 류머티즘이다. 수학은 백혈병, 수학은 심근경색, 수학은 중풍…. 수학이 재앙일 때는 다른 것은 뭐든 다 할 수 있어도 수학만은 아니었다.

때문에 나는 여러 선생님들이 너무 매정하게 제자를 대하지 말아달라고 간청하는 바이다. 무심결에 던진 한마디 말이나 별 생각 없이 한 한 가지 행동이 학생의 마음을 닫아버려 그의 생명복도에 창문이 하나 줄어들 수도 있으니 말이다.

고등학교 1학년이 되어 또 왕 선생님 한 분을 만났다. 안경을 낀 남자 어문 선생님이었다.

나의 작문은 마침 창작열에 불타고 있어서 멋진 생각이 샘솟듯 하는 단계였다. 왕 선생님은 우리를 맡게 되자 각자 작문을 한 편씩 지으라고 시키셨다.

작문을 써내자 이틀 후 강평이 있었다. 선생님은 작문을 세 등급으로 분류해놓았다. 첫 등급 학생들은 잠재력은 있지만 아직 틀이 잡히지 않았다고 했고, 두 번째 등급 학생들은 아직 멀었으니 어문 공부에 바짝 더 힘을 써야 하겠다고 했다. 그리고 나서 선생님은 세 번째 등급의 첫 장을 집어들고 안경을 치켜올렸다.
"추이융왠이 누구지?"
내가 자리에서 일어났다. 선생님은 교탁에 작문을 탁 내려놓았다.
"아예 비슷하지도 않구먼!"
나는 속이 뜨끔했다. 수학은 이미 끝장났는데 이번에는 어문이라니. 이제 학문을 하기는 다 글렀으니, 사람 노릇이나 제대로 해야겠다.
선생님의 말씀이 이어졌다.
"추이융왠이 잘못했다는 것은 근거가 있는 말이다. 어린 나이에 벌써 판에 박힌 팔고문(八股文, 명나라, 청나라 때 과거시험에 규정한 문체. 엄격한 틀에 맞춰 써야 하고 딱딱한 것으로 유명하다)에 물들었으니 망친 게 아니고 무엇이냐."
그러나 나는 첫 빰을 맞았을 뿐이었다. 그 후 학급에서 글깨나 쓴다고 알려진 창작중견들이 골고루 빠짐없이 훈시를 들었다.
왕 선생님은 성질도 사나웠다. 교실에 들어서서 전 시간 수업에 쓰던 지구의가 아직도 교탁에 놓여 있는 게 눈에 뜨이자 대뜸 집어들어 창문 밖으로 내던지고는 손을 툭툭 털었다.
"난 수업할 때 이따위는 필요 없어!"
전 시간 수업이 끝난 후 칠판을 닦지 않았으면 또 이렇게 중얼거렸다.
"너희들 눈이 좋은 게 다행이구나."
그러고는 붉은 분필을 들고 흰 분필 글씨 위에 판서를 시작했다. 언젠가는 칠판 앞에 다가가 막 글을 쓰려다가 손을 멈췄다.
"지워버리기는 아깝구먼. 틀린 구절 고치는 연습이나 하지 뭐."

칠판에는 방금 전 음악시간에 배운 노래가사가 적혀 있었다.

저 아름답고 부유한 서사군도엔
우리 선조 세세대대 생활한 고장…

엄격한 요구는 과연 효과를 보았다. 그후에는 눈앞이 환해지는 느낌을 주는 가작들이 몇 편씩 나오곤 했다. '차등'과 '중등'이던 내 성적에 '양호'도 가끔 덧붙여졌다.

어른이 된 후 나는 이 일을 떠올릴 때마다 왕 선생님의 교육 방식이 훌륭하게 느껴져 머리를 끄덕이곤 한다. 글을 쓰는 데는 고정된 법칙이란 없다. 때에 따라 달라야 하고 틀에 매이지 말아야 좋은 글이 나올 수 있다. 고등학교 1학년 때 왕 선생님의 일갈은 나에게 벼랑 끝에서 말을 멈추게 해주었다.

물론 그 방법에는 토론의 여지가 있겠지만.

왕 선생님과 비교하면 담임인 리병국(李秉國) 선생님은 가르치는 방법이 보다 예술적이었다. 다음에 나오는 '세 번의 거짓말'에는 이 선생님이 나를 도와준 일이 상세하게 기록되어 있다. 한평생 잊지 못할 일이다.

그때 우리는 농구를 무척 좋아해 수업시간 사이의 쉬는 시간에도 두 팀으로 나누어 신나게 놀곤 했다. 급우 주흥(朱宏)은 뚱뚱하다 보니 땀을 제일 많이 흘렸다. 그래서 수업을 시작한 다음 10분 동안은 땀을 닦느라고 아무것도 들을 수가 없었다. 선생님들은 그 때문에 여러 번 야단을 쳤으나 별 효험을 보지 못했다.

어느 날 하루 수업이 다 끝난 다음 리 선생님은 신발을 갈아 신고 우

추이융왠, '진실한 말 솔직하게' 프로 진행 중.

리와 함께 농구장으로 달려갔다. 이번에는 땀이 흠뻑 났다. 몸을 씻으면서 선생님은 말씀하셨다.

"얼마나 상쾌해. 공놀이와 수업을 다 잘 할 수 있잖아."

그때부터 누구도 수업 중 휴식 시간에 농구를 하지 않았다.

새해가 되면 학교의 높은 분들이 교실마다 돌아다니며 귀에 걸면 귀걸이, 코에 걸면 코걸이 같은 말들을 하고 갔다. 높은 분들을 전송한 다음 리 선생님은 커튼을 치고 말씀하셨다.

"자, 이리 와. 내가 왈츠를 가르쳐줄게."

선생님은 조선족으로 노래 잘하고 춤 잘 추는 분이었다. 하나 둘 셋, 하나 둘 셋, 쿵차차 쿵차차…. 우리는 이렇게 또 예술의 다른 한 세계로 들어갔다.

그 당시 남자가 여자를 끌어안고 추는 춤은 금지 상태여서 공개적으로 출 수 있는 춤은 손에 손을 잡고 추는 '청년친선원무곡' 뿐이었다.

왠[袁] 선생님이 교실에서 다른 사람과 왈츠를 춘다는 소문이 돌았다. 어느 동급생이 책상 두 개를 쌓아놓고 올라가 문 위의 유리를 통해 들여다보고 정찰한 성과였다. 그래서 호기심이 발동한 우리는 그 춤을 가르쳐달라고 왠 선생님한테 졸라댔다.

새해 저녁 축제는 굉장히 떠들썩했다. 하오밍저[郝明哲]와 우원후이[武文輝]의 재담 '지명 알아맞히기'가 단연 이채로웠다. 수수께끼 방식에 따르면 완전히 엉터리인 수수께끼도 수두룩했는데, 그런 엉터리가 먹혀들어가 사람들은 와하하 즐겁게 웃어댔다.

나는 속으로 크게 불만스러웠다. 그 전에 나와 쑹진산[宋金山]이 선보인 재담은 격식에 딱 맞았는데도 별다른 반응이 없었으니 말이다.

20년 후 다시 만나보니 하오밍저는 약장사로, 우원후이는 건재장사로 다 부자가 되었다. 허 참, 요즘 세월에는 결과만 보고 과정을 중시하지 않는다니까. 룰에 어긋나게 카드를 던지는 사람들이 언제나 앞선단 말이야.

리 선생님의 역사 수업은 정말 뛰어났다. 페이지의 숫자와 색깔, 위치 등을 이용하여 여러 가지 방법으로 같은 역사 사실을 세 번씩 가르치는 것이었다. 공을 들여 가르쳐주는 이런 방법은 페이지 순서대로 한 번만 가르치는 방법과는 완전히 달랐다. 결과는 성공이었다. 그는 전국 우수교원으로 평가받았고, 우리는 대학입시 역사 과목에서 높은 점수를 따냈다.

리 선생님과 왠 선생님은 '손에 손잡고' 우리를 대학에 보내주셨다.

대학에서는 앤[閻] 선생님이 나를 맞아주셨다.

대학의 주임 선생은 고등학교와 다르다. 이론적으로는 자아관리를 한다지만 사실 양을 먹이는 것처럼 제멋대로 놔두는 것이다. 후에 앤 선생님이 좀 다스려보려 할 무렵에는 이미 통제할 수 없는 국면이 되어 곳곳에서 제후들이 할거했다.

앤 선생님은 어떻게 하면 좋을지 몰랐다. 전교회의를 할 때 우리는 다 숙소에 숨어서 가지 않았다. 선생님이 밖에서 문을 두드리면 우리는 한결같이 목소리를 가늘게 빼면서 대답했다.

"아무도 없어요."

앤 선생님은 화가 나서 창문을 훌쩍 뛰어넘어 방으로 들어오자마자 댓바람에 쏭잰[宋健]의 이불을 걷어 젖혔다. 그래도 쏭잰은 방금 배운 토끼꼬리 만한 법률 지식으로 궤변을 늘어놓았다.

"함부로 남의 집에 들어오는 건 위법 행위입니다!"

4년 동안 이렇게 신나는 싸움을 계속했다.

졸업 모임에서 앤 선생님은 이렇게 말씀하셨다.

"4년 동안 불쾌한 일들이 아주 많았지만 그래도 우리는 4년 동안 함께 살아왔으니 여러분들은 불쾌한 일들을 잊어버리고 각자 자기의 일터에서 힘써 일하기를 바랍니다."

왁자지껄 떠들어대던 우리는 한 순간 조용해졌다. 그 조용함은 아마 선생님의 4년 고생에 대한 최고의 포상일지도 모른다.

스승이란 도를 전수하고 지식을 가르쳐주며 의혹을 깨우치는 직분이다. 스승 노릇하기는 쉽지 않다. 머릿속의 의혹을 깨우쳐줄 수 있어야 최고 경지에 이르는 셈이다. 사회에는 명사(名師)의 고족(高足, 뛰어난 제자)들이 학문은 많은데도 나쁜 길로 줄달음치는 경우가 있다. 바로 마지막 수업, 인간 노릇 하는 것을 제대로 배우지 못했기 때문이리라.

어느덧 10년이 지나갔다. 1995년, 우리는 또다시 방송학원에 모였다. 옛날의 과대표가 말했다.

"앤 선생님의 말씀을 또 들어봅시다."

이번에는 마음속에서 우러나오는 박수소리가 터졌다. 열렬하고 우렁찼다. 선생님의 눈가가 축축해진 것이 내 눈에 띄었다.

"제군들, 여러분들에게 할말이 있소. 지난 주일에 나는 내 신상을 알아냈소. 내 부모는 일본인이고 나는 일본인이 남겨둔 고아였소. 지금 일본에 있는 친척들과 줄이 닿아 이제 곧 일본에 가서 정착하게 된다오. 우리의 우정이 계속되기를 바라는 바요. 내 중국 이름이 앤칭원〔閻慶文〕인 건 다 잘 아는 바이니 이제는 내 일본 이름을 기억해주시오. 꿍치원칭〔宮崎文清, 중국식 발음〕이오."

"꿍치 군, 수고하셨습니다!"

우리는 환호했다.

[부록 · 세 번의 거짓말]

아버지가 지어준 이름은 썩 좋은 편이 못 된다. 부르기가 쉽지 않아서 기억하기도 쉽지 않으니 말이다. 내 이름이 TV에 수백 번 나갔는데도 제대로 기억하는 사람이 얼마 되지 않아 나를 아예 '솔직하게'라고 부르는 게 습관이 된 사람들이 많다.

그러다 보니 압박감이 한층 더해졌다. 진실한 말을 솔직하게 한다는 것은 거짓말을 하지 않는다는 뜻인데, 누군들 거짓말을 한 적이 없었던가? 전문가들은 이렇게 지적한다. 누가 지금까지 한 번도 거짓말을 한 적이 없다고 한다면 그 말이 바로 거짓말이라고.

그런데 '솔직하게'가 별명이 되면 그 사람에 대한 기대도 달라진다. 보통사람이 고기를 먹는 것은 별일 아니지만 중이 고기를 먹으면 큰 탈이 나는 것과 마찬가지다. 이것 또한 직업의 도덕성과 관련된 문제다. '솔직하게'가 거짓말을 하면 꼭 작은 신문의 톱에 올라가고 만다.

사람은 태어날 때부터 거짓말을 하는 것은 아니다. 거짓말을 할 때가 되면 거짓말이 저절로 나오니 스승이 없이도 배우게 된다. 하지만 그래도 이러저러한 원인은 있게 마련이다.

나는 먼저 거짓말을 수없이 했다고 시인해야겠다.

대부분 얼마 지나지 않아 잊어버렸지만 몇 번 거짓말한 경력은 마음속에 깊이 새겨 있다.

초등학교 4학년 때 어느 날 오후, 학교로 가는 길에 가을 바람이 불며 먼지가 흩날렸다. 몇 십 미터 앞 먼발치에 흰빛이 번뜩이는 것이었다. 같은 동네 아이들과 함께 걸어가면서 우리는 저게 백지냐, 연이냐, 흰 천이냐 하고 의아스러워했다.

가까이 다가가 보니 눈이 밝고 손이 잽싼 내가 그것이 스카프인 걸 발견하고 얼른 주워들었다. 괜찮은 스카프, 그 시대의 사치품이었다. 스카프는 아이들 손을 오간 후 내 손으로 되돌아왔다.

학교에 가서 나는 직접 선생님한테 그것을 바쳤고, 늘 하던 대로 물건을 줍고도 감추지 않은 사람이라고 칭찬을 들었다. 솔직하게 말해 그 때 나는 반이나 학교에서 첫 손에 꼽힐 만한 훌륭한 학생이어서 칭찬을 밥먹듯 들었다.

이번 표창도 마음에 새겨두지 않았는데 화근이 남았을 줄이야.

저녁에 학교에서 나와 길에서 장난을 치며 발걸음도 가볍게 집에 들어서자 어머니가 엄숙한 표정을 짓고 앉아 계셨다.

대화는 대체로 이러했다.

"스카프는 누가 주웠지?"

"전데요."

"그때 다른 사람이 있었냐?"

"네."

"몇 사람?"

"셋이요."

"그럼 왜 네가 주운 거라고 한 거야?"

"제가 제일 먼저 보았거든요."
"거짓말!"
어머니는 버럭 소리를 지르시더니 빗자루를 들고 달려들어 마구 때리기 시작했다.
우리 집 4남매 가운데 나는 막내다. 아버지는 공정병(工程兵, 토목공사를 담당하는 인민해방군의 병과, 지금은 없어졌다)이어서 산을 만나면 길을 뚫고, 물을 보면 다리를 만드느라고 집 문 앞을 지나치면서도 들어오지 않기가 예사였다. 그래서 자식들을 가르치는 중책은 어머니 한 사람 어깨 위에 놓여 있었다.
우리 넷은 큰 일은 저지르지 않았지만 사소한 잘못은 가끔씩 있었다. 너무 부드럽게 설득하여 교육하면 근본을 고칠 수는 있더라도 너무 늦게 효험을 보게 된다고 생각한 어머니는 급한 병에는 독한 약을 쓴다고 때리는 것을 상책으로 알고 계셨다. 몸을 건드려 영혼을 울려보겠다는 심사였다.
빗자루가 산산이 부서지자 어머니도 한숨 돌렸다. 두 번째 질문이 시작되었다.
"왜 거짓말 했냐?"
"…."
"왜 네가 주운 거라고 했느냐 말이다."
"…."
"말햇!"
"제 생각에는 바로 제가 주운 건데요."
"네 생각에는? 남들이 다 보지 못하는데 너 혼자 보았단 말이냐? 거짓말하는 건 품성 문제다. 어릴 때부터 품성이 나쁘면 자라서 감방살이를 하게 돼. 너 알아?"
　"알아요."
　"알면서도 왜 거짓말을 했지?"
　"전 거짓말 하지 않았어요."
　그래서 두 번째 매질이 시작되었다.
　밤에 잔등이 화끈화끈 아파서 누울 수가 없었다. 그래서 침대에 엎드렸다. 잠이 잘 오지 않으니 요리조리 궁리를 했다. 첫째, 이후 비슷한 상황에 부닥치면 무조건 피하고 본다. 둘째, 누가 고자질했는가를 알아내어 그와 모든 관계를 끊는다.
　내 기억에는 그 이튿날 신열이 대단했던 듯하다.
　자식들에 대한 어머니의 정성은 대단했다. 학문도 높지 않고, 사람 노릇 하는 이치도 아는 게 많지 않지만, 소박한 판단으로 자식들에 대한 요구 기준을 정하곤 했다. 강경한 수단도 불사하면서 고상한 품성을 배양하는 데 해로운 짓들은 일체 엄금했다.
　여러 해 지나 형님과 누나들이 차례차례 일을 하기 시작했는데 우리 남매들에 대한 사람들의 공통적인 평가는, 착하고 성실하나 조금 맥을 추지 못하는 정도라는 것이었다. 별로 이름을 날리지 못하고, 큰 성과를 거두지는 못했지만 형제자매 사이에 줄곧 서로 믿고 도와주었다. 이런 화목한 분위기만으로도 많은 가정의 부러움을 자아내기 충분했다.
　눈 깜빡할 사이에 초등학교로 진학했고, '4인방'도 거꾸러졌다. 공부는 정당한 일이 되었다. 그때 온 나라 국민들이 다 그 동안 밀렸던 공부를 한 것 같다. 문화지식을 보충하는 한편 식견도 넓혀갔고, 옛날 영화도 다시 돌렸다.
　나는 처음부터 영화에 반했다. 특히 옛날 영화에는 흠뻑 반했다. 어느 날 밤, 학교에서 조선영화 '기관사의 아들'을 돌린다기에 우리는 운동장에 쪽걸상을 갖다 놓고 자리를 미리 차지하고 기다렸다. 그런데 하늘의 풍운조화는 예측할 수 없는 일이라 소낙비가 쏟아졌다. 사람들은 뿔뿔이 흩어져 집으로 돌아갔고, 영화상영대는 기계를 거두었다.

집에 돌아와 목욕하고 침대에 누웠으나 기분이 나지 않고, 눈꺼풀에는 졸음이 매달렸다. 그런데 얼마 지나지 않아 비가 그치고 하늘이 개었다. 별과 달이 맑은 하늘에 걸려 참 예뻐 보였다. 이러면 영화를 돌리지 않을까? 이렇게 짐작한 나는 운동장에 가서 알아보겠다고 어머니를 졸라댔다.

어머니의 허락이 떨어지기 무섭게 나는 1킬로미터 밖에 있는 운동장으로 거의 날다시피 뛰어갔다. 과연 영사막이 다시 걸려 있었다. 그래서 또다시 날 듯이 집으로 달려왔고, 온 집안 사람들은 침대에서 내려와 옷을 입고 즐겁게 영화구경을 하러 갔다.

두 번째 거짓말은 바로 이 영화와 관계된다.

어느 날 오후 수업을 마치고 집으로 돌아오다 보니 군부대의 지하차고에서 옛날 영화를 몇 편 연거푸 돌리는 것이었다. 어느 급우가 들어가 보자고 제의해 들어갔는데 그만 자석에 붙은 쇠처럼 될 줄이야.

손오공이 주인공인 만화영화 '천궁의 소란'은 선이 아름답고 인물이 생동감이 있는데다 음악도 듣기 좋았고, 이야기 또한 신기했다. 끝까지 보지 않을 수 없었다.

그 다음에는 소련영화 '바다 밑에서 간첩 나포'였다. 나로서는 처음 보는 간첩영화였다. 심금을 사로잡는 줄거리에 시간을 까먹은 지 옛날이었다. 세 번째 영화는 중국영화 '무명도'였다.

그 영화가 시작할 무렵에는 날이 어두워진 지 오래였다. 나는 제목만 보고 나서 사람들 사이를 비집고 나와 집으로 돌아가면서 궁리했다. 이렇게 늦게 돌아가서 어머니에게 어떻게 이야기한담?

당황한 기색이 얼굴에 환하게 드러나는데다 거짓말은 앞뒤가 맞지 않으니 어머니는 한눈에 간파하고 전과 같이 한바탕 잡아 팼다.

하지만 나는 어머니를 원망하지 않는다.

지금의 교육이념으로 그 시대의 부모를 평가하는 것은 공정하지 못하다. 나는 항상 어머니의 착한 마음씨와 정직한 인품 그리고 모성애 때문에 나타나는 단순하고 투박한 방식을 피부로 느낄 수 있었다. 이 모든 일의 본뜻과 결과는 다 아주 좋았다.

며칠 전 TV에서 '무명도'를 방영했다. 나는 하던 일이 많았지만 다 제쳐두고 정신없이 보았다. 두 돌이 채 되지 않은 딸아이가 옆에서 자꾸만 방해를 했지만 한마디도 나무라지 않았다. 영화는 재미있는 편은 아니었다. 딸아이더러 꼭 보아야 한다고 강요할 필요도 없었다.

나는 자신에게 물어보았다. 미래의 어느 날, 딸아이가 거짓말한다는 걸 알게 되면 나는 어떻게 해야 하는 거지?

고등학교 2학년이 되니 대학입시 전야의 마지막 몸부림에 들어섰다. 그때는 고등학교가 2년제였다. 나는 또 한 번 영화 때문에 거짓말을 하게 되었다. 빌어먹을 영화여! 그 날 시내의 영화관에서 새 영화 '몬테크리스트 백작'을 상영했다.

나는 그 얼마 전 듀마의 원저를 읽고 소설 속의 사랑과 음산한 섬의 감방에 홀린 터였다. 학급의 몇몇 문학도들도 마찬가지였다. 그래서 수업을 까먹고 영화구경을 가기로 약속했다. 세상에는 바람이 새지 않는 벽은 없다고 하더니 일이 발각되고 말았다.

며칠 후 담임인 리병국 선생님이 나를 교실 밖으로 불러냈다. 선생님의 손에는 극장 표 한 장이 쥐어져 있었다.
"영화나 보러 가렴. 새 영화 '몬테 크리스트 백작' 이다."
"…"
"가보라니까."
"저어, 공부를 해야 하는데요?"
"괜찮아. 오후의 역사수업은 밤에 네가 돌아온 다음에 내가 보충해줄게."
나는 극장 표를 들고 공연히 두어 바퀴 맴을 돌다가 돌아가서 수업에 참가하고 잘못을 시인하기로 했다. 선생님은 이렇게 말씀하셨다.
"난 다 알고 있었다. 사람의 일생은 여러 단계로 나뉘어 있는 거야. 단계마다 나름대로 중요한 일이 있지. 지금 너한테 가장 중요한 일은 대학시험에 붙는 거야."
여러 해가 지나 리 선생님을 찾아가 지난 일을 이야기하다가 이 일을 꺼내자 선생님은 오히려 이상스러워하셨다.
"그런 일이 있었던가? 난 왜 생각이 나지 않지?"
하지만 나는 평생 이 일을 잊지 못하리라.
자기의 잘못을 돌이켜보는 데는 일정한 용기가 필요하다. 지금 엄청난 거짓말을 하면서도 전혀 인식하지 못하는 사람들이 얼마든지 있다. 거짓말을 하는 것은 결코 사소한 일이 아니라고 해야겠다.
한 사람이 거짓말을 한다면 그래도 대사를 그르칠 수는 없겠지만 전 국민이 다 거짓말을 한다면 그 나라는 끝장나고 만다.

먹자주의

벼와 조, 콩, 밀과 기장, 서숙. 이 여섯 가지는 사람이 먹는 것.
稻粱菽 麥黍稷 此六谷 人所食
- 〈삼자경(三字經)〉

먹는 문제에 대하여 사람들 간에는 두 가지 기준이 있다. 배불리 먹는 것과 잘 먹는 것. 배불리 먹는 것이 먼저이고 잘 먹는 것은 다음이다.

일이 바쁜 나는 집에 돌아가 어머니를 만나 뵈는 시간이 길지 않다. 문에 들어서면 어머니는 손을 씻고 주방에 들어가서 바쁘게 일하기 시작하신다. 요리를 만들어 상에 올려놓고 내가 게눈 감추듯 먹어버리는 걸 보면서 어머니는 안 보이는 곳에 앉아 눈물을 흘린다.

상에 놓인 요리는 쌍황(雙簧, 앞사람은 입만 벌리면서 뒤에 숨은 사람이 말하는 대로 움직이는 무대예술. '배추절이 한 접시'가 유명한 대목이다) 배우가 노래한 것과 꼭 같았다.

'배추절이 한 접시, 배추절이 한 접시….'

내가 제일 좋아하는 음식은 단 두 가지, 배추와 당면이다. 적잖은 친구들은 겨울이 되면 우리 집에 와서 쏸차이뚠펀탸오〔酸菜燉粉條, 뜨거운 물에 데쳐서 시큼하게 절인 배추와 당면을 섞어 푹 삶은 요리〕를 먹으려고 벼른다.

뜨거운 김이 술술 나는데, 솥의 물이 끓으면 더운 김이 천장까지 닿는다. 아직 입에 음식을 넣기 전에 우선 분위기부터 쫙 달아오른다.

사실 지금 우리 집안의 경제여건으로는 백계연(百鷄宴, 닭 백 마리를 가지고 하는 연회)을 몇 번 하더라도 별 문제없다. 그런데 내 식탁은 왜 이처럼 청빈할까?

어머니는 한마디로 설파하셨다.

"애 위는 어려운 시기에 기초를 닦았으니까."

이치대로 따져보면 1963년에 국민경제는 이미 곤경에서 벗어나기 시작했고, 나는 1년 남짓한 시간을 들여서야 이가 나기 시작했으므로 음식이 모자라 배를 곯을 정도는 아니었다.

자라난 다음 나는 내 시각으로 우리 형제자매를 분석해보았다. 누나와 형님은 기아를 겪은 사람들이어서 음식투정을 할 줄 모른다. 특히 큰형님은 참 불쌍하다. 고기와 비린 건 거의 먹지 않는다. 섣달 그믐날 온 집안 식구가 모여 식사를 할 때면 식탁에 맛좋은 음식이 가득한데도 형님은 여전히 짠지 한 접시와 절인 오리알 반 개뿐이니 주린 이리처럼 먹어대는 조카들의 먹는 꼴이 가증스러울 지경이다.

그런데 나의 음식 취향이 고상해지지 않는 것은 세 가지 이유 때문이 아닌가 싶다. 첫째로 형님 누나의 영향을 받아 좋고 나쁜 걸 가릴 줄 몰랐고, 둘째로 아마 그 시절 상황으로는 고상해보았자 한계가 있었으며, 셋째로 막 부유해지기 시작했으나 아직은 가난할 때라서 좋은 것만 골

중국 사람들은 하늘이 무너져도
먹기를 지체하지 않는다.
병이 골수에 사무치더라도
먹고 싶은 게 있으면 먹어야 한다.

라 먹으면서 절제할 줄 모르는 것에 식상했을 가능성이 높다.

　천하의 어머니들이 애들에게 우선 미안하게 생각하는 점은 바로 먹는 문제일 것이다. 그 다음에야 옷과 놀이다. 때문에 어머니가 먹는 역사를 이야기할라치면 경극 '홍등기(紅燈記)'의 리(李) 할머니가 '혁명가정사'를 이야기하는 것과 아주 흡사하다.

　1960년에 아버지는 군대에서 돈을 꽤나 잘 벌었는데 베이징 역전에 이르니 세 아이가 달걀 파는 사람들을 보고 걸음을 옮기지 못했다. 그때는 아직 내가 없었다. 아버지는 큰 지폐 한 장을 꺼내 달걀을 사려 했으나 줄을 서야 한다는 것이었다. 게다가 한 사람이 달걀 한 개밖에 살 수 없었다.

　그리하여 아버지는 세 번이나 줄을 서야 했다. 첫째가 먹을 때면 둘째, 셋째가 구경했고, 둘째가 먹을 때엔 첫째가 다 먹고 나서 셋째와 함께 구경했다. 아버지는 땀을 뻘뻘 흘리며 애들마다 달걀 두 알씩을 먹게 하셨으나 아버지와 어머니는 돈이 아까워 한 입도 잡숫지 않았다.

　내가 먹는 것에 기억을 가지기 시작한 것은 1970년이다. 그때 당중앙 부주석 린뺘오가 앞으로 싸움이 벌어진다면서 인민들은 모두 소개해야 한다고 말했다. 명령이 떨어지자 우리는 차에 실려 베이징 부근에 있는 옌산(燕山) 기슭의 어느 마을로 가서 세 면이 산으로 둘러싸인 마을의 순박한 농민들과 이웃이 되었다.

　그 이웃사람들이 먹는 것들에 나는 홀딱 반해버렸다. 우선 나무에서 피어나는 꽃을 먹었다. 홰나무 꽃이라고 했다. 나무 곁가지도 먹을 수 있었다. 샹춘(香椿, 참죽나무 꼬투리)이라고 했다.

　밀가루는 잿빛의 잡곡가루였다. 쌀은 붉은색 수수였다. 거기에 고구마, 호박을 보태 상위에 차려놓으면 울긋불긋, 중국 음식의 빛깔과 향기와 맛을 따지는 기준에 걸맞았다.

　나는 그제야 우리 집의 음식이 그처럼 단조롭다는 걸 알게 되어 분연히 식사를 거부했다. 어머니는 다급하여 눈처럼 새하얀 꽈맨[掛面, 말린 밀국수]을 갖고 이웃집에 가서 거무스레한 잡면으로 바꿔왔다. 몇 끼니 먹고 나서 진리를 알게 되었는데, 먹기는 쉬워도 뒤를 보기는 어렵다는 것이었다.

　먹을 것은 없었지만 중요한 것은 어떻게 먹는가에 달려 있었다. 예를 들어 방공 연습을 할 때면 애들은 움에 기어 들어가는데 그러면 발에 걸리는 것들이 많았다. 만져보아 먹을 만하면 그냥 입안에 집어넣는다. 고구마일 때도 있고, 무일 경우도 있었다.

　주인 아줌마의 얼마 안 되는 보배는 우리가 아귀아귀 씹어 먹어 결딴이 났지만 아줌마는 이 빠진 입을 헤 벌리고 자애롭게 웃기만 했다.

　저녁밥은 그 집에서는 하루 세 끼니 중 최고였다. 그때마다 아줌마가 목청을 돋우어 순박하고 건장한 사위를 훈계하는 소리가 들렸다.

　"채소 다 먹어라, 다 처먹으라고. 글쎄, 요리 먹을 줄밖에 모른다니까! 배추 속을 쬐끔 얻었는데 저 자식이 다 쓸어먹었잖아. 저것 좀 보라지, 떡 한 입 먹고 요리를 두 번이나 집다니."

　1970년, 농촌에서는 채소가 부족했기에 무척 비쌌다. 그 사위는 식사할 때 입을 쩍 벌리고 젓가락으로 음식을 입안에 마구 쓸어 넣었다. 욕설이 그치지 않는데도 아예 들리지도 않는다는 듯 틈을 내어 나를 보면서 입을 헤 벌리고 웃기까지 하는 여유를 부렸다.

　몇 달 소개하는 동안 나는 먹는 일만 기억해 두었다.

　그때 나는 아직 어렸기에 아침부터 저녁까지 할 일이 없었다. 그래서 부대의 취사분대 아저씨들이 늘 나를 불러다가 데리고 놀았다.

취사분대에 기인(奇人) 둘이 나타났다. 한 사람은 달걀을 조금 쓰면서 달걀국 한 가마솥을 끓여 내는 특기가 있었는데, 언뜻 보기에는 푼 달걀이 가마솥에 가득하지만 사발에 담으려면 쉽지 않았다. 그래서 그 달걀국을 전연대에 보급하라는 명령이 내려졌다.

두 번째 사병의 특기는 지금으로 말하면 기공(氣功)과 조금 비슷했는데, 간단하게 말하면 '단칼치기' 였다. 돼지를 묶어놓고 칼로 푹 찌르면 돼지가 끽 소리도 내지 못하고 죽어버렸다.

시범을 보이는 날, 사기꾼 달걀국은 일거에 성공을 거두었다.

그 다음으로 돼지잡이 고수가 등장했다. 그 사병은 우선 경례를 척 붙이더니 돌아서서 돼지 곁으로 다가갔다. 눈 깜빡할 사이에 손이 번쩍이자 칼이 돼지 몸에 쿡 틀어박혔다. 돼지는 꽥 소리를 지르더니 포승을 벗어버리고 칼이 박힌 채 나는 듯이 도망쳤다. 사병은 그 자리에서 굳어버렸다.

사람들이 무리를 지어 돼지를 뒤쫓아갔다. 돼지는 마라톤 한 바퀴를 뛰고 나서 기진해 죽어버렸다.

몇 달이 지나 도시로 돌아온 후 취사분대의 가마솥은 점점 풍성해지기 시작했다. 일요일에는 두 끼를 먹는데 오후에 먹는 밥이 최고였다. 가마솥 뚜껑을 열면 눈에 어른거리는 것이 죄다 고깃덩어리였다. 그 가마는 지름이 1미터가 넘었는데 주걱을 쓰지 않고 삽으로 다뤘다.

취사분대의 성이 바이[白]씨인 어린 사병은 말수가 적은 사람으로 자기 식으로 나를 사랑해, 내게 젓가락 두 개를 주더니 나를 안아 높직한 부뚜막에 올려놓고는 돌아서서 다른 일을 하기 시작했다. 어린 나는 부뚜막에 쪼그리고 앉아 설설 끓는 가마솥 변두리에서 큼직한 살코기를 찾느라고 애를 썼다.

그런지 두 번째 만에 그만 어머니한테 발각되었다. 어머니는 째지는 듯한 비명을 지르면서 나를 덥석 안아 내렸다.

며칠 전에 광고를 보았는데 방게 한 마리가 다른 방게를 보고 말하는 것이었다.

"이봐, 왜 이렇게 빨개? 사람들이 널 삶은 거지?"

이런 일 때문에 나이 어린 사병한테 화를 낼 수도 없었다. 그래서 어머니는 앞으로는 혼자서 부뚜막에 올라가지 못하게 하고 남과 같이 가마솥의 밥을 먹어야 한다고 규정하셨다.

식사를 시작할 때 나는 사발을 안고 대열의 뒤끝에 가서 섰다. 우선 중대장과 소대장이 상의하여 임무를 배치한 다음 노래를 불렀다.

'저녁노을 빨간데 사격장에서 사병이 돌아오네… 하낫 둘 셋 넷.'

나중에 중대장이 짧고 날카롭게 호령을 내렸다.

"식사 시작!"

사병들은 와 하고 밥통을 물샐틈 없이 에워쌌다. 내가 애를 써서 비집고 들어가 뽀즈〔包子, 소빵〕 통 곁에 가보니 뽀즈는 어느새 사라져버리고 없었다.

그래서 몸을 돌려 찐빵 통으로 달려가는데 소대장이 나를 불렀다. 그의 젓가락 두 개에 큰 뽀즈가 네 개씩 꿰어 있었다.

소대장은 맛있게 먹으면서 비결을 전수해주었다.

"눈여겨 찾지 말고, 그저 통 속을 푹푹 찌르기만 하면 돼."

국을 뜨는 비결은 변두리로 들어가 밑바닥까지 훑어서 천천히 들어내는 것이었다. 건더기를 떠먹기 위해서였다.

사병들의 식사는 빨랐다. 15분도 안 되어 사람들이 흩어지고 가마솥은 텅텅 비었다.

거기서는 꼭꼭 씹는 게 통하지 않았다. 사병들은 저마다 무쇠 이빨에 합금 위를 단련했는데, 나는 가엾게도 형식만 배워 식사는 그래도 빨리 했지만 날마다 위가 아파서 혼났다.

지금 부대 밥을 회상하면 오향분(五香粉, 여러 가지 양념 가루) 냄새가 코를 찌르는 듯하다.

근년에 부대에 갈 기회가 있었는데 먹어보니 사회 음식과 별로 다르지 않았다. 1987년에 신장 국경지대에 취재 갔을 때 군용의 푸른색으로 포장한 깡통을 먹은 것만은 좀 특이한 경험이었다.

내가 연신 맛있다고 칭찬하자 한 꼬마 사병이 남들이 주의하지 않는 틈을 타서 내 귀에 대고 속삭였다.

"맛있다고요? 어디, 날마다 하나씩 먹어보세요!"

아마 1971년의 일이라고 생각한다. 취사분대에서 놀고 나오다가 가축 사육병을 만났더니 그가 콩깻묵을 한 조각 뜯어 쥐어주고 검정콩 두 줌을 내 호주머니에 넣어주었다. 간식으로 먹으라는 것이었다. 검은콩은 소금을 섞어 볶은 것이어서 아주 고소했다. 콩깻묵은 검은콩보다 더 맛있었다.

저녁 무렵이 되어 집에 돌아와 식탁 위의 달걀볶음을 보자 말도 꺼내기 전에 바닥에 잔뜩 토하고 말았다. 집안 사람들은 급히 나를 위생소에 보냈고, 새내기 위생원이 부들부들 떨면서 핏줄을 찾지 못하는 바람에 어머니는 너무 화가 나서 쏘아붙였다.

"하루에 세 군데를 쏘다니더니, 애가 이젠 당신네 부대의 실험동물이 다 되어가는구먼."

'4인방'이 분쇄할 무렵이 되자 주식(主食)은 더는 문제가 되지 않았다. 그러나 부식(副食)은 아직도 뒤떨어진 상태였고 간식은 더구나 가련할 지경이었다.

언젠가 친구가 나를 데리고 산에 가서 머루라고 하는 과일을 따 주었는데 조그마한 것이 새콤새콤하고 달큰하기도 했다. 다른 과일은 성벽 바깥에 자라는 대추였다. 위험한 건 더 말할 것도 없었고, 그 대추 몇 알을 먹으려면 몸에 절반쯤 가시가 박히곤 했다.

다른 한 가지는 풀인데 잎이 시큼시큼했다. 정식 이름은 뭔지 모르고 나도 남을 따라 그저 '솬뿌듀우[酸不丢, 시어도 버리지 않는다는 뜻]'라고 불렀다.

그것은 이상하게도 무덤 위에 잘 자라났다. 친구는 늘 나를 데리고 자기 할아버지 무덤에 가서 그 풀을 뜯어서 그 자리에서 먹곤 했는데 밤중에 신물을 울컥울컥 게우고, 꿈에 할아버지가 나타나 훈계까지 했다.

"이 녀석, 쌤통이다!"

우리 이웃에 사는 한 여자는 머리카락을 굽슬굽슬하게 지지고 다니면서 항상 자기는 상하이[上海] 사람이라고 했다. 그때 누가 자기를 상하이 사람이라고 하면 지금 누가 자기를 화성 사람이라고 주장하는 것과 비슷했다.

상하이가 어디에 있는지는 몰라도 내가 그녀를 깔보는 데에는 아무 문제가 되지 않았다. 그러나 어머니는 아주 진지하게 말씀하셨다.

"그 여자가 상하이 사람이라고 하면 정말 그렇겠지."

과연 그 이웃 여자는 한동안 실종되었다가 다시 나타나더니 자기가 상하이에 다녀왔다고 했다. 어머니는 그 집에 놀러갔다가 자그마한 비닐주머니를 하나 들고 돌아와 나를 보고 그 속에 샤팬(蝦片, 전분에 새우기름을 넣어 만든 납작한 조각)이 열 개 들어 있노라고 가르쳐주었다.

어머니는 침대에 걸터앉아 멍하니 정신을 팔기 시작했다. 소를 만들어 먹을지 아니면 다른 것과 섞지 않고 먹을지 궁리하는 게 분명했다. 나중에 어머니는 몸이 약한 내게만 혼자 향유하도록 하기로 작정했다. 그래서 조심스레 샤팬을 꺼내 뜨거운 물에 넣어 삶았는데 잠시 후 가보니 샤팬은 그림자도 보이지 않을 줄이야.

온 집안의 남녀노소는 물론 고양이까지 포함하여 어머니의 의심의 대상이 되었다.

(샤팬은 '새우깡' 비슷한 것으로 기름에 튀겨 먹는 음식인데 뜨거운 물에 넣었으니 풀어져 없어질 수밖에.)

음력설은 대서특필할 만하다. 물건이 갑작스레 풍부해져 집집마다 물건을 잔뜩 쌓아두었다가 섣달 그믐날 한바탕 먹어주려고 벼르는 것이다.

물품 구매통장에 정해진 한 사람 당 땅콩 반 근(250그램)과 해바라기 씨 2냥(100그램) 말고도 부대에서는 대단하게도 밤을 얻어왔다. 아마 주둔지역과 관계되는 모양이었다. 허베이성(河北省)의 량샹(良鄕)의 밤은 예부터 유명해 임금에게 올리는 진상품이었다.

'듣기는 했는데 본 적은 없어 2만 5천 리.'

조선족 가수, 록의 황제인 최건(崔健)의 이 가사는 어머니한테 딱 들어맞는 말이었다. 어머니는 탕차오리즈(糖炒慄子, 설탕을 섞어 볶은 밤)를 만들기 위해, 문자 그대로 문 앞의 부엌에서 밤을 조리하기 시작했다.

처음에는 별 소리가 나지 않더니 툭탁 소리가 나자 대번에 솥뚜껑을 날려버렸다. 식구들은 별수없이 집안으로 피해 들어가 창문으로 내다보기만 했다. 자정이 넘어 바깥이 잠잠해진 다음에야 손전등을 켜들고 나가 한 알 한 알 찾아왔다. 다행히 담벼락이 막아줘 거의 다 찾은 셈이었다.

음력설에 생선과 정육을 사는 건 어려운 임무였다. 갈치는 넓적해야 하고 돼지고기는 비계가 많아야 하는데 판매원을 모르면 어림도 없었다. 둘째형님이 무거운 임무를 띠고 시장으로 갔다. 한 동네에 사는 자오(趙) 아줌마와 왕(王) 아줌마가 시장에서 일을 하고 있는데, 줄을 선 사람이 많고 저마다 화가 잔뜩 치밀어 오른 상태여서 제 혈육이라고 해도 알은체할 수 없었다.

자오 아줌마가 손가락 여섯 개를 합친 것만큼 넓적한 갈치를 둘째형님에게 달아주자 한 사람이 문제를 제기하고 자오 아줌마에게 물었다.

"왜 저 아이에겐 저렇게 넓적한 갈치를 주는 거요?"

자오 아줌마는 고개도 쳐들지 않고 대꾸했다.

"마침 그런 게 손에 잡히는데 낸들 어떻게 해요?"

그 사람은 홧김에 생선도 사지 않고 둘째형님을 따라 정육 판매대로 갔다. 비계 많은 돼지고기 덩어리가 저울에 올라가는 걸 뻔히 보면서 그 사람은 이번에는 왕 아줌마에게 묻지 않고 둘째형님에게 물었다.

"너 저 여자를 아는 게 아니냐?"

이번에는 둘째형님이 연기를 보여줄 차례였다.

"까짓 거, 알게 뭐야!"

왕 아줌마는 저녁에 퇴근하자 댓바람에 우리 집으로 찾아왔다. 어머니를 보자 한바탕 훈계하는 것이었다.

"무슨 놈의 개코 같은 자식이 모른다고 할 뿐만 아니라 뭐, 까짓 거라고?"

그때 이미 비곗덩어리는 기름찌끼로 변한 지 옛날이었다. 어머니는 얼굴에 웃음을 짓고 왕 아줌마를 위로하면서 기름찌끼를 한 사발 담아 왕 아줌마에게 건네주며 집에 가져가라고 했다.

왕 아줌마는 싫다고 했다.

"내가 이런 게 없을 것 같아요? 그저 이 일이 괘씸해서 그렇지."

그리하여 두 사람은 웃으면서 둘째형님을 한바탕 욕했고, 그제야 왕 아줌마는 자리에서 일어나 집으로 돌아갔다.

기름이 생기니 때를 같이하여 다른 음식이 생겼다. 기름떡이었다. 밀가루에 설탕을 섞어 기름에 튀겨 내면 기름떡이 된다. 더운 김에 먹어야 한다. 그날 밤, 어머니는 자식들이 저마다 놀라울 지경으로 배가 크다는 것을 발견했다.

기름떡을 다 튀겨 내고 나서는 파이차(排叉)를 튀겼다. 파이차는 밀가루 반죽을 먼저 비틀었다가 다시 기름에 튀겨 내는 음식이다. 설에

는 친척집에 놀러 다니느라고 제때에 식사를 할 수 없기에 파이차는 수시로 요기할 수 있는 중요한 간식거리였다.

오후까지 놀다가 집에 돌아와 창문으로 들여다보니 참새 몇 십 마리가 후루루 날아들어 파이차를 훔쳐먹고 있었다. 날듯이 달려가 어머니한테 소식을 알리자 어머니는 두말 없이 한 달음에 집으로 뛰어왔다. 첫 동작인즉 창문을 닫는 것이었다.

몇 십 마리의 참새 떼는 생포 당한 다음, 몇 번에 나뉘어 우리 뱃속으로 들어갔다. 참새 말고도 매미, 청개구리, 베짱이 등 우리한테 걸려드는 놈은 사양하지 않고 잡아먹었다.

음력설이 지나니 또 음식에 기름기가 모자랐다. 어머니는 머리를 짜내 우리에게 간식을 만들어주었다. 밥을 오래 뜸들이면 두터운 누룽지가 나왔다. 또 나무나 풀로 된 땔감의 불이 거의 꺼질 무렵 고구마나 감자를 던져 놓으면 얼마 후 익는 냄새가 코를 찔렀다.

뱃속에 기름기가 부족하니 밤에 잠이 들기도 전에 배가 고파지기 일쑤였다. 그래서 나는 밤에 영화를 볼 때 먹는 장면이 나오는 것이 제일 두려웠다.

많은 사람들에게 이런 장면은 눈앞에 생생할 것이라고 생각된다.

'사가퐁'의 갈대 뿌리와 마름 열매, '갱도전'에서 가짜 무장공작대가 먹는 삶은 달걀, '전우'의 꼬맹이가 손에 받쳐 든 소귀나무 열매, '꼬마사병 장알'에서 장알이 먹는 강냉이와 뚱보 통역관이 먹는 수박, '닭털편지'에서 왜놈들이 먹는 구운 양다리, '소림사'에서 중들이 먹는 개고기…

지난번에 잠이 안 와 한밤중에 일어나 VCD로 리안[李安] 감독의 '음식남녀'를 보았는데, 첫머리를 보자마자 배가 고파졌다. 그래서 냉장고에서 구운 통닭을 꺼내 찢어 먹었더니 대번에 정신이 바짝 나면서 즉시 온 신경을 예술의 전당에 집중할 수 있었다.

내가 먹는 이야기를 쓰는 것은 자질구레한 경험의 기록에 불과하지만 작가들이 먹는 이야기를 쓰면 순전히 예술의 향기가 된다. 먹지 않아도 도취되는 것이다.

소설가 아청[阿城]의 작품 〈장기왕〉에는 먹는 이야기가 나오는데 읽은 다음 잊지 못할 대목이 두 군데 있다.

그 하나는 주인공 왕이썽이 말라붙은 밥알을 먹는 대목이다.

바싹 마른 밥알 하나가 톡톡 튀었다. 그는 대번에 그 밥알을 발견하고 덥석 집어 입에 넣었다. 볼에는 즉시 핏줄이 드러났다. 내가 알기로는 이런 마른 밥알은 어금니에 곧잘 낀다. 일단 끼면 속으로 쏙 들어가 혀로는 몰아낼 수 없다. 과연 잠깐 지나 그는 손가락을 입에 집어넣고 뒤지기 시작했다. 한참 후 드디어 찾아낸 것 같더니 잔뜩 고여 있는 침과 함께 꿀꺽 삼키는 것이었다. 울대뼈가 차차 아래로 내려오더니 눈에 이슬이 가랑가랑 맺혔다.

두 번째 대목은 지식청년(知識靑年, 60년대 말부터 70년대 후반까지 고등학교 졸업생들을 주축으로 하여 도시에서 농촌으로 내려가 일하던 청년들을 일컫는 말. 70년대 말부터 도시로 돌아오기 시작했다)들이 뱀을 잡아먹는 대목이다.

이윽고 뱀 고기를 다 먹어버려 뱀 뼈 두 틀만 덩그러니 사발에 남았다. 나는 또 찐 가지 조각을 상에 올리고 마늘과 소금을 조금 섞어 버무렸다. 그리고 나서 솥의 뜨거운 물을 쏟아버리고 찬물을 부은 후 뱀 뼈를 집어넣고 고기 시작했다. 사람들은 한숨 돌리고 나서 젓가락을 내밀었다. 잠깐 사이에 가지도 뭉그러졌다. 그래서 나는 국을 날라왔다. 뱀 뼈가 이미 흐드러지게 물러서 가마 밑바닥에서 스륵스륵 소리가 났다. 이 고장에는 집 밖에 들 회향(茴香)이 몇 무더기씩 모록모록 자라난다. 나는 들 회향을 몇 대 뽑아다가 뜯어서 국에 넣었다. 대번 야릇한 향기가 코를 찔렀다. 이제는 밥을 깡그리 먹었는지라 사람들은 저마다 국을 사발에 담아들고 그 뜨거운 물을 조금씩 마셨다.

이것이야말로 진짜 경건한 식사요, 기아 시대의 풍경이다.
얼마 전 베이징에서 아청 선생님과 만날 행운이 있어 요리를 한 상 시켜 그분에 대한 경의를 표시하였더니 선생님은 곰방대만 기를 쓰고 뻑뻑 빨면서 그저 상징적으로 채소만 조금 집으셨다.
보아하니 그는 이미 시쌍판나(西雙版納, 윈난성에 있는 원시 정글지대, 소설가 아청이나 첸 카이거 감독 같은 지식청년들이 일하던 곳이다) 시기의 기아 콤플렉스에서 완전히 벗어난 모양으로 몇 해 서양음식을 자시더니 몸도 뚱뚱해졌다.
소설가 장셴량(張賢亮)의 수작 〈녹화수(綠化樹)〉에 들어가보면 주인공이 가루 음식을 먹는다.

내가 일하는 순서는 이러저러한 꾀를 내는 운주학(運籌學) 원리에 맞았다. 이때 화로는 이미 빨갛게 달아올랐고 석탄은 연기를 다 태워버려 화력이 엄청나게 셌다. 나는 우선 깨끗하게 씻은 삽을 화로 아가리에 놓고 나서 피쌀가루를 깡통에 조금 털어놓고 맑은 물을 약간 붓고 숟가락으로 휘저어 풀 비슷한 것을 만들어냈다. 그 즙을 잔뜩 달아오른 삽에 조금 쏟았다. 찌르륵 소리가 났다. 황토고원(黃土高原, 중국 서북지대의 고원)에서는 평평한 삽을 쓰는데, 마치 밑바닥이 평평한 솥 같다. 피쌀 가루 풀은 고르게 사면으로 흘러가더니 변두리에서 기포가 잠깐 나타났다가 사라져버렸다. 1분도 걸리지 않아 잰빙[煎餠, 얇고 납작하게 구운 가루 떡]이 한 장 생겼다.

바로 이 아름다운 순간을 위해 내가 오전 내내 고생스레 바삐 일한 것이다.

나는 한 장 구워 한 장 먹고, 또 한 장 구워 또 한 장 먹고…. 처음 몇 장은 아무런 맛도 나지 않더니 갈수록 더 맛이 났다.

여기까지 읽으면 군침이 절로 나온다.

또 소설가 루원푸[陸文夫]의 붓끝에서 나온 대표작〈미식가(美食家)〉는 도저히 발췌할 수가 없다. 그 책은 시작부터 마지막까지 먹는 이야기뿐이니까.

대학에 다닐 때 나는 개학하는 날이 제일 좋았다. 외지의 동창생들이 고향의 맛좋은 음식들을 가져오기 때문이었다. 후난성[湖南省]의 훈제 생선과 훈제 돼지고기, 네이멍구 자치구의 납작한 말린 우유조각, 구이저우성[貴州省]의 고추장, 허난성[河南省]의 구운 닭…. 자식들이 반 학기 동안 먹으라고 부모가 정성 들여 만들어 싸준 음식들이 우리한테 걸려 하룻밤 사이에 결딴나기 일쑤였다.

베이징의 동창생들은 얻어먹기만 하는 게 미안하여 사람마다 좋은 요리를 집에서 한 도시락씩 가져다가 주말에 회식하기로 약속했다. 그런데 왕 아무개라는 동창생은 너절하게도 샤팬 튀김으로 얼렁뚱땅 넘겨버렸다. 진짜 베이징 사람은 무서운 깍쟁이야. 그 일로 하여 나는 이런 결론을 내렸다.

학교 식당의 음식은 기름기가 적고 양도 모자라 동창생들은 저마다 배가 놀라울 정도로 컸다. 한번은 내가 쌀밥과 국수를 합쳐 다섯 사발을 먹었더니 위가 은근히 아팠는데, 쑹잰이 위안하는 말이 이랬다.

"괜찮아. 한 근도 안 되잖아."

후베이성(湖北省)의 사스(沙市)에서 실습할 때 밤에 침대에 누워 서로 이야기를 하는데 새벽 3시까지 인생과 이상을 들먹이다 보니 배가 고파서 일어나 음식을 찾아다녔다. 가게들은 전부 문을 닫아버렸고, 만둣국 행상 하나만 외롭게 거리 어귀에 자리를 펴놓고 있었다.

만둣국을 파는 젊은이는 저장성(浙江省) 태생으로 생계 때문에 사스 거리에서 자그마한 장사를 하고 있었다. 우리들이 머나먼 북방에서 왔다는 말을 듣자 대번에 자기와 마찬가지로 타향살이 한다고 처량한 공감대가 형성되었다.

그래서 만두를 건질 때마다 조리로 밑바닥까지 훑으면서 기어코 몇 개씩 더 주곤 했다. 친구와 나는 감격했으나 어떻게 보답할지 몰랐다. 나중에 친구가 말했다.

"신경 쓰지 마. 우리가 날마다 먹으러 가주면 그게 바로 제일 큰 보답이지."

그 말에 가슴을 짓누르는 돌이 사라져 돌아누워서 이불을 덮어쓰고 쿨쿨 잠들어버렸다.

기자가 되니 밥 먹을 기회가 많았다. 어떤 때는 여러 신문사에서 온 사람들이 한 상에 모여 앉게 되었다. 서로 모르는 사람들이 많아 양껏 먹기가 무안해 상 위의 생선이나 해산물에는 흥미가 없는 척하면서 채소만 몇 입 먹고 급급히 물러서곤 했다. 그러고는 독신자 숙소에 돌아와 불을 피워 국수를 끓여 먹었다.

그런데 가끔 이상스러웠다. 다 같은 한창 나이의 젊은이들인데 그래, 그들은 배가 고프지 않단 말야? 한번은 물러서지 않고 끝까지 버텨보았더니 그제야 마지막까지 버틴 몇 사람이 세찬 바람이 구름을 몰아가는 식으로 깡그리 먹어치우는 것이었다.
말 그대로 마지막까지 기다리는 사람이 제일 잘 먹었다.

중국 사람들은 먹는 것을 굉장히 따진다. 하늘이 무너져도 먹는 걸 지체해서는 안 된다. 병이 골수에 사무치더라도 먹고 싶은 게 있으면 먹으라고 권하는 사람들이 있다. 사형수의 신분을 확인하고 사형장에 끌어내기 전에도 좋은 술과 맛있는 음식을 들여놓아 준다.
더욱 흔히 볼 수 있는 모습은 '술잔을 들면 정책이 변화하는' 것이다. 함께 음식을 먹기만 하면 관계가 가일층 발전한다는 뜻이다.
내가 기자가 된 이듬해 가짜 제품을 만들어 떼돈을 번 사람을 취재하게 되었는데 일이 끝난 다음 날이 어두워졌다. 가짜 제조업자는 그의 처제 둘을 불러왔다. 연지곤지 찍은 여자들을 내 좌우에 하나씩 앉히고 기어코 한턱 내겠다는 것이었다.
나는 가지 않겠다고 고집했으나 몸을 뺄 수 없었다. 급한 김에 하늘을 쳐다보며 한마디 고함쳤다.
"자, 해산물 먹으러 갑시다."
그 시절에는 생선 값이 천장 높은 줄 몰랐다.
술상에서 술잔을 마주쳤으나 그래도 도를 넘지는 않았다. 가짜 제조업자는 나를 역전까지 배웅해주었다.
차창을 사이에 두고 그가 묻는 말.
"추이 기자, 그 기사 내보내려우?"

나는 어금니를 지그시 악물고 대답했다.

"그렇고말고요!"

기사가 방송된 다음 가짜 제조업자는 처벌을 받았다. 나도 그 식사 때문에 엄하게 꾸중을 들었다.

그 해에 남방에 취재하러 갔더니 어느 동물보호협회에서 한 상 잘 차려 대접을 했다. 그런데 상에는 온통 야생동물들뿐이었다. 우리 얼굴빛이 이상해지자 초대한 사람들은 다급히 변명하는 것이었다.

"이건 다 몰수한 건데 그때 이미 죽었습니다."

나는 거듭 머뭇거리다가 일어나 그 자리를 떠났다.

이에 비하면 '자연의 벗'을 자처하는 양둥핑[楊東平] 선생은 입장이 분명했다. 창저우[常州, 장쑤성의 한 도시]에서 웨이터가 산 새우 한 접시와 뜨겁게 달군 돌 한 접시를 들고 와서 '사우나 새우'를 만들겠다고 하자 양 선생은 도로 가져가라고 고집을 부렸다.

웨이터가 어찌할 바를 몰라 하자 양 선생은 차근차근 타일러주었다.

"새우를 먹을 수는 있어도 학살해서는 안 돼요."

참을 수 없었던 일은 마카오와 맞붙은 광둥성[廣東省]의 주하이[珠海] 시에서 일어났다. 마카오가 중국으로 반환되는 프로를 만들려고 갔다가 점심 식사를 하러 교외의 어느 울타리 안으로 들어갔는데 그 안은 완전히 동물원이었다. 그래서 내가 물어보았다.

"이런 걸 다 먹을 수 있어요?"

"물론이지요!"

안내한 사람의 대답이었다. 그 짐승들은 이름을 알 수 없는 것들이 대부분이었다. 기억나는 것은 참새, 갈매기, 학 따위였고, 물론 갖가지 뱀들이 없을 리 없었다. 광둥 사람들은 뱀 고기를 너무나 좋아하므로.

제작주임 꾸(谷)씨가 가만히 말했다.
"그저께 왔을 때는 당나귀 한 마리가 서 있었습니다."
우리가 당나귀는 어디 갔느냐고 물었더니 대답은 간단했다.
"다 먹었지요."
며칠 전에 우스운 이야기를 들었다. 외계인이 중국에 와서 붙잡히면 어떻게 될까 하는 이야기였다. 베이징 사람은 연구소에 보내 연구하자고 하고, 상하이 사람은 순회 전시회를 열어 입장권을 팔자고 하는데 광둥 사람은 맛이 어떤가 먹어보자고 한다나.

광둥의 먹을거리 문제는 이미 환경보호 인사들의 높은 관심을 불러일으켜 성의 지도자들이 앞장서서 호소문에 사인했다. 야생동물을 함부로 먹지 말자고.

1999년 '진실한 말 솔직하게'의 설 특별 프로는 '먹는 이야기'와 '먹는 학문'이었다. 응모 광고를 내보내자 편지가 눈송이처럼 날아들었다. 기획자 후디(虎迪)는 편지를 보면서 싱글벙글해서 연신 말했다.
"됐다, 됐어."

톈진(天津)의 쉬후이링은 자기 입에 사마귀가 있어서 이 프로에는 최적격이라고 했다.

선양(沈陽)의 리푸쉰은 농촌에 내려가 지식청년 노릇을 할 때 돌림병에 걸려 죽은 돼지고기를 먹었다고 했다.

베이징의 루샤오따이는 남편이 만든 햇병아리 요리가 실험용 모르모트 고기였을 줄은 꿈에도 상상하지 못했다고 했다.

허난의 루빙린은 뤄양(洛陽)의 수석(水席, 뤄양의 연회석, 요리가 물 흐르듯 줄지어 나온다고 하여 지어진 이름이다)을 추천했다. 그 이유인즉, 저우언라이(周恩來) 총리가 칭찬한 적이 있기 때문이라고.

후난의 리쎤링의 이야기는 어딘가 익숙한 느낌이 들었다. 1962년에 집에서 밀국수를 만들었는데 온 집안식구들이 눈이 까맣게 되도록 기다렸다.

드디어 국수를 막 건지려고 할 때 마침 선생님이 가정방문을 오셔서 단숨에 여섯 사발을 먹어버리셨다. 사람들은 선생님을 존경했지만 국수가 없어진 게 더욱 가슴아팠다고.

아청은 말했다.

"이른바 고향 생각이란 무언가를 관찰해보았더니, 거의 모두 타향의 음식이 소화가 잘 되지 않으니 기분이 잡치기 시작한 것이더라."

나는 이 이론을 한번 경험해본 적이 있다.

친한 친구 쓰샹둥〔石向東〕이 나를 데리고 한국에 갔는데 친구들이 날마다 우리를 청해 불고기를 먹였다. 열흘이 지나니 나는 끝내 식욕을 잃어버리고 말았다. 쓰샹둥은 배를 달래준다면서 값이 엄청 비싼 중화요리 집으로 나를 데리고 갔다. 그런데 한국의 중화요리는 한국 요리와 다름없을 줄이야.

잠시 후, 식당 사장이 들어왔는데 입을 벌리는 걸 들어보니 중국말은 한마디도 할 줄 몰랐다. 중국계이기는 하지만 중국에 와본 적은 없다는 것이었다. 그러니 그의 중화요리는 이론으로만 성립될 수 있는 것일 수밖에.

베이징에 돌아오니 집 부근의 건축공사장에서 마침 식사가 시작되고 있었다. 인부들이 밥과 반찬을 에워싸고 쟁탈전을 벌였다. 향긋한 장 냄새가 내 콧속으로 날아들었다. 눈에서 눈물이 뚝뚝 떨어졌다. 그제야 깨달은 것이 있었다.

나무가 천길 높이 솟아오르더라도 뿌리는 무와 배추 곁에 있구나!

친구

친구여, 친구
내 생각 나느냐?
너 지금 복을 누린다면
나를 잊어라

- 황지워이〔黃集偉〕〈친구〉

양창쟝〔楊長江〕과 처음 만난 해에 나는 여덟 살이었다. 나이가 비슷하고 취향도 엇비슷해 재빨리 한 덩어리가 되었다. 그때 나의 소원은 중화인민공화국에서 출판되는 그림책을 죄다 사는 것이었다.

1970년에 이런 소원은 너무나 사치스러웠다. 아버지는 연대의 정치 위원이었지만 우리 집에 친척이 하도 많아서 달마다 봉급이 나온 다음 몇 집에서 나누면 남는 돈이 몇 푼 되지 않았다. 가족 중 누가 병에 걸리기라도 하면 대번에 돈이 모자랐다.

어머니가 몇 킬로그램이나 되는 플라스틱 틀을 들고 힘겹게 탁탁 내리치는 모습을 내 눈으로 본 적이 있다. 검은색 플라스틱 가루가 어머니의 코밑에 달라붙었다. 군인 가족 공장에서 어머니는 힘겨운 일을 하셨다.

노임이 나오는 날은 어머니의 기분이 제일 좋은 날이었다. 거리에 나가면 마지막 코스는 항상 신화서점(新華書店, 중국의 제일 큰 국영 서점)이었다. 새로 출판된 그림책은 향긋한 인쇄잉크 냄새를 풍기면서 책장에 가지런히 진열되어 있었다.

운이 좋은 날이라도 나는 두 권만 살 수 있었다. 가끔 내가 너무 많은 요구를 하면 어머니는 화를 벌컥 내셨다. 즐겁게 거리로 나갔다가 찡그린 얼굴을 해가지고 집으로 돌아오기 일쑤였다.

그림책은 내 마음속의 영원한 상처다. 그래서 여러 해 지난 다음에 많은 일들이 떠오르곤 했다.

연극을 보러 가면 무대 위의 몰락한 귀족 후예가 이렇게 말한다.

"이 다음에 이 어르신이 돈이 생기면 탕후루[水糖葫蘆, 산사열매를 꼬챙이에 꿰어 사탕 물을 묻혀 얼린 북방의 간식]를 밥 삼아 사먹겠다."

나는 대뜸 이런 생각이 들었다.

"장차 이 어르신이 돈이 생기면 그림책을 날마다 날마다 실컷 사겠다."

1985년 내가 첫 월급을 받았는데, 그 즈음에는 그림책을 찾아보기 어려워졌다. 그 후에는 미치광이처럼 옛날 그림책들을 찾아다녔다. 이 넓은 세상을 빙 돌아다니면서 많은 사람들을 만났는데 거의 모두 나를 이해하기 어려워했다.

"정말이야? 왜 그렇지?"

내 친구 양창장은 한눈에 나의 기호를 속속들이 파악하고는 나를 도와주겠다고 나섰다. 그가 얼굴이 발갛게 상기되어 어머니의 돈지갑에 손을 넣은 적이 몇 번이던가. 몇 십 전 지폐를 꼭 틀어쥐고는 나와 함께 나는 듯이 신화서점으로 달려가 새책을 샀고, 우리는 영웅 레이펑[雷鋒]과 왕제[王傑]가 마오 주석의 저작을 학습하듯 받쳐들었다. 목마른 사람이 물을 마시는 격이었다.
 양창장은 이렇게 가슴을 두근거리며 3년 동안 '도둑질'을 했다.
 나중에 나는 '도둑사건'을 다시 한번 분석하면서 불가사의하게 느껴진 것이 있었다. 거듭 사건을 저질렀는데도 양창장의 어머니가 전혀 발견하지 못했는지, 아니면 책을 사려고 그러는 줄 알고 슬쩍 눈감아준 건지 내막을 잘 모르겠다. 그의 어머니는 학교 선생님이셨다.
 그림책은 사서오경(四書五經)이 아니다. 그러나 60년대에 태어난 우리는 많은 것을 그림책을 통해 배웠다. 무거운 역사, 화려한 예술과 근엄한 철학은 그림책에서는 알기 쉽게 바뀐다. 그림책은 복잡한 걸 싫어하고 간단한 것만 선호하는 사람들을 양성했다.
 그림책은 작아도 내용은 많았다. 1백10여 장의 그림을 통해 이야기를 완벽하게 하려면 그림마다 그 역할이 컸다. 문자가 차지하는 자리는 겨우 손가락 하나 만큼이었으니 간결하고 정확하게 말하는 것이 중요했다.
 글자 수가 적으면서도 재미있어야 사람들의 기억에 남을 수 있었다.
 지금 여러분이 읽고 있는 이 책은 글자로 이루어진 것이라 보는 속도가 느려진다. 이제부터 그림책 식으로 내 친구 양창장의 이야기를 해보겠다.
 그림은 두 장이다. 돈을 꺼내 책을 사는 모습이 한 장이고, 다른 한 장은 우리 둘이 길에서 걸어가는 모습이다. 별안간 악동들이 우리에게 욕설을 퍼붓는다. 처음 겪는 일이 아니다. 3년 동안 우리는 참기만 했는데 그 날 양창장은 순간적으로 나약한 기질이 멀리 사라져 성큼성큼 악동들 앞으로 다가가더니 그들의 코밑에 삿대질을 한다.
 "어디 다시 한번 욕을 해봐!"
 이런 걸 가리켜 상전벽해(桑田碧海), 뽕밭이 푸른 바다로 변한다고 하던가. 악동들은 너무 뜻밖이었던지 찍 소리도 못 낸다.

양창쟝은 계속 삿대질을 한다.

"어디 한번 더 욕해보라니까!"

30년 후에도 나는 여전히 그 화면이 기억에 생생하다. 우리가 한참이나 걸어갈 때까지도 뒤에서 아무런 소리가 들리지 않았다.

이 그림에 글을 붙여본다.

'울지 않던 새가 일단 입을 벌리자 사람들을 놀라게 한다.'

우리는 3년 동안 시골학교에 다니면서 시간은 길지 않았지만 소박한 우정을 닦았다. 3년 후 나는 도시로 들어왔고, 30년 후에는 TV에서 프로를 진행하게 되었다. 그러나 내가 어떻게 꾸미든지 시골 냄새는 감출 수 없었다. 나를 좋아하는 사람들은 내가 시골 사람처럼 성실하고 착하다고 한다.

시골학교의 학생들은 물론 농촌 아이들이었으니 군복을 차려입은 나는 군계일학(群鷄一鶴) 격이었다. 학교의 운동장은 바로 밀을 타작하는 마당이었고, 높이 쌓은 밀 낟가리는 우리의 낙원이었다. 군복에 흙이 묻으면 더는 두드러지지 않았다. 군대와 농민은 한 집안 사람처럼 되었다.

시골학교에서는 1년에 방학이 네 번이었다. 겨울방학과 여름방학에 밀방학과 가을방학이 있었다.

학생들은 방학이 되면 집에 가서 농사 일을 도와야 했다. 지주나 부농(富農, 중국공산당은 토지개혁을 할 때 일을 전혀 하지 않고 소작료로만 살아가는 사람을 지주로 정했고, 자기도 일을 좀 하면 부농으로 여겼다)들이 생산대(50년대부터 80년대 초까지 존재하던 중국 농촌 인민공사의 최소단위)의 채소를 훔친다기에 오이 밭과 토마토 밭을 우리가 맡아 지키게 되었다. 우리는 붉은 술이 달린 창을 들고 보초를 섰는데, 후에 생산대에서는 그 보초를 없애버렸다. 지주나 부농들보다 우리가 더 많이 훔쳤던 것이다.

다시 그림책 이야기로 돌아가자. 학교 친구 장제(張捷)는 내가 빌려 준 그림책을 잃어버리고 여름방학 내내 풀을 베었다. 그 풀을 바싹 말려서 팔아 가지고 방학 내내 고생한 대가로 새 책을 사서 나한테 돌려준 것이다.

재작년에 우리가 한 자리에 모였을 때 이 이야기가 나오자 나는 몹시 감동되어 눈가가 달아올랐는데 장제는 대수롭지 않게 말했다.

"그런 일이 있었던가?"

곁에서 판위린(樊玉林)이 말을 받았다.

"있고 말고. 나도 너를 도와 풀을 베었는데."

그 말에 사람들은 하하 웃었고, 나는 어색한 장면을 모면하게 되었다. 판위린은 말이 나온 김에 계속했다.

"너 왜 저 친구가 자기 집 대추를 팔아 네 책을 사지 않았는지 아냐?"

"모르겠는데?"

"저 친구 집에는 대추나무가 한 그루밖에 없었거든. 대추나무에 가지가 두 개였는데 가지 하나는 저 친구 아버지 차지이고, 또 한 가지는 저 친구 거였지. 저 친구 것은 아버지가 단단히 지켜보고 있었단 말이야, 한 알 한 알 따먹는 걸."

또다시 웃음판이 벌어졌다. 나는 불현듯 깨달은 바가 있었다. 내 속에 들어 있는 많은 것은 그 뿌리가 여기에 있구나.

농촌은 일종의 부호(符號)다. 농촌은 하늘이 높고 땅이 넓다는 것을 의미한다. 푸른 하늘 파란 풀에 비치어 사람들은 마음이 두텁고 시원시

원해져 구속을 받지 않는다. 그런 이들과 사귈라치면 시골집 밥을 먹듯이 형언하기 어려운 향기가 풍긴다. 맥도날드에서는 가공해 낼 수 없는 맛이다.

3학년을 마치고 나는 도시에 들어와 보다 큰 부대 구내에서 살게 되었다. 친구들도 일색으로 군인의 자식들이었다.
나는 강적을 하나 만났다. 왕쑤쥔[王叔軍]이라는 아이였다.
우리 집은 6번 구내에 있었고, 그의 집은 군마(軍馬) 연구소에 있었다. 벽 하나를 사이에 두었을 뿐이지만 구역의 이름에 따라 감성과 이성의 경계가 뚜렷했다.
그의 이과(理科) 성적은 항상 타의 추종을 불허하면서 학급의 앞자리를 차지했다. 나는 천성적으로 수학자의 재주가 없어 계산 공식을 보기만 해도 머리가 아팠다.
물리 시간에 회전자 하나를 내줄 때가 있는데 내가 아무리 에나멜선을 요렇게 감아보고 조렇게 감아보아도 회전자는 움직이지 않았다.
그러면 왕쑤쥔에게 부탁을 하게 되는데 그는 그것을 내 앞에서 감아 보이는 법은 없고, 항상 집에 가져가서 잘 감아 가지고 이튿날 나한테 건네주곤 했다. 내가 풀어서 다시 감아보면 회전자는 얌전한 처녀처럼 까딱하지 않았다.
그러면 다시 그에게 부탁을 하게 되고, 그는 세 번이나 청을 들어주더라도 절대 내 앞에서 그것을 시범해 보여주지는 않았다. 회전자 하나가 20여 년 동안이나 내 마음속의 수수께끼로 남았다.
내가 베이징방송학원 신문학과에 붙었을 때, 왕쑤쥔도 소원대로 베이징대학 물리학부에 들어갔다. 그때부터 우리 둘은 문과와 이과의 두

길을 걷게 되었다. 그는 천진스럽게도 작가 한 사람과 사귄 줄로 여겼고, 나는 또 나대로 그런 친구가 있으니 지진 따위는 걱정하지 않아도 된다고 행운으로 알았다.

며칠 전에 우리가 우연히 한 시간 반 가량 자리를 함께 했는데 나는 반 시간을 쏟아 그에게 방송제작자라는 것이 무엇을 하는 사람인가를 설명했고, 그 또한 반 시간을 들여 그의 정보공사가 무슨 일을 하는지 가르쳐주려고 애썼다.

누군가 친구는 거울이라고 말했다. 그런데 이런 친구는 볼록거울 같아서 내게는 단점이 그에게는 장점이 된다.

서로를 비춰볼 수 있는 이런 비교 기준이 있으면 경솔하게 자만하지 않게 된다. 영원히 어깨를 나란히 하기 어려운 친구가 있으면 우선은 수치를 느끼게 되지만 뒤이어 분발하게 되는 것이다.

사실은 어깨를 나란히 해서 가는 친구도 때로는 압력이 될 수 있다.

치한샤오[齊含笑]는 나보다 한 살이 많다. 그의 아버지는 군의여서 집에는 자연히 의학서적들이 무더기였고, 그 때문에 그는 자랑거리가 생겼다. 어느 날 오후 우리는 쨍쨍 내리쬐는 땡볕을 피해 그의 작은 방에 들어가 놀았다. 몇 마디를 나누다가 그가 갑자기 물었다.

"너, 남자와 여자가 어떻게 다른지 알아?"

나는 얼른 대답했다.

"여자는 머리카락이 길지, 뭐."

그러자 그는 하늘을 우러러보며 깔깔 웃어댔다. 웃음소리가 멎기 전에 의학서적을 가져다가 내 앞에 내려놓고 하는 말.

"네 눈으로 봐."

맙소사, 나는 이렇게 해서 남자와 여자가 어떻게 다른가를 어렴풋이 알게 되었다.

초등중학교 다음에는 고등중학교다. 나는 여전히 날마다 그를 찾아가 놀았다. 그의 집에서 부르는 이름은 변함없는 '셋째'였는데 그의 어머니가 그 이름을 부를 때는 맛이 달랐다.

"셋째는 내년에 대학시험을 치러야 한다. 너 이 다음에는 놀러오지 말아라."

방문 금지령이 내리자 나는 1년 동안 '셋째'의 그림자도 보지 못했다. 그가 다니던 펑타이 제3고등중학교는 평범하기 짝이 없는 학교여서 그가 베이징대학에 가려고 한다는 소문이 돌자 어떤 선생님은 코웃음을 쳤다.

"그까짓 주제에 베이징대학에 가겠다고?"

대학입시가 끝나 성적이 발표되자 '셋째'는 베이징대학의 중문학과에 붙었다. 뚱따제〔東大街〕6번 구내의 첫 대학생이었다. 희소식이 전해지자 나는 암흑의 나락으로 굴러 떨어졌다. 어머니가 가차없는 명령을 내린 것이다.

"셋째를 배워 대학에 붙어라."

물론 이번에는 방학 때부터 '셋째'에게 방문 금지령이 내려졌다.

어머니들이 악을 쓰기 시작하면 대가를 따지지 않는 법이다. 너한테 아들이 있으면 나한테도 아들이 있고, 네 아들이 학급 간부면 내 아들은 첫 번째로 공청단(共靑團, 중국공산주의청년단)에 입단한다. 네 아들이 바이올린을 배우면 내 아들이라고 뒤지겠나. 그렇게 해서 달빛 아래 두 녀석이 바이올린을 켜노라면 마치 호금(胡琴, 해금보다 조금 큰 두 줄의 저음악기) 합주 같다.

네 아들이 대학에 가면 내 아들도 대학에 가고, 네 아들이 아들을 낳지 않으면 내 아들도 딸을 낳는다. 여기까지 겨루고 나면 어머니들은 더 악을 쓸 여지가 없다.

'셋째'는 베이징대학에 가더니 알아들을 수 없는 말을 곧잘 했다. 사사건건 나를 억누르는 것이다. 어느 날 내가 '연못의 달빛'(명작가 주즈칭의 수필, 중학교 교과서에 나온다) 말을 꺼냈더니 그는 태연하게 그 연못이 바로 우리 기숙사 앞에 있다고 했고(그 연못은 실제로 베이징대학에 있다), 내가 시를 한 수 썼더니 그는 거들떠보지도 않고 자기 동창생의 새 작품을 읊조렸다.

"손 가는 대로 물망초 한 송이 꺾었다가 가볍게 부러뜨리노라…"

더욱 열 받는 일이 있었다. 언젠가 그의 집에 남자와 여자들이 한 무리 모였는데 그의 어머니가 그들을 가리키며 목청을 돋우어 소개했던 것이다.

"모두 베이징대학 학생들이야."

다른 친구들을 찾아가 보면 너무 차원이 낮았다. 어떤 친구가 내 비위를 맞추느라고 시를 한 수 써서 보여주는데 시의 '시옷'자도 모르는 형편이라 일껏 머리를 짜서 가르쳤더니 고친다는 것이 더욱 엉뚱한 소리만 나왔다…. 그러니 우리는 술친구나 될 뿐, 글친구 되기는 포기할 수밖에.

이렇게 나가다가는 '셋째' 같은 새 시인들과의 거리가 멀어질 수밖에 없다는 것을 나는 너무나 잘 알았다. 나는 차차 대학에 붙는 데 흥미를 갖기 시작했다.

'셋째' 네 집에 가지 않으니 그는 호기심이 부쩍 동하여 주말에 집에 돌아오면 기어코 내가 뭘 하는지 알아보려고 했다.

그러나 그의 음흉한 심보는 우리 어머니한테 발각되었다. 내가 시간을 낭비하도록 하는 게 아니고 뭐냐? 문화대혁명을 겪은 어머니는 나한테 간곡히 당부하셨다.

"저런 녀석은 조금 경계해야 한다."

어머니 세대가 경건하게 신봉하는 명제는 바로 '남을 경계하는 마음이 없어서는 안 된다'는 것이다. 꺼리는 게 없는 젊은 세대들에게는 불가사의한 일이 아닐 수 없다. 나는 학자이신 사오얜샹[邵燕祥] 선생님에게 물어본 적이 있다.

"사람들은 다 50~60년대의 인간관계가 좋다고 하지요. 통근차에 오를 때도 서로 자리를 양보했다고 하는데 어떻게 생각하십니까?"

"아침에 통근차에 오를 때 자네한테 자리를 양보하더라도 밤에는 자네를 반혁명자라고 몰아붙일 수 있었지. 지금은 통근차에서 자리다툼을 하는 사람이라도 자네의 전도를 망치지야 않겠지?"

그러니까 어머니 세대들을 이해할 만하리라. 뱀에게 물리면 3년 동안 새끼줄을 보고도 놀란다는 말이 있지 않은가.

어머니가 그 말씀을 하신 지 20년이 지나 운명의 조화로 '셋째'와 나는 함께 일을 하는 동료가 되었다. TV에 나오는 하이샤오[海嘯]가 바로 옛 시절의 치한샤오, '셋째'다.

'진실한 말 솔직하게'에서 그는 프로를 기획하고, 나는 프로를 진행한다. 시청자들의 호평을 받은 많은 프로, 예컨대 '궈따제[郭大姐]의 사람 구원'이라든가 '악몽에서 깨어나면 아침', '내 아들은 너무 멋져' 같은 프로들은 모두 그가 앞장서서 기획한 것이다.

가끔 나는 일부러 우쭐거리며 떠들어댄다.

"이것 봐, 방송학원 졸업생이 베이징대학 졸업생을 거느리고, 신문

1991년 28세 생일 때 산동성 순춘(孫村) 탄광 지하 800미터 갱도에서 탄부들과 함께.

학과 졸업생이 중문학과 졸업생을 다루잖아."
 '셋째'는 나를 어떻게 해볼 수도 없다. 나를 고발해봤자 자기가 먹을 콩이 있겠나. 헐뜯는 사람이 없는 세월이 나는 좋아라.
 사실은 1981년 여름부터 나는 '셋째'와 동등한 지위처럼 행동했다. 그때 나는 이미 베이징방송학원 신문학과의 합격통지서를 받았는데 '셋째'와 나는 심심해서 몸살이 날 지경이었다. 그래서 함께 초등학교 시절에 짝사랑하던 여자친구들을 회상했다. 나의 그녀는 이름도 성도 까먹어 예쁘다는 인상만 남았는데 '셋째'는 그래도 나보다 한 살 더 많다고 자기의 그녀를 세세한 것까지 기억하고 있었다.
 우리는 한 시각이라도 지체할세라 우리가 살던 량샹으로 돌아갔다. 이리저리 물어서 드디어 그녀의 종적을 찾아내고 그녀 집의 높은 문턱에 올라섰다.
 '셋째'가 점잖게 입을 열어 주인을 찾자마자 개 한 마리가 사납게 달려나왔다. 우리 둘은 어마 뜨거라 돌아서서 줄행랑을 놓았다. 춘심(春心)은 간 곳 없이 스러져버리고 아버지 어머니가 다리를 두어 개 더 붙여주지 않은 게 한스러울 뿐이었다.
 잠시 후 그 소녀가 나와 상냥하게 개를 부르자 그 사납던 놈이 꼬리를 살살 저으며 아무 일도 없었다는 듯이 얌전해졌다. 집에 들어가니 소녀는 우리에게 자리를 권하고는 쉬지 않고 대야 속의 빨래를 주물렀다. 아주 평범하고 거무스레한 시골소녀였다.
 그 날 '셋째'는 잔뜩 흥분하여 길에서 '아름다움의 철학적 경지'를 운운하면서 집으로 돌아왔다.
 며칠 전에 우리는 함께 기획회의에 참석했다. 이런 회의는 일주일에 몇 번씩 열린다. '셋째'가 내 앞에 앉았는데 햇빛이 반짝이자 그의 머리에 섞인 흰 머리카락이 눈에 띄었다. 이런 친구는 정말 거울이다. 나는 저도 모르게 내 머리를 만져보았다.

'셋째'가 내가 가지고 있는 남녀에 대한 지식을 시험 친 게 어제 일 같은데 손가락 퉁기는 사이에 우리의 머리에 서리가 내렸다. 친구와 함께 있으면 세월이 참 빨리 흘러간다. 일을 할 때 '셋째'는 전혀 재촉할 필요가 없다. 이유는 간단하다. 일 분 일 초가 금싸라기처럼 소중한데 그는 나보다 금싸라기가 일 년 치만큼 적으니 말이다.

친구의 특징은 정확하게 기억하게 된다. 대학 시절의 친구 쑹잰은 곧잘 혼잣말을 중얼거렸다.

아침에 세수할 때부터 시작해 그의 입은 쉴새없는데, 한 학기가 지나니 그가 무슨 말을 하는지 똑똑히 알아들을 수 있었다.

> 마음을 공격할 수 있으면 반란이 절로 사라지니
> 자고로 군사를 쓰는 건 싸움을 좋아해서가 아니오
> 형세를 살펴보지 않으면 너그럽든 엄하든 다 잘못이라
> 후세에 촉을 다스리는 자들은 깊이 생각할지어다
> 能攻心則反側自消
> 從古之兵非好戰
> 不審勢卽寬嚴皆誤
> 後來治蜀要深思

여러 해 지나 청두〔成都, 쓰촨의 성 소재지〕 우허우츠〔武侯祠, 삼국시기의 촉 나라 재상 제갈량을 모신 사당〕에서 그 글을 보자 내 눈앞에는

즉시 쏭잰이 세수하던 모습이 떠올랐다.

훗날의 일들은 이 말이 쏭잰의 좌우명이라는 사실을 증명했다. 이 말 덕에 쏭잰은 남보다 뛰어나지도 않고, 남보다 뒤지지도 않게 자기의 운명을 순조롭게 조절해나가고 있다. 쏭잰은 안팎이 같은 부류에 속한다. 겉보기에 순박하고 마음도 고지식하다.

학교에 다닐 때 우리는 식권을 함께 썼는데 월말이 되니 상당히 많이 남지 않는가. 그래서 구운 닭 한 마리를 사서 영화에 나오는 일본군의 앞잡이 노릇을 하는 괴뢰들처럼 손으로 찢어먹었다. 그 다음 달에는 예산을 멋있게 짜서 미리 구운 닭을 사먹었더니 월말이 되자 식권이 모자랐다.

노인들이 하는 말씀이 떠올랐다.

'먹고 마셔서 가난해질 수는 없지만 계산이 틀리면 가난에 쪼들린다.'

사방으로 동냥을 다니는 나날은 참 어려웠다.

쏭잰의 집에 가보니 부모는 두분 다 무던한 인텔리셨다. 애들은 집에서 좋은 교육을 받아 우수한 품성을 계승한 모양이다.

쏭잰은 남의 견해가 옳으면 맞장구를 치고 남의 관점에 동의하지 않으면 침묵을 지키기 좋아하는 그런 친구다. 이런 친구가 있는 사람은 체면이 서게 된다. 자그마한 장점도 그의 찬양을 받게 되고, 이런 찬양은 사람을 고무하고 격려하는 좋은 점이 있으니 말이다.

나는 실연했을 때의 경험을 잊을 수 없다. 달이 없고 바람이 세찬 그날 밤, 나는 컬트 무비의 주인공처럼 교정의 길들을 쏘다녔는데 쏭잰은 땀을 뻘뻘 흘리며 내 뒤를 따라다녔고, 가장 악독한 말로 나와 함께 그 여학생을 저주했다. 사랑 문제에 대해서 친구들의 입장은 대체로 선명하다.

조급증이 날 때 친구는 정말 가장 좋은 진정제다.

쑹잰은 왜 혼자 중얼거리기 좋아할까? 암만 생각해보아도 알 수 없는 일이다. 친구가 아니라면 이 점은 치명적인 약점으로 비치지만 친구라는 개념을 보태니 그처럼 귀엽게만 보인다.

사회에 나온 다음 나는 그런 사람을 둘 만났다.

전즈[甄子]는 '마찬가지'란 말을 좋아한다. 정확히 말하면 그는 '마찬가지'를 남용하고 있는 것이다. 그가 이야기하는 일들은 절대로 '마찬가지'가 아니었으니 말이다.

또 딩거[丁戈]는 걸핏하면 '그것처럼'이라고 말하는데 '그것처럼'이 없이는 입을 벌리지 않았다. 나는 전즈의 '마찬가지'는 딩거의 '그것처럼'과 마찬가지라고 결론 내렸다.

눈 깜짝할 사이에 대학 4학년이 되었다. 쑹잰은 별안간 이불 짐을 꾸려들고 집으로 돌아가겠다고 했다. 이유를 자세히 알아보니 석사연구생 시험을 치르기로 결심했다나.

내 친구들은 두 사람이나 시험 때문에 나를 저 편에 버려 두었다. 나는 그들이 이를 악물기만 하면 일을 성공시킨다고 감탄했다. 나야 이를 악물어 이가 부서지더라도 뱃속으로 삼킬 수밖에 없는 처지였지만.

쑹잰이 석사연구생 시험에 합격되고 우리도 졸업사진을 찍을 무렵이 되었다. 아무튼 졸업은 즐거운 일이었다. 그 날 우리가 좋아라 날뛰는데 담임인 앤칭원 선생님이 나를 곁으로 불러다가 나직이 말했다.

"자네는 졸업이 아니고 그냥 수료야."

내가 어리둥절해하자 그는 한마디 보탰다.

"네 과목이 불합격이라고."

쑹잰이 목청을 돋우어 나를 불렀다. 미래의 석사가 수료생을 부른 것이다. 한 순간에 이렇게 형세가 바뀌었다.

그 후 나는 같은 꿈을 여러 번 꾸었다. 두터운 자료를 들고 읍소(泣訴)를 하러 돌아다니는 꿈이었다. 선생님이 제대로 봐주지 않으셔서 내가 59점을 맞아 수료생이 되고 말았습니다. 억울합니다!

다행히 나는 군대 구내에서 자라면서 어느 정도 군인의 냉정한 특징을 닮아갔기에 내 점수를 재검토해달라고 요구했다. 특히 의문이 많은 영어가 주요 검토사항이었다.

붉은 해가 서산에 지고 먼지는 사방으로 흩날리는데 나와 앤 선생님은 아직도 신축공사 중인 학교 본관에 서서 멀리를 바라보았다. 먼발치에서 영어 선생님이 걸어오셨다.

그 다음에 벌어진 일들은 영화처럼 내 머릿속에 아로새겨졌다.

영어 선생님이 걸어가면서 한 말.

"시험지를 남겨뒀는지 모르겠는데."

복도에 들어가서 또 한 마디.

"어느 궤짝에 넣었는지 모르겠구먼."

그 날 정전이 되어 나는 손전등을 켜들었다. 선생님이 하신 연거푸 몇 마디.

"찾았네."

"통과야."

"61점."

2점 차이로 나는 다시 학사가 되었다. 학사의 길이 수료생보다 훨씬 순탄하다는 건 다 잘 아는 사실이다. 수료생이 사회의 인정을 받으려면 학사보다 열 배는 어렵다. 중국에서는 많은 사람들이 1점 차이로 인생길이 달라진다.

따져보면 조금은 이상한 일이었다. 영어 선생님은 이미 다른 학교로 전근(轉勤) 가신 다음이었는데 다시 돌아오셨고 글쎄, 시험지를 찾아내기까지 하셨던 것이다. 또한 10년 후에야 나는 석양 밑에서 나와 함께 서서 기다려준 담임 선생님이 일본 사람이란 걸 알게 되었다. 나중에 나는 앤 선생님을 보고 농담을 했다.

"선생님이 왜 저한테 까다롭게 구셨는지 알 만합니다. 제 아버지가 항일 전쟁을 했다는 걸 알고 그러셨지요?"

불타오르는 듯 붉은 졸업증을 받쳐들고 집에 돌아오니 추이씨 가문의 첫 대학졸업생이 탄생하였다. 졸업증을 잃어버렸다가 다시 찾아온 내력을 어머니한테 말씀드렸더니 가끔 신경질적인 어머니가 그 날은 도리어 차분히 가라앉은 태도를 보이셨다.

"쉽지 않지. 넌 일곱 달 만에 태어난 칠삭둥이가 아니냐. 태어날 때 1.8킬로밖에 되지 않아 인큐베이터에서 56일이나 보냈으니 학교를 마지막까지 다닌 것만 해도 쉽지 않아."

이 숫자들은 어머니가 늘 입에 달고 사셨기에 나는 너무나 잘 알고 있었다. 어린 시절부터 어머니는 나를 보고 이렇게 부추기셨다.

"사람 노릇이나 제대로 하지 학문은 따지지 말아."

어머니는 또 이렇게 말씀하셨다.

"국가 주석(문화대혁명 시기에 죽은 국가 주석 류우사오치〔劉少奇〕를 가리킴)도 그 자들에게 시달려 죽었는데 누군들 쉽겠냐."

어머니는 늘 이 말로 자신을 설득하고 또 우리를 납득시키셨다. 말씀을 마치고 나서 어머니는 돌아서서 주방으로 들어가셨다.

어머니가 하신 말씀, '쉽지 않아'가 나오니 한 친구가 생각난다. 순칭스〔孫慶石〕는 '쉽지 않아'를 제일 좋아했다.

1984년 대학 3학년 때 나는 세 동창들과 함께 후베이성 샤스에 가서 실습을 하게 되었다. 샤스 TV 방송사에 도착하자 누군가 우리를 그에게 소개해주었다. 베이징의 고향친구가 왔노라고 말이다. 순칭스를 만나자 그가 싱글싱글 웃으면서 하는 첫 마디가 바로 이것이었다.

"쉽지 않아. 베이징에서 여기까지 오다니."

옛날에 삼선건설(三線建設, 60년대 때 전쟁에 대비해 내륙지방에 여러 가지 공장과 국방공사를 건설했는데 해안지대의 공장도 많이 산골로 옮겼다)을 지원하느라고 순칭스의 아버지는 온 집안을 거느리고 후베이에 와서 정년 퇴직할 때까지도 베이징에 돌아가지 못했다.

그의 부모가 연세가 많고 중병에 걸린 상태라 순칭스가 '쉽지 않아'를 입에 달고 다닐 만도 했다.

샤스에 머무는 석 달 동안 늘 그가 '쉽지 않다' 고 중얼거리는 소리를 들었다. 가끔 아주 쉬운 일을 하고 나서도 그는 여전히 '쉽지 않다' 고 했다. 지금 생각해보면 이건 그의 특유의 표현 방법이었고, 그의 감정과 생각을 한결 잘 나타낼 수 있었다.

석 달이 지나자 나는 실습이 끝나면 후베이에 있는 도교(道敎)의 명산 우당산(武當山)으로 달려가려고 작심했다. 베이징에 돌아가 할 이야깃거리나 얻으려고 말이다. 내 의향을 듣자 순칭스는 10위안을 쑥 내밀었다. 내가 사양할 여지를 남겨두지 않았다. 1984년의 10위안은 너무 큰돈이었다.

"받으라고. 쉽지 않거든."

그 뒤의 나의 행적은 강호(江湖)의 냄새가 물씬 풍긴다. 우당산으로 가는 길에서 나는 그의 인맥 덕분에 편안한 여정을 보냈고, 별 탈 없이 우당산의 절경인 진딩(金頂)까지 올라갔다. 그때부터 나는 신조를 하나 만들었다.

'친구가 늘어나면 길이 더 생긴다.'

나의 모든 친구들 가운데서 순칭스의 변화가 제일 적다. 지금 내가 의기양양해서 프로를 진행하는 걸 보면서도 그는 변함없이 그 한 마디를 던진다.

"쉽지 않아."

마지막으로 등장하는 친구는 이름을 고치기 전에 왕워이(王偉)라고 했다.

그가 중국기자협회에 들어가자 거기에는 왕워이가 이미 한 사람 있었다. 그래서 이름을 왕샤오워이(王小偉)라고 고쳤다. 누가 더 큰가 보자고 대들지 않은 걸 보더라도 멋진 사나이다.

왕샤오워이는 이전에 지식청년으로 농촌에 내려갔는데 먼저 산시성의 바오지(寶鷄)에 갔다가 나중에 윈난성(雲南省)으로 옮겨갔다.

우리는 1987년 신장 위그루 자치구의 수부(首府) 우루무치(烏魯木齊)에서 취재하다가 만났다. 저녁식사 후 사람들이 대화를 하다가 개인의 경력 이야기가 나와 왕샤오워이의 역사가 풀려 나오기 시작했다.

그는 십리 산길을 걸어 장 보러 가서 붉은빛이 번뜩이는 내장국을 마신 다음 다시 십리 길을 활보하여 돌아올 때가 제일 기분 좋았다고 말했다. 윈난에서 어떤 건달이 그를 죽이겠다고 으르렁거렸는데 사람들이 그 자를 막느라고 무진 애를 썼다. 왕샤오워이는 참대로 만든 다락집에서 비겁한 마음과 작별하고 미친 듯이 달려나가 고함쳤다.

"그 녀석을 놔주세요!"

사람들이 손을 떼자 그자가 오히려 그 자리에 굳어졌다. 그러고 보니 한 사람에게 의협심이 있으면 협객의 기운이 뻗치고, 굳이 손을 놀리지 않아도 남을 억누를 수 있다.

이런 비범한 경력이 있는 왕샤오워이인지라 우리가 눈을 씻고 다시 볼 만했다. 게다가 그는 인정이 두터워 재빨리 우리 패거리들의 후원자가 되었다.

그는 취재단의 단장 신분으로 우리를 데리고 여러 곳으로 돌아다녔다. 신장 국경방문, 하이난〔海南島〕의 성(省) 승격, 선전〔深圳〕 특별구역 건설, 창저우〔滄州〕 농민기업…. 우리는 함께 잘 먹고 마시면서 성급(星級, 중국에서는 별로 호텔 등급을 나눈다. 한국의 무궁화와 상당) 호텔에 들어 호강을 누렸고, 함께 배를 곯고 추위에 떨면서 장거리 버스에서 긴 밤을 지샜다.

우정의 나무는 비바람의 세례를 받아 푸르게 자라났다.

더욱 많은 경우에 그는 맏형의 신분으로 더우면 더울세라, 추우면 추울세라 우리를 살뜰히 보살펴주었다. 훗날 우리 형제들에게 하나 둘 여자친구가 생기게 되자 한결같이 왕샤오워이 앞에 데리고 가서 그의 의견을 들어보았다.

나는 두 번째로 실연했을 때, 속으로는 뻔하면서도 체면이 깎여 괴로웠다. 그래서 밤을 도와 그의 집으로 달려갔는데 마침 그 날 형수는 집에 없었다. 나 혼자 말하고 그는 듣기만 하면서 담배를 뻑뻑 피워 집안에 연기가 자욱했다.

나중에 그는 한숨을 길게 내쉬더니 물었다.

"아직 아무것도 먹지 않았지?"

그는 자리에서 일어나 불을 피워 물을 끓여 가지고 우선 말린 밀국수를 반 근 넣은 다음 달걀 두 개를 마주쳐 깨어 넣었다. 달걀이 물 위에 동동 떴고 솥이 끓어올랐다. 집안에는 생기가 더해졌다.

나는 감동하여 음식을 먹었으나 맛을 몰랐다. 그는 담배 한 대를 붙여 물고 차근차근 타일러주었다. 국수를 거의 다 먹을 무렵 내 입은 차차 미각을 회복했다.

사실 인생에서 가장 중요한 대목은 몇 번뿐이다. 자기 스스로 버텨 이겨낼 수도 있고, 친구가 밀어줄 때도 있다. 이를 악물기만 하면 잠시 후 모든 것이 정상으로 돌아온다.

얼마 지나지 않아 나는 또다시 혈기왕성해 날뛰었다. 남을 실연하게 만들기까지 해서 일이 크게 벌어지자 나는 따베이야오(大北窯)에 있는 왕샤오워이의 집에 숨어 얼굴을 내밀지 못했다. 그 때도 왕샤오워이가 나서서 나 대신 판을 수습해주었다.

왕샤오워이는 친구에게 관심을 두게 되면 아예 원칙이 없다. 하지만 그는 좋은 사람이기에 우리는 눈을 감고 그 뒤를 따라가려고 한다. 그러면 힘이 적게 드니까.

친구란 이런 사람이다
즐거울 때 잊기 쉬운 사람
괴로울 때 제일 먼저 찾아가고 싶은 사람
도움을 받고도 감사하다고 인사할 필요가 없는 사람
폐를 끼치고도 미안하게 생각할 필요가 없는 사람
까다롭게 요구하지 않는 사람
경계하지 않아도 되는 사람
궁지에 빠지더라도 깔보지 않는 사람
자꾸만 승진하더라도 호칭을 바꾸지 않는 사람

강호의 인생

남들은 큰 말을 탔는데
나 홀로 나귀를 탔네
땔나무 멘 사나이 돌아보니
어쩐지 속이 풀려

- 왕범지(王梵志, 당나라 시인)

1986년, 우연한 기회에 정왠제(鄭淵潔)와 사귀었다. 그때 그는 이미 '동화대왕'으로 불렸다. 그는 겸손한 척 하는 법이 없이 그 칭호를 즐겁게 받아들이곤 했다. 그는 자기가 바로 동화의 왕이라고 여겼다. 〈동화대왕〉은 동화만 싣는 잡지로 매호마다 4만 자 분량을 전부 정왠제 혼자 썼다.

어느 날 우리 둘이 맥주를 마셨는데 술이 두어 잔 뱃속에 들어간 후 내가 몇 편 써서 낼 수 있느냐고 물어보았더니 정왠제는 딱 잡아떼었다.

"절대로 안 돼요."

동화는 정왠제의 전부이자 그가 생계를 유지하는 수단이었다. 그 자신이 살아가는 방법 또한 동화 속의 인물과 비슷했다.
 그는 어린 시절에 집에서 놀기를 좋아했는데 어머니는 기어코 그를 유치원에 보냈다. 길에서 울어대던 그는 유치원 문 앞에 이르자 울음을 뚝 그치고 나는 듯이 그 안으로 달려들어가 벽의 구석으로 갔다. 벽에는 구멍이 하나 있어 마지막으로 어머니를 한 번 더 볼 수 있었다.
 어머니가 다가와 한마디 했다.
 "말을 잘 들어야 한다."
 그 후 오랜 동안 정왠제는 이런 생각을 굴렸다.
 '어느 날 내가 국가주석이 되면 벽을 죄다 허물어버릴 테야. 적어도 벽에 있는 구멍이라도 좀더 크게 만들어야지.'
 학교에 가니 정왠제는 더 높은 벽에 갇혔다는 느낌이 들었다. 군대에 간 다음에도 마찬가지였다. 높은 벽 속에서 사는 사람들은 허튼 생각을 곧잘 한다. 석탄을 퍼담을 때 그는 걸핏하면 삽자루에 턱을 고이고 푸른 하늘을 바라보면서 멍하니 정신을 팔곤 했다.
 사람들이 물었다.
 "뭘 하는 거야?"
 "동화 생각을 하는 거지."
 "머리가 돌았군."
 정왠제의 말솜씨는 그저 그랬다. 때문에 그는 얼음에 박 밀듯이 아부할 줄 아는 동창들을 뼈에 사무치게 미워했다. 그의 동화 속에 나오는 부정적인 인물들은 다 그런 아첨꾼 동창들과 동성동명이다.
 그런데 그의 동화 속에 나오는 긍정적인 인물들의 이름은 생활 속에서 나타날 가능성이 적다. 하나는 피피루〔皮皮魯〕, 하나는 루시시〔魯西西〕니까 말이다. 결함이 적지 않고 운 좋은 일도 별로 만나지 못해 어딘가 가엾다. 대체로 정왠제의 어린 시절 운명과 비슷하다.

고생 끝에 드디어 결혼하고 아들을 낳게 되니 정왠제는 자기가 겪은 고통을 아들이 감수하지 않도록 대담한 결정을 내렸다. 아들을 유치원에 보내지 않기로 한 것이다. 유치원의 벽이 아직도 허물어지지 않았으니 말이다. 6년 후, 그는 마찬가지 이유로 더욱 대담하게 아들을 학교에 보내지 않기로 작심했다.

사람들은 모두 정왠제가 미쳤다고 했다. 그러나 정왠제는 당당하게 이렇게 말했다.

"학교에 가지 않는다고 해서 문화지식을 배우지 못하는 것은 아니다."

그는 서당으로 학교를 대체해 경험 있는 선생님 두 분을 초청해 집에서 아들을 가르쳤다.

어느 날 그는 무척 신비로운 말투로 말했다.

"내 아들의 국어 교과서는 다 내가 손수 만들었네. 너무 잘 만들어서 나는 선생님이 그 책을 가져가지 못하게 하지. 가져가게 했다가 교육부에 누설되어 전국 통일교과서가 되면 어쩌려고."

우리는 사이가 아주 좋은 친구였는데도 그는 나한테 그 교과서를 보여주지 않았다. 아마 동화를 모아 만들었다고 짐작된다.

그가 쓴 〈고양이와 쥐의 모험〉을 보면서 나는 눈물을 떨어뜨렸다. 고양이와 쥐도 화목하게 살아야 한다. 이런 생각을 가진 사람은 틀림없이 이상주의자요. 이상주의자는 좌초할 기회가 상대적으로 더 많다.

어느 날 그는 챈먼호텔〔前門飯店〕에서 열린 작가좌담회에 참석했다. 그는 그보다 훨씬 중요한 회의에도 가기 싫어한다고 소문난 사람이었다. 발언할 차례가 되자 그는 한바탕 열변을 토했다. 그는 해적판 때문에 너무나 괴롭다고 했다. 전집(全集)의 주문 부수는 영(零)이었다. 새로 나오는 〈동화대왕〉은 다 쓰기도 전에 거리에서 팔렸다.

해적판 출판업자를 잡았더니 그 자들은 현지의 경찰을 불러 뻔뻔스럽게 맞섰다. 신문의 출판 관리부서 사람들이 원고를 한번 보자고 해서 넘겨주었더니 얼마 지나지 않아 해적판이 시장에 나돌았다. 그 바람에 누구도 믿지 못하게 되었다. 그 날 회의 주최자는 그의 말을 다른 방향으로 돌리려고 했다.

"글쓰는 사람 치고 해적판에 시달리지 않은 사람이 있나요?"

하지만 정왠제는 자기가 남과 다르다고 생각했다. 다른 재간이 없으니 말이다. 집안 식구는 물론 강아지까지 모두 그의 원고료를 믿고 살아가지 않는가.

회의가 끝난 뒤 그는 나를 끌고 팡좡[方莊]에 가서 한 신문 가판대에서 손쉽게 해적판〈동화대왕〉을 샀다. 그는 즉시 관련 당국에 연락해 이 신문 가판대를 수사하겠노라고 했다. 나는 마흔 남짓한 신문팔이 아줌마의 얼굴에 고생의 흔적이 역력한 것을 보고 그를 말렸다.

"그렇게 할 것 없잖아. 아줌마도 쉽지 않을 텐데."

정왠제는 대뜸 마주 쏘았다.

"그러면 난 쉬울 것 같아? 매달 화장실 사용료까지 한 푼도 떼지 않고 꼬박꼬박 내야 하는데. 나는 그 돈을 받는 사람한테 소리를 질렀지. 이후에는 들판에 나가 배설하겠다고. 당신들이 청소할 필요가 없게 말이야."

별안간 나는 정왠제의 머리카락이 희뜩희뜩해진 걸 발견했다. 독화(毒火)가 마음을 괴롭힌 것이다.

그와 처음 만났을 때 그는 영웅적 기상이 흘러 넘쳤고, 얼굴에는 행복이 가득했다.

그는 이런 전화를 걸어주기도 했다.

"최신호 〈동화대왕〉을 사 보라고. 내가 자네 이름을 집어넣었네."

기자들이 루시시를 쫓아다니자 루시시는 자기가 추이 기자와만 인터뷰를 한다고 하는 대목이었다.

그는 우리를 초대해 야오싼〔藥膳, 한약재를 넣어 만든 보신 요리〕을 대접했는데, 그때 우리는 아직도 잰빙궈즈〔煎餠菓子, 가루 반죽을 얇고 납작하게 구운 다음 달걀을 깨어 그 위에 돌려서 부쳐 내고 기름에 튀긴 떡을 싸서 먹는 톈진, 베이징 일대의 음식〕나 먹을 팔자였다.

정왠제는 최초의 수집가 대열에 들어섰다. 그의 수집품은 벌금딱지로 싱가포르와 한국 것까지 있었다. 언젠가 집에서 벌금딱지를 정리하다가 보니 베이징 쉔우〔宣武〕구의 것이 없는지라 그는 즉각 모터사이클에 올라타서 쉔우로 달려가 건널목 신호를 위반했다.

공교롭게도 교통경찰이 머리를 돌리는 바람에 그의 신호위반을 보지 못했다. 그는 아예 경찰 앞으로 오토바이를 몰고 가서 느닷없이 경례를 척 붙였다.

"미안합니다. 방금 신호를 위반했는데요."

경찰은 반나절이나 그를 노려보았다.

"어디 잘못된 거 아냐? 자기 갈 길이나 가라고!"

그때 우리는 아직도 자전거족이었다.

그는 남보다 한 발 앞섰기에 고민도 먼저 했다.

언젠가 어느 학교의 교장이 내가 정왠제를 안다는 걸 어떻게 알았던지 기어코 그를 모셔다가 학생들에게 강연을 하게 해달라고 떼를 썼다. 정왠제에게 부탁을 한 적이 없는 내가 말을 꺼냈더니 순순히 승낙했다.

그가 학교 강당에 들어서자 천둥 같은 박수소리가 터져 나왔다.

강연을 하는 동안 애들은 너무 우스워 제대로 앉아 있지 못했다. 정왠제의 말은 교육부에서 정한 교육 대강과 어긋나도 한참 어긋나는 내용이었다. 학교에서 나올 때 교장은 무서운 표정이 되었다.

"전송해 드리지 못하겠소."

내가 TV 방송의 진행자가 되자 정왠제는 무척 기뻐하면서 어느 동화에서 추이융왠은 중국에서 제일 유능한 프로 진행자라고 썼다. 그런데 믿는 사람이 없었다. 여전히 동화라고 여긴 것이다.

나도 한마디 해야겠다. 정왠제는 중국에서 제일 우수한 동화작가다. 이 책을 보는 이들이 이 말이 믿어지지 않으면 그의 책을 한 권 사보면 알 만할 것이다. 그의 책은 참 사기 쉽다. 해적판을 파는 곳에는 어디나 다 그의 책이 있게 마련이다.

워이워이[魏偉]는 또 다른 내 친구, 그와 리샤오광[李曉光]의 결혼식에 내가 사회를 보았다.

1987년에 그와 사귀게 되었을 때 그는 장사를 배우는 중이었다. 그때 그는 돈이 없었고, 나는 명성이 없어 우리의 우정은 진실한 감정으로 이루어졌다.

몇 해 지나 그는 돈을 좀 벌었다. 피땀으로 바꿔온 돈이었다. 광저우[廣州]에 가서 전자시계와 비디오 카메라를 구입해 베이징에 가져다 팔면서 차액을 벌었고, 담배와 술과 음료를 파는 가게도 꾸렸다.

돈이 생기자 그는 내 앞에서 자랑을 하느라고 싯누런 금가락지를 끼고, 돈을 버는 게 사실은 별로 재미가 없노라고 떠들어댔다. 내가 노래 테이프를 제작하면 떼돈을 번다는 말을 들었느냐고 물었더니 그는 내말을 믿고 3만 위안을 투자해 테이프를 제작하게 했다.

처녀가 시집가듯 난생 처음 해보는 일이라 처음에는 얼떨떨한 김에 몇천 원을 까먹었다. 다행히 나중에 친구의 소개로 업계의 거물 멍샹둥[孟向東]에게 부탁해 나머지 돈으로 테이프를 제작했다.

어느 철인(哲人)은 사람들이 무엇을 사랑하게 하려면 우선 자기가 좋아해야 한다고 말했다. 그래서 나는 내가 미칠 듯이 좋아하는 옛날 영화 노래를 골랐다. '죽어도 굽히지 않아', '남강 마을 여자들', '사과 딸 때', '한 간호원의 이야기', '금희와 은희의 운명', '만자천홍', '탄자니아에서 활약하는 중국 의료대', '홍기거도' 같은 영화에 나오는 노래들을 연거푸 부르게 하려고 작심한 것이다.

따져보면 가수진도 참 화려했다. 둥원화[董文華], 옌웨이원[閻維文], 쑹주잉[宋祖英], 장예[張也], 쟝타오[江濤], 후샤오칭[胡曉晴], 장웨이찐[張偉進]…. 한결같이 쟁쟁한 가수들이었다.

자신만만해서 테이프 제작을 끝냈으나 원판은 지금도 집에 그대로 남아 있다. 사자는 사람이 없었던 것이다.

워이워이를 만났을 때 미안해 죽을 지경인데 오히려 그가 나를 위로했다.

"괜찮아, 내가 방법을 찾아 팔아버릴 테니."

이제는 속이 든든해졌다. 그 후에는 그를 만날 때마다 내가 오히려 먼저 묻곤 했다.

"왜 아직도 팔지 못했나?"

1년이 지나 그는 결정했노라고 했다.

"시디(CD)를 두 장 만들어 우리 둘이 한 장씩 가지자고."

시디 제작 비용도 그가 냈다.

워이워이의 장사에 대한 견해에는 내가 수긍하지 않는 게 많은데 그런 나를 그는 문외한이라고 했다. 그도 내 프로 개혁을 위해 많은 제의를 해왔지만 나도 그의 말을 듣지 않았다.

언젠가 우리는 둥베이에 갔다. 고급 식당에 막 들어서려는데 길가에서 신을 수선하는 노인이 '로추이' 하고 나를 불렀다. 중국인들은 남의 성 앞에 늙을 로(老)자나 작을 소(小)자 혹은 클 대(大)자를 붙여 경의나 친근함을 나타낸다. 나의 애칭이 바로 '샤오추이〔小崔〕'이고 간혹 '로추이'로도 불린다.

노인에게 다가가 앞의 쪽걸상에 앉으니 노인은 남의 신을 고쳐주면서 나와 이런 저런 이야기를 나눴다.

그 정경에 워이워이는 감동되었다.

"자넨 정말 서민 진행자야. 저 노인은 아주 자연스럽게 자네를 '로추이'라고 부르더군. 자네도 노인과 얘기가 어울리고."

뒤이어 그는 이렇게 말했다.

"사실 서민이 명사인 척하는 건 명사가 서민인 척하는 것과 마찬가지로 사람을 피곤하게 만드는 일이지."

마지막 말에 나는 깊은 감명을 받았다.

서민이란 어떤 생활 방식이 아니라 어떤 마음가짐을 의미한다. 서민도 귀한 해산물을 먹을 수 있고, 자동차를 사며, 비싼 옷을 입을 수 있다. 서민 심리가 있으면 남을 잘 이해해주고, 너그러운 마음을 갖게 되며, 자기 생각과는 다른 목소리를 귀담아 듣게 된다. 그리고 높이 올라갔다 하여 우쭐거리지 않고, 밑바닥 인생을 살더라도 굽실거리지 않는다.

서민들은 자기들을 벽돌에 즐겨 비유한다.

'높은 집에 올라갔다 하여 자만하지 않고, 변소에 끼었다 해서 비관

하지 않는다네.'

　가까이 있는 친구들은 늘 무심결에 유익한 도움을 주곤 한다.

　리쥔(立軍)은 친구의 친구가 소개해 알게 된 사람이다. 그는 상인이다. 그래서 나는 처음에 은근히 그를 경계했다. '장사꾼은 아비도 속인다'는 말이 있지 않은가.

　후에 그는 내 다정한 친구가 되었다. 그가 하도 어렵게 장사하는 것을 보았기 때문이다. 무슨 장사를 하려고 하면 그는 우선 종이를 한 뭉텅이 쥐고 흥이 나서 떠들어댄다.

　"이것 봐, 수속을 전부 밟았어."

　다음에 만나보면 흐린 얼굴빛으로 수화기를 들고 사방에 사정을 한다. 국장이 허가한 일은 차장이 방해를 놓고, 차장이 허락한 수속은 과장이 브레이크를 밟는다. 과장까지 인가해주더라도 실무를 보는 과원들이 오만 가지 생각을 하면서 벼르는 데야!

　장사는 좀처럼 시작할 수 없다.

　리쥔은 장사를 하고 나는 TV 프로를 진행하는 사람이니 업종이 달라 자리를 같이 하면 시중에 떠도는 소문이나 이야기하는 정도다. 사무실에서 하루 종일 앉아 있다 보면 너무 지쳐서 한가한 이야기라도 해야 팽팽해진 신경이 풀린다.

　그럴 때마다 라쥔의 하루도 힘들다는 게 느껴진다. 업종이 다르면 산을 사이에 둔 격이라더니 맞는 말이었다.

　술을 좀 마시고 나면 라쥔의 말이 많아진다. 화제는 항상 장사판에서 누가 누구를 골탕먹였다거나 누가 누구를 속였다는 이야기다. 그런 이야기를 듣다 보면 내가 적당한 선에서 멈춰 서서 장사판에 빠지지 않은 게 다행이라는 생각이 든다.

언젠가 그는 또 그런 이야기를 꺼내기에 내가 물었다.
"그렇게 어두운 세상이라면 왜 물러서지 않나?"
그는 장탄식을 했다.
"강호에서는 몸을 마음먹은 대로 움직일 수 없다니까!"
나는 신문에서 늘 기업을 선전하는 내용을 본다. 리쥔이 이야기해주는 기업의 진실한 상황을 들어보고 두 가지를 종합해보면 기업의 참모습을 알게 된다.
그 기업 사람들이 우리 프로의 초대손님으로 출연하면 나는 몇 가지를 물어본다. 그 사람들은 내가 내막을 알고 있다는 걸 알아채고는 겉에 발린 거짓말을 하지 않고 곧이곧대로 말한다.
리쥔은 최근에 굉장히 바쁘다. 자기 장사를 위해 끊임없이 술판을 벌여야 하기 때문에 몇 번이나 심하게 취했다.
그는 나보고 어떻게 하면 이 사람에게 저 사람을 설득하게 할 수 있는지 연구해달라고 부탁했다. 저 사람이 그렇게 하지 않으면 리쥔의 장사가 잘 되지 않으니 말이다.
"리쥔, 자넨 잘못한 일도 없는데 왜 직접 당당하게 나서지 않나?"
"그 사람이 허가를 내주지 않으려면 이유야 얼마든지 있는 법이거든."
참으로 어렵지만 리쥔은 '중국의 장사는 이렇게 하는 법'이라면서 여전히 열심히 장사를 한다. 이제는 중국이 WTO에 들어갔으니 리쥔 같은 사람은 어떻게 해야 할까?

세상의 풍류아

담소하는 이들은 다 뛰어난 선비요
거래하는 이들 중에 백정이 없더라

- 유우석(劉禹錫) 〈누실명(陋室銘)〉

1987년 5월 7일, 대싱안링(大興安嶺)에 큰 산불이 일어났다. 1988년 1월에 나는 화재 후의 첫 설을 쇠는 것을 취재하려고 헤이룽장성(黑龍江城)으로 달려갔다.

성 소재지인 하얼빈(哈爾濱)에 이르니 동업자들은 그렇게 얇게 입고 대싱안링에 가려고 하느냐고 나를 조롱했다. 기차에 오를 무렵 나는 다른 사람의 솜옷과 솜바지, 솜신으로 무장을 갖췄다.

기차는 하루 밤을 달려 쟈그다치(加格達奇)에 이르렀다. 차에서 내리자 약속대로 헤이룽장 인민방송국 대싱안링 지국으로 곧장 달려갔다. 지국장은 로바이(老白)였다.

로바이를 찾으니 그는 트럼프를 치느라고 머리도 쳐들지 않았다. 곁에서 누군가가 그를 보고 중앙방송국에서 사람이 왔다고 하자 로바이는 믿지 않았다.

"나는 지금 정치국에서 회의를 한다고 그 사람들에게 알려주거라."
사람들이 허허 웃자 로바이가 고개를 쳐들었다.
"아이구, 정말 중앙국에서 오셨습네다."
그는 다급히 일어섰다.
"요처럼 추운 날씨에도 대싱안링에 오셨습네까?"
나는 이렇게 로바이와 알게 되었다.
로바이는 누구하고나 재빨리 어울리는 것이 특기였다. 우리도 굳이 예절을 차리지 않았다. 로바이가 일어서면서 점심에 뭘 먹겠느냐고 물어 우리는 둥베이 사투리로 대답했다.
"솬차이〔酸菜〕우다."
그때는 둥베이 사투리가 한창 유행이었다. 이야기하기를 좋아하는 로바이는 세 마디도 안 되어 자기가 대싱안링에 오게 된 경과를 이야기했다.
"부대 따라 왔수다. 그때 숲에 나무가 빽빽했는데 부대에서 사병들이 돼지를 길렀거든. 밤중에 돼지가 꽥꽥거리면 일이 생긴 것이지. 그러면 총을 집어들고 손전등을 켜들고 어둠 속으로 달려나갔수다. 비적인 줄 알았더니 뭔가 맞춰보시지. 곰이었수다, 곰. 곰이 우리 돼지를 끌어안고 물어뜯더구만. 내가 손을 획 저으니 일제 사격했거든. 그 곰이 쓰러지는 것을 보고 사람들이 우 달려들자 하니 난 손을 또 획 저었지. 철수! 곰은 죽은 척하기로 소문난 놈이라 경계하지 않을 수 없었지, 뭐. 이튿날 아침에 가보니 괜찮아, 곰이 정말 맞아죽었더라구. 이케 가지구 서네 곰발을 먹게 됐으렸다. 돼지는 별로 손실 본 게 없구 코만 뜯기어 맨송맨송해졌더우다."
우리는 하하 웃었으나 로바이는 눈썹 하나 까딱하지 않았다. 말하는 사이에 요리가 상에 올랐다. 로바이는 어서 음식을 들라고 권했다.

"드시우다. 좋은 건 벨루 없지만서두 배불리 드시고 내일 여우신선 구경시켜드리겠수다."

꽝꽝 얼어붙은 겨울에 힘겹게 길을 가다가 혈육 같은 사람을 만나면 얼마나 속이 든든하겠는가. 상상해보면 내 심정을 알 수 있으리라.

로바이가 말한 여우신선은 바로 여우, 그것도 사람들이 사육하는 여우였다. 그런데 로바이는 기어코 여우신선이라고 불렀다.

"여우가 아니라니까네. 여우는 눈에 정기가 없는데 이 여우신선들의 눈을 좀 보라요. 또릿또릿한 게 얼마나 정겨운가."

며칠이 지나자 나는 로바이의 사고방식을 대체로 알 만했다. 고생 속에서 즐거움을 찾는 식이었다. 그의 독특한 말은 생활에 대한 이해와 사랑이었다. 사랑이 없이는 하늘과 땅이 얼어붙은 고장에서 그처럼 오래 살 수 없다. 그 후 나는 국경초소의 보초병, 갱도 속의 탄부와 원양선박의 선원들을 취재하면서 그런 느낌이 더욱 강해졌다.

취재하고 돌아오는 길에 지프에 앉아 흔들거리노라니 졸음이 솔솔 왔다. 로바이는 사람들이 잠들었다가 얼어서 병이 날까 봐 새로운 화제를 꺼냈다.

"네 가지 번대머리와 열 가지 사원(社員)을 들어보셨수까?"

그 말에 우리는 정신이 번쩍 들어 로바이의 이야기를 들었다.

첫 번째 번대머리는 묘하게 벗겨졌구나
기관사를 끔쩍끔쩍 놀래켰더라
돌진하란 신호인 줄 알았더니
알고 보니 번대머리 철길을 건너

두 번째 번대머리는 묘하게 벗겨졌구나
창고보관원 끔쩍끔쩍 놀래켰구나
알록 사발 거꾸로 엎어진 줄 알았더니
알고보니 번대머리 쿨쿨 잠이 들어
…

이것이 네 가지 번대머리의 앞 구절이었다.

일등 사원(마오쩌둥 시대 인민공사의 사원을 가리킴)은 지부서기
낡은 집은 허물고 새집을 지어
아들딸을 죄다 밖으로 내보내

이등 사원은 생산대장
이 국 마시고는 저 술 마시고
취해서는 구들 위에 자빠져 자네

삼등 사원은 지부위원
크고 작은 일마다 빠지지 않아
집 안팎 사람들 뒤따라 그 덕을 보아

사등 사원은 회계(會計)원
잘 먹어주고 잘 입어주며
집안 사람 용돈 걱정할 리가 없지

오등 사원은 창고보관원
오곡 잡량 빠짐없이 먹을 수 있어
돼지도 피둥피둥 살이 쪘구나
…

로바이는 이렇게 말을 끝냈다.
"이런 건 말이우다. 믿지 않을 수 없지만 곧이들어도 안 되지. 백성들이 이런 말로 불평을 털어놓는데 관리들이 귀에 거슬려할 필요도 없수다. 이 속에는 민심이 들어 있거든. 그건 아주 정확할 때도 있수다."
그 후 나는 취재할 때마다 한마디 물어보곤 했다.
"이 고장에는 민간 쑨커우류우〔順口溜, 즉흥적인 문구를 즉흥적으로 노래하는 민간예술. 위의 두 편과 밑의 여러 편은 다 쑨커우류우에 속한다〕가 있어요?"
하얼빈에는 유명한 담배 '스리 파이브'를 빌려 풍자한 '삼오간부'가 있었다.

마작판에 붙으면 3일 5일 자지 않고
마오타이〔茅台〕주를 마시면 3병 5병 취하지 않고
무도장에 들어서면 3곡 5곡 지치지 않는데
일터에선 3년 5년 일하고도 감감 무식이더라

간쑤〔甘肅省〕의 쑨커우류우는 저질 담배를 풍자했다.

바람맞으며 등을 켜고
남들이 말해도 대꾸하지 마라

골목을 쏘다니는 넝마장수도 낙관주의가 흘러 넘치는 말을 만들어 조금만 돈이 있어도 만족하는 심정을 나타냈다.

자전거에 광주리 두 개 걸어놓으면
수입이 후야오방[胡耀邦, 당시 중국공산당 총서기]보다 낫단다

시대의 병폐를 제대로 찌른 쑨커우류우도 있다. 간부가 농촌에 시찰 내려가는 내용을 들어보면 이렇다.

차에 앉아 한 바퀴 돌고
마을에서 한 끼니 먹는데
닭이나 생선 아니면
고기나 달걀이더라
발언할 땐 이 쑤시고
건의 사항 들으면 눈을 감고
차에 올라 손 저으며
어려운 문젠 다음에 보자네

기자 경력이 길어지니 나도 이런 간부를 직접 만나보았다.
한동안 기자들이 훙바오[紅包, 금일봉]를 받는 바람이 불자 그런 현상을 비웃는 말이 재빨리 생겨났다.

불조심, 도둑조심, 기자조심.'

경제가 비교적 발달한 광둥에서 유행하는 말이라 한다.
또 하나 들어보자.

공장은 작디작아도
닛산이 굴러다니고

회사는 밑지더라도
사장은 토요타 굴려

관직이야 높든 낮든
산타나를 사들이고

어느 직급이든
아우디에 앉아보며

대부금 진 신세이면서도
국산차는 싫다누나

최근에 들은 한 수는 기묘한 장면을 그려냈다.

왼손에는 식칼 들고 오른손엔 배추 쥐고

제딴에는 '동방불패'인 줄 알았는데
알고보니
바보 제2대야.

로바이는 웃으면 이가 듬성듬성하여 후기 현대주의파의 그림과 엇비슷했다.
　대싱안링 화재 말이 나오자 로바이의 얼굴에서는 웃음기가 사라졌다. 몸이 나빠 기침을 콜록콜록 하고 나서 청년기자 류우더쥔[劉德軍]을 우리한테 소개했다. 그래서 류우더쥔이 우리를 안내해 모허[漠河]에 가서 취재하게 되었다.
　모허의 추위는 우리의 상상을 초월했다. 취재할 때 글쎄, 녹음기가 얼어붙어 돌지 못할 지경이었다. 한 임장(林場)의 선전부장은 자기가 상부의 지시대로 유선방송을 운영하다가 많은 사람들의 미움을 샀다고 말했다. 불이 붙은 날, 이웃사람들은 모두 강기슭으로 도망쳤으나 그의 아내와 딸은 방에서 움직여보지도 못하고 타죽어 버렸단다.
　그때 임장의 암퇘지가 새끼를 한 배 낳았는데 불이 붙으니 암퇘지는 새끼들을 떠날 수가 없어 돼지 굴에서 움직이지 않았다. 나중에 큰 개 한 마리가 그 돼지 새끼들을 물고 끌면서 돼지 모자들을 데리고 강가로 달려갔다. 그 개가 돼지들의 목숨을 살려주었다.
　선전부장은 이런 이야기를 하고 나서 한숨을 푹 내쉬었다.
　"사람이 무정할라치면 개보다도 못해."
　나는 그 날 밤 화재 이야기가 나오자 로바이가 하던 말이 생각났다.
　"복잡하다니까."
　과연 가는 곳마다 고발 편지를 들고 우리를 찾아오는 사람들이 있었다. 듣는 사연마다 놀라웠다.

산불을 본 사람은 그 날 불벽이 생겼다고 했다. 왼쪽부터 오른쪽까지, 하늘부터 땅까지 전부 불의 장벽을 이루었단다. 불에 탄 숲은 차를 타고 하룻밤을 달려도 시꺼멓기만 했다.

불은 빨리 왔다가 빨리 가버려 나무 껍데기는 새까맣게 그을렸는데, 껍데기를 벗겨보면 속은 희었다.

임장의 사람들은 봄이 오면 병충해가 생기기 때문에 해방군들이 불 탄 나무들을 서둘러 날라간다고 가르쳐주었다.

위에서 나무로 물건을 바꾸지 못한다는 지시가 내려왔다. 그러나 많은 임장들에서 그 말을 듣지 않고 이미 담배와 술과 식료품으로 바꿔왔다. 중앙에서 기자가 왔다고 하니 이 사건을 조사하러 온 줄 짐작한 사람이 술을 잔뜩 마시고 우리한테 찾아와 문안에 들어서자마자 사정부터 했다.

"참혹하우다. 집에 사람들이 다 타죽었수다. 그래 물건 좀 바꿔가지고 설이나 쇠려는데 안 되우까?"

나는 멍하니 앉아 반나절이나 대답하지 못했다.

쟈그다치에 돌아오니 또다시 로바이의 따스한 인정을 맛보게 되었다. 기자 경력이 2년인 나는 아직도 알 수 없는 일들이 많았다.

"모두 쉽지 않지. 대싱안링이 좋더라는 글이나 쓰시오."

로바이의 충고였다. 떠나는 날, 로바이는 우리를 역전까지 배웅해 주었다. 걸어가면서 말하기를 이러했다.

"간다더니 가는구먼. 참 좋은 젊은인데 언제나 다시 오려나?"

후에 로바이는 내가 TV 방송사 사람들과 잘 안다는 말을 듣고 나에게 장거리 전화를 걸었다.

어느 노동단위에서 집을 분배했는데 소식을 낼 수 없느냐고 묻기에 내가 알아보았더니 TV 방송사 사람들의 말로는 뉴스 가치가 별로 없어서 방송할 수 없다고 했다. 로바이는 불만스러워했다.

"거 참, 불이 나지 않으면 뉴스 감이 되지 못하는구먼."

또 그 후의 어느 날, 류우더쥔이 전화를 걸어왔다.

"로바이가 죽었수다."

로바이가 병에 걸렸는데 치료가 효험을 보지 못했다는 것이다. 나는 참 괴로웠다. 참 좋은 사람인데, 간다더니 갔구나.

로왕의 이름은 왕커원[王克文], 친해진 후 우리는 다 그를 커원이라고 불렀다. 1987년 5월에 그와 처음 만났을 때, 그는 산시성 옌안지구 문화관장이었고 지금도 역시 그 자리에서 일한다.

로왕의 장기는 산베이 민요였다. 처음 만났을 때 그는 해가 중천에 걸렸다가 서산에 질 때까지 이야기했는데 맞은편에 앉은 사람의 얼굴을 분간할 수 없는데도 일어나서 전등을 켜는 것마저 잊었었다.

로왕이 입버릇처럼 하는 말은 이것이었다.

"그게 맞지."

내가 민요에 흥미가 있다고 하자 그는 대번에 '그게 맞지' 하였다.

그는 1957년에 그의 집에 온 보모 때문에 민요에 흥미를 가지게 되었다고 했다. 간첸[甘泉]현에서 온 그 보모는 이름이 없는 전족(纏足) 여인이었는데, 사람들은 다 그녀를 '전족 아낙'이라고 불렀다.

전족 아낙은 바닥을 쓸고 상을 닦으면서도 항상 노래를 흥얼거렸다. 저녁식사가 끝나면 이웃 사람들은 따뜻한 구들에 모여 앉아 그녀의 노래를 들었다.

"난 그 여자의 다리 위에 엎드려 노래를 들었지. 참 쓸쓸한 노래였어. '오빠가 타향에 가는데 전 말릴 재간이 없어요. 오빠 손을 꼭 잡고 동구 앞까지 배웅해요…' 뭐, 이런 노래였지."

커원은 그 노래를 들으면 속이 불편했다고 한다.

"온 몸이 괴로워졌거든. 무슨 물건이 가슴에 엉킨 듯이 말이야. 도망을 치려야 도망칠 수가 없었지. 전족 아낙은 노래로 날 눌러버린 거야."

'누른다'는 말을 들으니 참 생기가 있었다. 그 후 커원의 입에서는 끊임없이 생기 있는 말이 나왔다.

"몇 가지 곡조가 아직도 내 손에 들어 있다고. 지난번에 성에서 온 사람들이 믿지 않으니 내가 한 곡 뽑았지. 들어보라고."

늙은 황소는 수레를 끄는데
어허랄라 방울소리 울리고
나는 그 수[蘇]씨네 셋째딸을
요요요요요요요 들어올리네.

로왕은 '요'자가 일곱 개라고 힘주어 강조했다. 성에서 온 사람들은 정말 듣지 못했다고 했다.

로왕은 산베이 민요 3천여 수를 간직하고 있었다. 죄다 한 수 한 수 민간에서 수집한 것이다.

"산베이 사람들은 이걸 굉장히 소중히 여기거든."

언젠가 한 마을에서 어떤 가수가 그들에게 노래를 불러주다가 그만 가사를 까먹었다. 아무리 애를 써도 생각이 나지 않았는데 커원 일행이 마을을 떠난 후, 그 가수는 20리 길을 쫓아와 노래를 마저 불러주었다고 한다.

"산베이 사람들의 희로애락과 생각은 전부 노래로 나타나지. 즈창〔子長〕현 난거우차 마을의 세잔쿠이〔謝占魁〕라는 사람은 늙은 홍군(紅軍)이었네. 그 집에 갔을 때 노인은 홍군 증명서를 받쳐들고 우리에게 보여주었거든. 그 증명서는 열 몇 번이나 표구를 해서 묵직했네. 또 담배를 꺼내어 우리더러 피우게 하고 빌려온 컵으로 물을 담아 권했지. 노래를 한 곡 부르기 시작하자 함께 간 두 여자가 깔깔 웃었거든. 노인은 노래를 그만두고 눈물을 주르르 흘렸어. 그러고는 이러더군."

여보소 동지여, 비웃지 마소
늙은이는 학문이 별로 없다오
노래 불러드리려도 잘 하지 못해
부르다 부르다가 골짜기에 빠졌구려

"우리가 떠날 때 노인은 절름절름 우리를 전송했지. 멀리 걸어나간 다음 또 노래 소리가 울려 돌아보니 노인이 높은 언덕 위에 서 계시더군. 윤곽이 뚜렷했지."

동지들은 웃음 머금고
늙은이를 살뜰히 살폈다오
건장한 동지들 몸이 좋아
날 도와 어려운 일 풀어줬다오

로왕은 물을 한 모금 마시고 말을 끝냈다.

"내 보기엔 말이여, 옌안에서 사내들은 의리를 따지고 여자들은 감정을 소중히 여기거든. 사내들은 일하는 게 믿음직하고 여자들은 감정이 불 같아."

로왕은 무슨 일이 생기면 여자가 나서서 당한다고 하면서 노래를 들어보라고 했다. 남녀가 비밀정사를 벌이다가 밖에서 발걸음 소리가 나자 남자는 겁을 먹었으나 여자는 그 반대였다.

오빠야, 요렇게 겁내지 마세요
기껏해야 머리가 막대기에 매달릴걸
오빠야, 요렇게 떨지 말아요
기껏해야 머리 둘이 누워 있을걸

"사랑을 단단히 결심했을 때의 노래는 이렇지."

오빠와 저는요, 갈라지지 않아요
쇠톱으로도 우리 둘을 갈라놓을 수 없어요

"뜨겁게 사랑할 때의 심정을 들어보게."

오빠의 노래 소리 가까워지니
차가운 창문에 달아오른 몸 덮쳤죠
오빠의 발걸음 소리 울리니
창호지 핥아서 두 장이나 구멍났죠
허겁지겁 달려나가니

맨발바람에 손에 신을 들었네요

절묘한 노래, 아예 그림이었다. 로왕은 즐거움을 찾아내는 능수였다. 그의 동생은 배운 게 적어 걸핏하면 웃기는 소리를 했다. 어느 날 땅굴집 속에 걸린 화상을 보고 말했다.

"성님, 저 소련에는 정말 재간둥이만 나오는구만, 마르크스, 엥겔스, 레닌, 스탈린…."

커원이 산베이 민요에 대한 책 〈산베이 민요예술 초보탐색〉을 쓰겠다고 하니 그 동생은 좋아 난리였다.

"잘 됐소. 가사가 퍼지면 노래가 절로 나와요."

동생은 1983년 1월에 술 취한 운전사의 차에 치어 죽었다. 그날 여기까지 이야기한 커원은 울음을 터뜨렸다.

"우리 집이 가난해서 죽기 며칠 전에도 동생은 담배꽁초를 주워 피웠다오."

커원의 책은 드디어 탈고되었다. 제목은 바로 〈산베이 민요예술 초보탐색〉. 다년간 심혈을 기울인 책이 출판되던 날, 커원은 몇 번이나 울고 또 울었다.

그 후 커원은 나와 무슨 말이든 나누는 친구가 되었다. 그가 베이징에 오면 우리는 항상 한 자리에 모여 그의 노래를 들었다. 친구 집에서 노래를 들으며 즐기다가 친구의 아내가 음식을 한 상 차렸는데 접시가 모자라 사발에 요리를 담아 냈다. 커원은 노래를 다 부르고 나서 삶은 양고기를 발견했다.

"이 사발의 고기는 내 건가?"

사람들이 가타부타 말이 없으니 커원은 그 사발을 집어들었다. 그는

세상의 풍류아 | 103

사발의 고기를 깡그리 먹고 나서야 실수를 깨달았다.
"아, 함께 먹을 고기였구먼."
후에 나는 또 옌안에 갔다. 식사할 때 내가 지금 돈을 잘 버니 밥을 내가 사겠다고 하자 커윈은 집어치우라고 나무랐다.
"걷어치우라고. 예의대로는 첫 끼니와 마지막 끼니는 우리가 초청하는 거야. 중간의 끼니들은 자네 턱을 먹어도 돼."
커윈과 교제하노라면 참 편하다. 솔직하고 강직하며 교만하지도 비굴하지도 않다. 3천여 수 산베이 민요를 꿰차고 살아가는 그는 누구한테 빌붙을 필요가 없고 누구의 미움을 살까 봐 두려워하지도 않는다.
커윈의 아들과 조카가 축구를 배우겠다고 해서 내가 중앙TV 스포츠 프로 진행자 황잰샹(黃健翔)에게 소개시켜 주었는데, 커윈은 그 일이 하도 고마워 붉은 대추를 한 박스 보내왔다.
나는 잰샹에게 커윈의 이야기를 들려주고 당부했다.
"커윈이 자네에게 붉은 대추를 한 박스 보낸 건 내가 자네에게 우화석(雨花石, 난징(南京)에서 나는 이름난 관상용 돌)을 한 박스 선사하는 것과 마찬가지야."
"마음놓으라고. 깨끗이 씻어서 한 알 한 알 잘 먹을 테니."
잰샹이 이렇게 보장을 했으나 나는 그래도 마음이 놓이지 않아 그의 휴대폰에 민요 메시지를 보냈다.

동전 세 닢으로 바늘 두 개를 샀거니
물건은 많지 않아도 인정은 소중하다네

처음에 우리는 그녀를 순 어머니라고 불렀다. 실제 나이보다 겉늙어

보였기 때문이었다. 순쥔화(孫軍華)는 그 칭호가 마음에 들지 않았던 모양이다.

"나를 순 아줌마라고 하시우."

우리는 톈진 판산(盤山) 풍경구에 놀러갔다가 청포묵을 파는 순쥔화 아주머니와 알게 되었다. 그녀가 청포묵을 팔아서 세 아들에게 집을 지어준다는 말을 듣고 우리는 그녀의 집에 가보았다. 붉은 벽돌로 쌓고 잿빛 기와를 얹은 다섯 칸 단층집은 번듯하고 훤했다.

나중에 알고 보니 힘들게 지은 집이었다. 기초로 된 평지는 폭약으로 폭발하여 닦은 것이었다.

1996년에 순 아줌마는 단층집을 한 채만 지었고, 다른 두 아들의 집은 아직 시작하지 못했다.

시작된 지 얼마 되지 않은 '진실한 말 솔직하게' 프로는 '결혼 비용은 누가 내나?'라는 프로를 만들기로 했다. 젊은이들이 늙은이를 뜯어먹는 현상을 겨냥했는데 초대손님을 누구로 하느냐는 말이 나오자 우리는 약속이나 한 듯이 순 아줌마를 떠올렸다. 그녀는 아들들에게 뜯겨 혼난 듯했으니까.

순 아줌마는 출연료를 준다는 말을 듣자 선선히 왔다. 그녀의 집에는 텔레비전이 없어서 어떻게 텔레비전을 찍는지 몰랐다.

나는 방송국 식당에서 돼지족발과 땅콩을 사서 순 아줌마와 함께 식사하면서 이야기했다.

"어떻게 밤중에 일어나 청포묵을 만들고 산꼭대기까지 지고 가 팔아서 아들에게 집을 지어주었고, 어떻게 결혼시켰나 하는 일들을 말씀하시면 됩니다."

순 아줌마는 의아해하는 기색이었다.

"지난번에 다 말했잖이유."
"그렇지요. 이번에는 전국의 시청자에게 알려주는 거예요."
순 아줌마는 더구나 어리둥절해하였다.
"그 사람들과 이런 얘기를 왜 하요?"
녹화 시간이 자꾸 다가오는데도 그녀는 올바르게 이해하지 못했다.
"갑시다. 그냥 생각하시는 대로 말씀하세요."
이렇게 말하고 나서 순 아줌마와 함께 스튜디오에 들어서니 모셔 온 초대손님들은 이미 자리에 앉아 있었다. 학자 왕워이〔王偉〕, 판평〔樊平〕과 젊은이 가오웨〔高月〕 그리고 재담배우 허우야오화〔侯耀華〕였다.
순 아줌마가 입을 벌리자 사투리의 토속적이고 상쾌하며 신선한 매력이 흘러 넘쳤다.
"순 아주머니, 집에서 어느 분이 집안 일을 결정합니까?"
"다 같이 하지라. 나야 남편이 없으면 안 되뿔고 남편도 내가 없으면 안 되뿔제. 우린 서로 상의해가면서 세월을 보내고 이 집안을 지켜나가지요잉. 살림은요, 참깨가 꽃이 피듯이 마디마디 높아진다잖아요."
현장에서는 박수소리와 웃음소리가 울렸다. 순 아줌마, 참 멋진데. 나는 속이 든든해져 계속 물었다.
"남편과 결혼하실 때 돈은 얼마나 썼고 예식은 올리셨습니까?"
"물론 좀 했지요잉. 그런디 너무 적었지라. 그때 살림이 빠듯하고 고기도 빠듯해서 다섯 상만 차렸응께."
관중들은 또 웃었다. 농촌의 풍속을 모르는 그들은 다섯 상도 적지 않다고 여겼다.
순 아줌마가 세 아들을 위해 집을 지은 과정을 소개하자 사람들은 더구나 울지도 웃지도 못하게 되었다. 모든 일이 그녀 입에서 범벅이 되어버렸으니까.

"첫 번째 준비는 바로 집을 갖추는 거지라. 이 집을 짓자면 4만 원 돈이 드는디, 며느리까지 얻을라면 5만 원을 들여야 해요잉. 우리 고장은 교통이 불편해 집 기초를 폭약으로 터뜨려 닦아야 했지라. 이 집을 짓기 위해, 그 애가 이담에 아내를 얻게 하기 위해 목숨을 내걸더라도 며느리를 얻어줘야 하잖아요잉."

현장의 관중들은 웃기만 했다.

둘째아들의 집을 지을 목재를 다 갖췄다는 말이 나오자 허우야오화가 재담을 했다.

"알았습니다. 폭약만 있으면 되는군요."

순 아줌마가 바로 말을 맞받았다.

"두 번째 집터는 평지여서 폭약이 필요없당께!"

대화는 박수소리, 웃음소리 속에서 진행되었다.

TV 프로는 미리 구성하게 마련이다. 우리도 예외가 아니었다. 현장에서 순 아줌마보고 아들에게 지어준 다섯 칸짜리 기와집이 어떤 모습이냐고 물을 예정이었는데 순 아줌마가 묘사하기 힘들어 하리라고 예상되었다. 그러면 내가 '백문이 불여일견이라고, 어디 좀 봅시다'라고 말하고 대형 스크린에 우리가 미리 찍어둔 기와집의 그림을 내보내기로 했다.

적당한 시기가 되자 내가 물었다.

"순 아주머니, 그 다섯 칸짜리 기와집이 어떤 모양입니까?"

"아니, 직접 가봤잖유? 그 집에서 하룻밤 자기까지 해놓구서는."

순 아줌마의 말에 관중들은 참을 수 없어 웃음을 터뜨렸다. 나는 그 자리에서 굳어 어찌할 바를 몰랐다. 그전에 TV에서 이렇게 망신당한 진행자는 없었을 것이다.

나는 속이 뒤숭숭해져서 현장에서 무슨 말을 하는지 챙길 겨를이 없었다. 뒤이어 사람들은 한바탕 토론에 들어갔다. 대체로 전체 관중들과 학자, 전문가까지 모두 순 아줌마가 너무 손해를 본다고 인정했다. 순 아줌마가 일생을 아들들에게 바치지 말아야 한다는 데 공감했는데, 순 아줌마가 반격하는 말은 그리 많지 않았다. 그 뜻은 한 가지뿐이었다. 자기가 보기에는 아들들에게 아직도 더 해주어야 한다고.

촬영이 끝나서 흩어지는 사람들을 보며 순 아줌마는 여전히 이해가 되지 않는 모양이었다. 어디에서 인간세상의 밥을 먹지 않는 사람들을 이렇게 많이 모아온 거지?

순 아줌마의 생각에 나는 심각한 계시를 받았다. 그래, 진행자도 인간이다. 남들이 틀리는데 내가 틀리지 않을 수 있는가? 남들이 난처해질 때가 있는데 나라고 그렇게 하지 말아야 한다는 법이 있는가?

구름이 흩어지고 안개가 사라진 듯 나는 심리적인 부담을 털어버리고 새 출발 했다. 동료들은 내 목소리가 몇 옥타브 내려가고 평온한 마음으로 일에 임해 훨씬 자연스러워졌다고 평가해주었다.

시청자들과의 교류는 바로 그들과 함께 자신의 모든 것을 나누는 것이다. 자신의 즐거움과 고통을 나누고 난처한 느낌까지 함께 즐겨야 한다.

방송학원에 가서 강의를 하는데 어느 학생이 물었다.

"현장에서 난처한 궁지에 빠지면 어떻게 합니까?"

그래서 대답해 주었다.

"그러면 난처해하지요, 뭐."

추이융왠을 말한다

그가 맹자에게 전화를 걸어

기자 · 장궈펑(張國鋒)

　추이융왠이 '진실한 말 솔직하게' 프로 시청자들에게 공개적으로 사과를 한 적이 있다.
　'사소한 악(惡)이라고 하여 저지르지 말고, 사소한 선(善)이라고 하여 포기하지 마라.'
　이 말 때문이었다.
　프로에서 추이융왠은 이 명언은 원전이 맹자라고 했다. 그러자 여러 시청자들이 그에게 편지를 보내 잘못을 지적했다. 11월 15일에 방송된 '사소한 일은 작지 않아' 코너에서 추이융왠은 서두를 떼자마자 이 '사소한 사건'을 들먹였다.
　"…제가 맹자에게 전화를 걸었더니 맹자는 자기가 그런 말을 한 것 같지 않다고 하더군요…. 일부러 〈삼국지〉를 사서 그 속에서 그 말의 내력을 밝혔습니다. 제가 잘못 말했지요. 여기에서 저는 전국의 시청자들에게, 특히 저에게 편지를 보내주신 분들에게 감사와 사과의 뜻을 표하는 바입니다."
　이렇게 말하고 나서 그는 카메라 앞에서 허리를 깊숙이 굽혔다.
　추이융왠의 사과는 성의가 있었고 재미있어 그의 일관적인 스타일과 맞아떨어졌다. 이 일로 인해 이름난 TV 프로 진행자의 이미지가 흐려지기는 고사하고, 그의 품성이 제고되었으며 그의 사람 됨됨이도 프로를 할 때처럼 진지하다는 걸 말해주었다.

추이융왠의 사과는 분명 '사소한 일은 작지 않아'의 인기 포인트였다. 이 프로에서는 '사소한 일'을 두고 어떻게 자기와 남의 잘못을 대하고, 어떻게 남들의 자기와 다른 견해를 대할까 하는 문제를 가지고 토론을 벌였다. 추이융왠의 사과는 마침 프로 주제의 생동감 있는 예가 되었고, 가장 빛나는 대목으로서 초대손님과 현장의 관중들과 함께 혼연일체를 이루었다.

용모가 수수한 추이융왠은 말이 저속하지 않은 서민적이고 지성적인 진행자다. 그는 TV 스크린에 청신한 바람을 불어왔고 얼굴 하나로 살아가거나, 자아도취에 빠졌거나, 모르면서도 아는 척하거나, 헛소리를 연발하는 진행자들에게 본보기를 세워주었다.

1998년에 '진실한 말 솔직하게' 프로는 훨씬 성숙해져 큼직한 주제도 다룰 수 있는 용기가 생겼다.

이때 전국 사영기업가 회의가 열려 우리 기획담당들은 그 회의에 뚫고 들어가 소식을 알아보았다. 회의자료를 뒤적여보니 새로운 맛이 별로 없어 기업가 몇 사람과 만나보려고 회의 주최측과 의논했는데 사무실에 돌아와 오후부터 저녁까지 기다렸으나 단 한 사람이 왔을 뿐이었다. 그가 바로 가오다첸(高大權)이었다.

지린(吉林)성 지린시 사람인 가오다첸은 겉보기엔 평범한 중년여성이었으나 경력이 복잡하고 희한했다.

"우리 공장에서는 라디오를 생산했는데 한창 잘 나갈 때 부품이 떨어졌어요. 내가 지배인을 찾아가 말했지요. '부품을 구입해야지요?' 그러자 지배인이 그러더군요. '누가 좀 사올 생각이 없나? 부품 사들여오면 지배인 시켜줄게.' 그래서 내가 그랬지요. '아따 그라지 마이소. 부품 사오면 공소(供銷, 공급판매)과장 자리에나 앉혀주이소' 라고요."

이렇게 약속하고 나서 가오다첸은 집에 돌아와 돼지를 팔아 가지고 성 소재지인 창춘(長春)으로 갔다. 구매신청서를 써서 들이미니 지표(指標, 계획경제 시대에는 물자를 구입할 때 지표가 있어야 했다)를 보자고 했다. 그게 무슨 소리냐고 물으니 그런 지표가 있어야 한다고 했다. 지표가 없다고 했다.

창구에 있는 처녀는 가오다첸이 안달하는 것을 보고 자기 뒤쪽에 앉은 사람을 향해 입을 삐죽하며 그 안경쟁이 과장을 찾아가 보라고 귀띔했다. 가오다첸은 며칠 동안 계속 그 과장에게 찻물을 따라주고 바닥을 쓸어주었다.

지니고 간 돈이 얼마 남지 않았다. 그래서 가오다첸은 이를 악물고

삼륜차(三輪車)를 세내어 과장 뒤를 밟아서 그 집까지 갔다. 과장의 아내마저 그녀가 불쌍하다고 했다. 과장은 다음날 사무실로 오라고 했다. 지표를 좀 허가해주겠노라고.

"이튿날 과장이 종이 한 장 갖다가 도장 찍고 사인하니 수속이 끝난 거 아닙니까. 이런 일도 쉽다면 참 쉬운 거더라고요. 난 조심스레 그 종이를 접었는데 어디에 넣어도 마음이 놓이지 않아 신발 속에 밀어 넣고 밤을 도와 공장으로 돌아왔습니다. 공장으로 돌아와 이야기하니 누구도 믿지 않더라고요. 그래서 신발을 벗었는데, 아이고 이게 뭐야, 그 종이가 눌리고 짓이겨져 너덜너덜 찢어진 거라."

다행히도 지배인이 세심한 사람이어서 돋보기를 끼고 종이조각을 모아 도장을 맞춰냈고, 드디어 부품을 사왔다. 나중에 그곳 사람들과 잘 알게 되어 부품을 허가 받는 것도 어렵지 않게 되었다.

"하지만 과장으로 승진하는 일은 지배인이 더 말하지 않았습니다. 그분을 나무랄 일도 아니었지요. 라디오가 팔리지 않았으니까요. 녹음기가 유행된 거 아닙니까."

그 후 가오다첸은 남방에 가서 공장을 위해 일을 하다가 공장이 불황에 처하자 사직해버리고 자기 스스로 공장을 차렸다. 사영업주 대열에 끼기 시작한 것이다.

몇 해 동안 그녀는 여러 가지 제품을 시험해보다가 나중에 냉동 만두를 골랐다. 생산에 들어간 후 그녀는 자기가 아는 어느 부시장을 생각해내고 그에게 부탁해 기업들에 추천해달라고 했다.

어느 기업에서 한꺼번에 40톤 주문이 들어왔다. 설날 선물로 노동자들에게 나눠줄 예정이었다. 가오다첸은 새 기계를 사온다, 대부금을 얻어온다, 원자재를 구입하면서 섣달 그믐날까지 바삐 돌아다녔다.

"그 날 만두가 다 만들어지자 그 공장에 갔습니다. 지배인 사무실에 들어가 보니 낯선 사람이 앉아 있는 거예요. 지배인은 어디 갔느냐고 하니까 자기가 지배인이라고 하더라고요. '그렇지 않은데' 하니까 그 사람이 그래요. '아, 전임 지배인 말이구먼. 이틀 전에 퇴직했지요' 하더라고요. '퇴직했다고요? 그분이 우리 만두를 40톤이나 주문했는데요?' 이렇게 말하니까 새 지배인은 안 된다고, 자기네가 친황다오〔秦皇島, 허베이성의 한 도시〕에서 주문한 만두가 이제 곧 도착한다고 합디다. 난 급급히 전임 지배인과 부시장을 찾아갔습니다. 그제야 알게 되었지만 퇴직한 사람은 말이 서지 않고 부(副)자 붙은 사람도 별 쓸모 없었어요."

만두 40톤을 보고 근심을 하고 있자니 아이들은 날마다 그녀의 뒤를 따라다녔다. 그녀가 쑹화장〔松花江〕에 뛰어들까 봐서.

가오다첸은 울다가 웃다가 했다. 만두 기계를 보면서 대부금을 생각하니 눈물이 나왔고, 머리를 돌려 TV 탑을 보고는 웃음이 나왔다. 당시에 TV 탑을 세워야겠는데 돈이 없으니 시당위원회의 서기가 돈을 헌납하라고 호소하고 다녔다. 그러자 사람들이 모두 나와 돈을 냈다.

"그래서 이렇게 생각했지요. 시당 서기가 시민들에게 내 만두를 먹으라고 호소하면 40톤이 오히려 모자랄 거라고요. 내가 이런 말을 하니 애들은 내가 확실히 미쳤다고 여기대요. 나는 알코올 레인지와 만두를 가지고 시당 제1서기 집으로 찾아갔습니다. 지성이면 돌에도 꽃이 핀다고 죽을 고생을 하여 드디어 서기 집에 뛰어들어갔어요. 내 이야기를 듣고 서기는 눈앞이 아찔해지는 모양입디다. 그분도 요리에 능숙하지는 않아서 마누라에게 만두가 어떠냐고 물었어요. 마누라는 아무튼 자기가 만든 것보다는 맛있다고 했어요. 서기는 '그럼 됐다' 고 하더라고요. 그 뒷이야기는 더 말할 게 없지. 지린시 인민들이 내 만두를 다 먹어 버렸으니까."

우리는 이 프로를 촬영하기로 결정하고 상황을 확인하도록 사람들을 지린시에 보냈다. 그들이 떠날 때 나는 함박눈이 흩날리는 장면을 꼭 찍어야 한다고 신신당부했다. 스크린에서 둥베이의 맛이 나야 한다고.

촬영 팀이 떠나간 다음날 베이징에 눈이 내렸다. 나는 허리에 손을 얹고 감탄했다.

"큰 눈은 풍년을 예고한다지!"

촬영 팀이 돌아와 둥베이에는 눈이 오지 않았다는 말을 듣고 나는 내 머리카락을 마구 잡아뜯고 싶었다. 다행히 동료들의 머리회전이 빨라 쑹화장이 유유히 흐르는 모습을 찍어왔다. 세월이 흘러간다는 맛이 조금은 실감되었다.

프로가 방송된 후 수화기가 후끈 달아올랐다. 열 몇 개 기업에서 가오다첸과 제휴할 의사를 표시했고, 무역회사 세 곳에서 수출을 대행하겠노라고 나섰다. 나는 수화기를 내려놓고 어리둥절해졌다.

"우린 만두에 무슨 소가 들어 있는지도 말하지 않았는데?"

편집 팀의 자오이궁[趙一工]이 또박또박 말했다.

"이게 바로 신용이라는 거야."

가오다첸의 경험을 듣고 나는 감개무량했다. 나는 창작수기에 이렇게 썼다.

곰곰이 생각해보면 인생은 만두와 꼭 같다. 세월은 겉가죽이고 경력은 소이며 달고 시고 쓰고 매운 체험은 다 맛이요, 그리고 의지와 믿음은 바로 만두의 주름살이다. 인생길에서는 호되게 눌리고 꽉 조여지고 끓는 물에 데이

경복궁을 돌아보다가 잠깐 앉으니 생각이 나래를 펼쳐.

고 사람에게 물어 뜯길 때가 있게 마련이다. 경력이 없이 억지로 성숙한 척하다가는 내막이 드러날 때가 있게 된다.

이 프로는 1998년 2월 8일에 방송되었다. 제목은 '세월', 누구나 인생이 쉽지 않다는 뜻이었다.

일리한 오스만은 방송학원 내 1년 후배, 촬영을 배운 사람이다. 둥르부는 수무장[蘇木長], 내륙 지방의 동장에 해당하는데, 취재하면서 사귄 사람이다.

일리한은 신장의 위그루족이고 둥르부는 네이멍구 자치구의 몽골족. 그들은 서로 모르지만 나는 그들을 알기에 나와 그들의 이야기가 시작된다.

학창시절에 나는 벌써 일리한의 호방한 기질을 잘 알았다. 그는 늘 기숙사에서 맥주를 마시면서 기타를 퉁기며 목청껏 노래를 뽑곤 했다. 졸업 후 고향에 돌아가더니 신장에서 그가 끊임없이 승진한다는 소식이 날아왔다.

그가 부국장이 되었다는 소식을 듣고 나는 동료들을 긁어모아 신장으로 '진실한 말 솔직하게' 프로를 찍으러 갔다. 길을 떠나기 전에 일행들이 거기가 산 설고 물 선 고장이라고 근심하자 나는 괜찮다고, 내 동창이 거기에 있노라고 장담했다.

비행기에서 내려보니 일리한이 마중 나와 있었다. 나온 사람들이 하도 많아 나는 외교관 식으로 말을 꺼냈다.

"신장 TV 방송국의 영도자께서 친히 마중을 나와주시니 고맙습니다…"

말을 채 끝내기도 전에 일리한은 나를 옆으로 끌고가 귓전에 대고 소곤거렸다.

"동창이 아니면 누가 마중을 나와?"

동창생이라는 말을 들으니 우루무치에서도 나는 마음이 푹 놓였다.

그 다음은 주제 선택, 배경 선택, 기자재와 장비 갖추기였다. 나는 호텔에서 정신을 가다듬고 있었다. 일리한이 사람들을 거느리고 사방으로 뛰어다닌다는 말이 들렸다.

며칠 후 오후, 교외의 쥐화타이〔菊花臺〕에서 나는 찬란한 햇빛 아래 서 있는 일리한을 보았다. 햇볕에 그을려 껍질이 벗겨진 그의 얼굴을 보면서 나는 무척 감동하였다.

"동창생 아닌가?"

일리한의 말이었다. 그는 칭호 하나 때문에 이처럼 큰 대가를 치러야 했다. 쥐화타이를 다 찍고 나서 포도원으로 갔는데 중계차가 들어가지 못하자 일리한의 얼굴을 보고 사람들이 와락 달려들어 벽을 떠밀어 넘어뜨렸다. 그런데도 일리한은 동창생을 추켜주는 걸 잊지 않았다.

"당신네 '진실한 말 솔직하게' 프로는 정말 영향력이 대단하군."

이 책을 읽는 이는 신장에 가면 일리한을 찾고, 닝샤〔寧夏〕 후이족 자치구에 가면 장톈젠〔張天健〕을 찾으면 된다. 허난성에서는 신루지〔辛如計〕, 산둥성의 자오조왕〔棗莊〕에서는 장융워이〔張永偉〕, 하얼빈에서는 저우빈〔周斌〕을 찾아 내 이름을 대기만 하면 먹고 마시고 자는 일은 모두 그 친구들이 전담할 것이다.

그 다음은 둥르부 이야기다. 그는 내가 1989년에 취재하다가 사귄 수무장이다.

세상의 풍류아 | 117

사막 깊숙이 들어가 취재한다는 말을 듣고 둥르부는 자기 집의 큰 바퀴 트랙터에 시동을 걸고 살찐 양 여섯 마리를 실었다. 양은 왜 싣느냐고 물으니 둥르부는 두 글자를 내뱉었다.

"건량(乾糧, 비상식량)."

건량을 지니고 취재하러 가는 것은 홍군 시절의 좋은 풍습이었다. 우리가 면양을 갖고 가는 건 징강산(井崗山, 장시성에 있는 큰 산, 마오쩌둥이 영솔한 홍군의 근거지)의 간부가 호박을 갖고 가거나, 샹시(湘西, 후난성 서부지역)의 간부가 절인 물고기를 지니고 가는 것과 비슷했다.

둥르부는 어려운 일을 쉽게 해결하는 것이 특징이었다. 어느 날 우리는 길을 잃었다. 둥르부는 모래무덤 위에 올라가 이마에 손을 얹고 멀리 바라보더니 나에게 올라오라고 손짓했다.

"장기 한판 두세."

나는 그의 속을 알 수 없어 전전긍긍하다 보니 지고 말았다. 둥르부는 장기쪽을 거두고 말했다.

"계속 가보자고."

우리는 자정이 넘어서야 오아시스에 도착했다. 나는 그제야 길을 잃은 게 별일 아니라는 것을 나타내기 위해 둥르부가 장기를 두었음을 깨달았다. 초원의 사람들은 길을 잃었다고 해서 근심하지 않는다. 그들은 '수레가 초원에 들어서면 꼭 길이 있다'는 것을 믿는다.

우리가 가져간 '건량'을 차에서 내려놓으니 바람처럼 양 무리에 끼어 들었다. 양을 치는 사람과 둥르부는 별 다른 생각이 없는 듯 식사할 때 손이 가는 대로 잡힌 양을 뜯어먹었다. 이거야 다른 양이 비상식량이 된 거 아냐? 나는 이해할 수 없었다.

어느 날 심심한 김에 이 문제를 꺼내 물어보았더니 그의 대답이 걸작이었다.

"입안에 넣고 씹었잖아? 맛있잖아? 똑같잖아? 그럼 다 됐지, 뭐."

생각해보니 딴은 그랬다.

도시에서 자라난 우리는 인생의 절반을 들여 하찮은 일만 생각하다 보니 젊은 나이에 머리가 세어 슬프기만 하구나.

'우란무치'(초원의 유목민들을 위해 노래와 춤을 보여주는 가무단, 도시에는 오지 않는다)가 공연하러 오면 두꺼운 천으로 장막을 두르고 표를 판다. 사람들이 표를 다 사고 나면 천을 벗겨버린다. 나는 그것도 이해할 수 없어 둥르부의 가르침을 받으려 하였다.

"천을 벗긴 다음 오는 사람이 있으면 표를 사지 않아도 되는 것 아닙니까?"

"여기에는 그런 사람이 없다고."

둥르부의 대답이었다.

그 취재여행은 썩 순조롭지 않아 나는 중병에 걸린 채 베이징으로 돌아왔다. 얼마 지나지 않아 둥르부의 편지를 받았다. 길지 않은 편지에 눈에 띄는 구절이 두 마디 있었다.

"자네는 초원에 와서 취재하느라고 부상을 당했지. 우리는 영원히 자네를 잊지 않을 것이네."

영도자

영도(領導) : 1. 사람들을 이끌고 일정한 방향으로 전진.
　　　　　 2. 영도 임무를 맡은 사람.
- 〈현대한어사전(現代漢語辭典)〉 수정본

다류우〔大劉〕는 나의 첫 영도자였다.
그의 정식 직함은 '중앙인민방송국 〈라디오의 벗〉 신문편집부 주임'. 다류우의 위에는 신문사 사장이 있는데 사장이 날 비평하면 다류우를 거쳐 전달되었다. 그러므로 다류우는 나의 직속상관이었다. 만약 사장이 다류우를 거치지 않고 직접 나를 비평하면 큰일난 것이었다.

그전에 나는 학교에만 다녔고 직장을 가져보지 못했기에 진정한 영도자를 만나지 못했다. 하지만 돼지고기를 먹은 적 없더라도 돼지가 뛰어 다니는 것은 본 적이 있다고, 누나와 형님들은 이미 남의 아래에서 일을 해본 뒤였다.

둘째형님은 윗사람에게 시달리다 못해 넋을 잃을 지경이어서 어머니는 급급히 담배 한 보루와 사탕가루 3근을 코밑진상 하였는데, 관계가 완화된 다음 둘째형님의 상사가 우리 집에 놀러왔다. 아주 인자하게 생겨 둘째형님보다도 더 온순해 보였는데, 어쩌면 그렇게 남을 괴롭혔는지 알 수 없었다.

다류우도 상냥하고 착해 보였다. 그는 날마다 토시를 끼고 앞장서서 일하곤 했다. 신문사는 크지 않고 일도 많지 않았으나 일들이 자질구레했다. 그때는 아직 컴퓨터로 조판을 하지 못해 전부 필승(畢昇)이 발명한 활자를 썼는데, 조판을 하고 보면 틀린 데가 많았다.

사람들은 교정지 위에 엎드려 한 글자, 한 글자 고쳐야 했다. 그때마다 마흔 가까운 다류우는 돋보기를 끼고 통일작업복인 푸른색 홑두루마기를 입고는 우리와 마찬가지로 교정지 위에 고개를 수그렸다. 한 면 가득 5호 글자가 빽빽하게 박히면 개미 무리와 흡사했다. 다 보고 나면 다류우를 대표로 하는 중노년 편집자들은 눈에 핏발이 잔뜩 섰다.

신문이 나오면 우리는 모여 앉아 잘못된 부분을 골라냈다. 누가 잘못했으면 보너스를 줄이기에 저마다 체면불구하고 남의 잘못을 족집게처럼 집어냈는데, 자신의 잘못은 보지 못했다.

그때 나는 스물두 살이라 한창 머리가 좋은 때여서 재빨리 문제를 발견했다. 사람들이 틀린 글자를 고치느라 문장이 맞춤법에 맞지 않는 경우가 많았던 것이다. 그때마다 다류우가 나서서 틀린 글자만 보면 되는 거지 문제가 있는 문장은 상관없다고 궤변을 부렸다. 나중에야 나는 그가 노편집들의 보너스를 지키기 위해 그랬다는 것을 깨닫게 되었다.

나는 중년이 되어서야 중년인 사람들에게 무엇보다 돈이 필요하다는 것을 알게 되었다. 위에는 늙은 부모가 계시고, 아래로는 어린 자식이 있는데 정력은 떨어지기만 하니 밖에 나가 버는 부수입이 없어 고정된 봉급만 믿고 살아야 한다.

노인의 국물과 어린아이의 젖을 모두 그 봉급으로 해결해야 하니 홀몸인 젊은이와는 딴판으로 다르다. 젊은 사람이야 혼자 배부르면 그만이어서 바쁘면 밥을 잘 먹고, 한가하면 죽이라도 마시면서 아무튼 그럭저럭 살아갈 만하다.

다류우의 뜻을 이해한 후에는 다시 신문을 심의할 때면 우리는 겉치레로 대했다. 너무 눈에 거슬리는 착오가 아니면 학술적으로 특이한 견해를 내놓은 것으로 치부했다.

뿐만 아니라 다류우는 라디오 텔레비전 통신수업반을 조직해 짭짤한 수입을 올렸다. 학원이 돈을 부치면 자료를 보내주고, 또 돈을 부치면 졸업증을 부쳐주는 방식으로 라디오 텔레비전 사업을 위해 적잖은 인재를 양성했다.

그 결과 이윤을 나누니 한 사람 당 3백여 원, 그 시절 반 년 봉급에 해당하는 돈이었다. 그 돈을 바지주머니에 찔러 넣고 장안을 누비노라니 몸이 절로 흔들거렸다. 자전거를 타고 붉은 신호등을 위반하자 경찰이 입을 벌리기도 전에 내가 먼저 기염을 토했다.

"벌금이 얼마인지 말해보세요."

후에 뜻밖의 사건이 일어나지 않았더라면 다류우는 순조롭게 정년퇴직하고 우리 가운데서 편집부 주임이 뽑혀 하루 또 하루 보냈을지도 모른다.

그런데 방송사에서 새 부사장이 부임되어 왔다는 공고가 나붙었다. 다류우는 기분을 잡쳤다. 우리는 이 몇 해 동안 다류우가 사발 안의 편집부 주임 노릇을 하면서 가마 속의 부사장 자리를 노렸다는 걸 아는 터였다.

사장이 방송사를 대표하여 다류우와 몇 번 대화를 했으나 그때마다 불쾌하게 끝나곤 했다.

우리는 우리대로 다류우를 보고 말했다.

"왜 주임님을 승진시키지 않고 다른 사람을 데려오는 거요?"

말이 통하지 않자 다류우는 마음을 도사리고 신문사를 떠나 사회로 돌아갔다.

나는 1996년에 또다시 다류우한테 경의를 품게 되었다. 그때 나도 핍박에 못 이겨 방송사를 떠나야 했다. 11년이나 일한 곳을 떠난다고 생각하니 속이 허전했다. 남녀 동료들은 내 마음을 풀어주려고 애썼다.

"자네야 방송 편집을 그만두고 TV의 진행자로 가는 것이니, 사람은 높은 곳으로 올라가게 마련, 기뻐해야지."

하지만 조롱에 갇힌 새는 옛 수풀을 잊지 않고 못 속에서 사는 물고기는 깊은 물을 그린다고 낡아빠진 집이라도 만금(萬金)어치다. 사람이 환경에 적응해야 한다는 말이 종종 들리지만 기실 적응해야 하는 것은 사람의 성정뿐이다.

마흔 먹은 다류우가 사회로 밀려나간 일을 상기하기만 하면 등골이 서늘해진다. 방송사의 지도자는 가겠으면 가라고, 오겠다는 사람은 얼마든지 있다고 말했다.

다류우는 퇴사하고 얼마 지나지 않아 나에게 전화를 걸었다. 자기 손에 녹화 테이프들이 있는데 나더러 팔아서 돈을 벌어보라는 것이었다. 내 머릿속에는 불현듯 내가 옛날 상사와 함께 장사를 한다는 생각이 들었다. 전화 저쪽에서 다류우가 흐흐 웃었다.

"장사판에 뛰어들면 장사 이야기만 한다고, 지금은 장사꾼 다류우가 자네하고 거래하고 있는 거야."

다류우는 원칙이 별로 없었지만 그가 우리를 거느릴 때 그래도 사람들은 일심전력으로 신문을 만들었다.
 새 부사장이 와서 얼마 지나지 않아 우리는 어느새 두 패거리로 갈라져버렸다.
 이 역시 영도 예술의 일종이다. 사람들이 한 마음으로 뭉치면 일치되어 윗사람과 맞서기 쉽다. 여러 편으로 갈라져 물고 뜯으면 영도자의 지위가 안전해진다. 신문사의 여남은 사람들이 이전에 함께 손잡고 일할 때에는 많은 줄 몰랐는데, 이제는 입만 여남은 개가 되어 시빗거리가 많아졌다는 느낌이 강해졌다. 부사장은 그 한복판에 앉아 이 패거리에게 저 무리의 의견과 불만을 전달했다.
 그런데 아무개의 말이라고 이름을 찍는 법이 없었다. 그러고는 두 패거리에게 따로따로 충고를 주었다. 이전에 함께 모여 있을 때에는 분위기가 좋았으나 지금은 서로 눈꼴이 시어 견디기 어려웠다.
 다 부사장 탓이라고 할 일도 아니었다. 중국 사람들이야 누군들 정치운동의 기초가 없었던가.
 이렇게 내홍이 벌어지니 가뜩이나 살림이 어렵던 신문사는 더구나 원기를 크게 다쳐 다시는 추슬러 일어서지 못했다.

 동창생 스잰[時間]이 나더러 TV를 하라고 부추기면서 나를 도와 전근 수속을 밟았다. 새 일터에 몸을 담은 다음에야 나는 그가 나의 새로운 상사라는 것을 알게 되었다.
 한동안 나는 적응이 되지 않아 혼이 났다. 프로 주제를 그에게 보고하고 알맞은가 결재를 받아야 하는데 한 달 전까지만 해도 그가 내 의견을 물었으니 말이다. 그때 나는 그의 기획자였다.
 더 재미있는 일은 많은 주제가 퇴짜를 맞았다는 것이다. 그가 영도자가 되어 기획력이 발전했는지 아니면 내가 TV로 와서 머리가 퇴보했는지 갈피가 잡히지 않았다.

　나는 오랜 동안 앞뒤를 따져보고서야 일의 본질은 변하지 않았고 형식만 바뀌었을 뿐인데 내가 그 형식에 적응하지 못했다는 걸 발견했다. 예를 들어, 이전에 내가 뽑은 주제가 마음에 들지 않으면 그는 대번에 비웃었다.

　"이것도 주제야? 완진히 구린내 나는 똥이지."

　그런데 지금은 말이 달라졌다.

　"이 주제는 아직 시기상조이니 잠시 놓아두자고."

　똑같은 사형(死刑)인데 부드럽게 칼을 놀리니 오히려 받아들이기 어려웠다.

　업무에 대한 토론도 형식이 달라졌다. 이전에는 마작을 하면서 논쟁을 하니까 쌍방이 모두 게임을 즐기는 기분이었지만 지금은 내 조언이 귀에 거슬리는지 그는 이런 말까지 탕탕 했다.

　"왜 내가 무슨 말을 하든 다 반대하는 거야?"

　식견이 있는 이들은 원인을 간파하고 나에게 충고했다.

　"동창생이라는 느낌을 버리라고. 자넨 지금 부하야. 반고(盤古)가 천지를 개벽한 이래 다 하급이 상급에게 복종하는 법이야."

　사실 이 일도 누가 옳고 그르다고 할 수 없다. 성취만 놓고 보면 나는 내 동창생 겸 상사인 스갠을 흠모해 마지 않는다. 그는 바이앤숭과 내가 TV 진행자 감이라고 인정하고 힘껏 밀어주어 TV 스크린에 새로운 물종(物種)들이 늘어나게 했다.

　그가 TV 프로에서 기획의 지위를 확립했기에 사회학자와 교육학자들이 기획진에 들어서게 되어 TV 프로에서 문화적 품위를 중요시하는 새로운 사고방식이 생겨났다. '동방시공'이 전성기에 처했을 때 벌써 프로를 개편하자고 제의했고, 지금은 야간의 공백 시간을 공략하려고 애를 쓴다. 건강한 편이 아니고, 외국어를 모르는 사람으로서 항상 새로운 걸 내놓으려 하는 것은 쉬운 일이 아니었다.

스잰, 즉 시간이란 그의 예명이 아니라 본명이다. 그 집 사람들은 이름이 다 괴이했다. 그의 아버지는 신화사(新華社)의 이름난 사진기자인데, 이름의 음이 자판기와 똑같다.

내가 스잰의 일화를 이야기하면 재미있어 하는 사람들이 많다. 그들은 내 말을 듣고는 스잰은 입체적인 인간이라고 했다. 동창생으로서 스잰은 이런 일에 별 문제가 없다고 여기지만 영도자로서는 스잰이 이런 말에 자기 이미지가 떨어진다고 여길지도 모른다.

그러나 나는 이야기하지 않을 수 없다.

그는 개 한 마리를 기른 적이 있는데 순종 독일 셰퍼드라고 자랑했다. 나는 본 적이 없고 개에 대해 박식한 친구가 한 번 보았는데 그 말이 나오면 송충이 대가리 휘두르듯 고개를 저었다.

"절대 아니야. 개를 데리고 산보할 때 개가 앞장서고 스잰이 뒤따르던데 그렇게 예의를 모르는 놈이야 기껏해봐야 잡종이지 뭐. 내가 보기엔 똥개던 걸."

좋은 개가 어떤 모양인지 나도 조금은 안다. 결혼하기 전에 우리도 기숙사에서 흰 폴란드 개를 길렀다. 대사관에서 도망쳐 나온 개라고 했다.

영리한 개는 사람의 눈치를 보는 데 이골이 났다. 아침에 주인이 깨어나면 머리를 휘두르면서도 주인이 손짓을 하지 않으면 함부로 침대에 뛰어오르지 않고, 고기만두를 사 가지고도 먹으라고 주지 않으면 가없게도 그 곁에 서서 빤히 보면서도 건드리지 않는다.

기숙사에 사람이 없을 때는 그 놈도 마음껏 장난을 치는데 궈린슝〔郭林雄〕의 〈자본론〉을 물어뜯어 너덜너덜하게 만든 날, 문 여는 소리가 나자 꼬리를 빳빳이 내리고 침대 밑으로 기어 들어가 아무리 어르고 족쳐도 나오지 않았다. 그놈은 잘못을 저지른 죄업을 너무나 잘 알았다.

후에 라디오 텔레비전 사업부의 한 부부장이 우리가 출근한 틈에 독신기숙사를 기습 조사했는데 유리창문에 얼굴을 대고 들여다볼 때 마침 우리의 흰 개가 밖을 내다보았다. 두 눈길이 마주치자 부부장은 기겁했다.

국장은 우리에게 오후 시간을 내줄 테니 개를 처리하라고 명령했다. 남의 처마 밑에서 사는만큼 머리를 숙일 수밖에. 개는 남의 손으로 넘어갔다.

스잰이 꽃을 심거나 풀을 가꾸는 따위의 고상한 취미가 있다는 말은 들은 적이 없다.

업무로 돌아와 보자. 세상에 무서운 것이 없더라도 스잰이 함부로 말하는 것은 두렵다. 그는 주례회의에서 새로운 프로를 만들어내는 문제를 열이 나서 이야기하다가 빗나가버렸다.

"마흔이 되어서도 평론부에서 일한다면 억지로 자리나 버티는 거요."

기막힌 소리에 회의장이 소란스러워졌다. 마흔이 된 동지들은 손에 손잡고 항의하고, 상부를 찾아가 따졌다.

다음 주례회의에서 그는 변명을 했다.

"나는 그런 뜻이 아니라 내 뜻인즉…."

반 나절을 들어보아도 무슨 뜻인지 알아들을 수 없었다. 그는 나름대로의 표현 방식이 있어서 고개를 숙이고 한참 생각에 잠겼다가 불쑥 말해버린다.

TV에 얼굴이 나오는 기자가 되고 싶어하는 사람을 보고 막후의 편집자 노릇을 하라고 권한다는 것이 그가 말하면 맛이 전혀 달라진다.

"자네가 푸른 잎이면 빌어먹을 푸른 잎 노릇이나 잘 해야지 붉은 꽃이 되려고 날뛰지 마."

프로를 잘 편집하지 못한 사람을 보고는 또 이렇게 말했다.

"미련하구먼, 반면 교재를 착실히 만들었는걸."

나는 두 가지 완전히 반대되는 평가를 들었다. '스잰은 성숙되지 않아 영도 수단이 유치하고 속이 깊지 못하다' 는 말과 '스잰은 영도자로서 속에 잔꾀가 별로 없어 대하기 쉽다' 는 것이었다.

그를 영도자로 대할 때면 나는 자연스럽게 일정한 거리를 유지하여 그의 진면목이 제대로 보이지 않는다. 그가 내 동창생이라는 것을 의식하면 나는 항상 세부까지 관찰하면서 저도 모르게 감동한다.

어느 날 스잰이 머리가 반지르르하게 까매져서 방송국에서 나오기에 왜 머리에 물을 들였느냐고 물었더니 그는 '허, 참' 하고 입을 열었다.

"아버지와 어머니가 오신대. 내 백발을 보고 근심하실까 봐서."

새 세기에 들어서면서 스잰은 새 살림을 차려 이름난 호금 연주가 쑹페이(宋飛) 씨를 부인으로 맞아들였다. 혼례식에서 쑹페이는 호금 명곡 '이천에 비낀 달' 을 켰고 스잰은 레드 와인을 들고 어제와 작별했다.

2000년 이전에 평론부의 주임은 왠쩡밍(袁正明)이었다. 로왠은 랴오닝성 진저우(錦州)시 후루다오(葫蘆島) 태생이어서 후루다오 식 사투리를 구사했다.

내가 아직 총각일 때 그는 이미 결혼해버렸는데 우리 독신기숙사의 아래층에 살았다. 우리가 밤을 새워가며 미친 듯이 놀아대도 새내기 부부는 아무 소리도 못 하고 분노를 참기만 했다.

그러다가 갑자기 그가 내 직속상관으로 변신했다. 나를 불러다 옛 일을 꺼낼 때마다 나는 적당히 둘러대곤 했다.

"우리 함께 앞으로 잘해봅시다. 국민당과 공산당도 손을 잡은 적이 있으려니."

로왠은 형식을 별로 따지지 않지만 엄숙해질 때는 굉장히 무시무시했다. 어느 날 아래층 편집부에 전화를 걸어 이름을 대면서 어느 편집자를 찾았는데 누구나 다 자기 말씨를 알고 있다고 자부한 로왠은 전화를 받는 사람에게 기어코 자기 이름을 말하지 않았다.

전화를 받은 편집자는 어지간히 화가 났다.

"당신 어떤 사람이오?"

"자넨 누구야?"

로왠이 되묻자 그 편집자는 이를 악물고 내뱉었다.

"네 할애비!"

그 남자 편집자가 수화기를 내려놓고 동료들과 함께 킬킬거리는데 로왠이 내려가 문에 들어서면서 하신 말씀.

"우리 할애비는?"

이 이야기는 평론부의 전설이 되어버렸다.

로왠이 승진하여 경제정보센터의 지도자가 되었다. 평론부에서 마련한 환송회에서 어떤 호사가가 노래를 틀어놓았다.

전우를 보내네
말없이 눈물 흐르고

귓가에는 낙타 방울 소리.

그 바람에 죄다 울음을 터뜨렸다. 마치 로왼이 교도소로나 가기라도 하는 듯이. 한 영도자가 대중들 속에서 이 정도까지 되었으면 높은 점수를 주어야 하지 않을까.

평론부의 주임이 자랑거리는 아니다. 산하의 프로그램을 볼라치면 '초점취재', '동방시공', '뉴스조사', '진실한 말 솔직하게'…. 다 말썽이 나기 쉬운 프로그램을 네 개나 관리하자면 얼마나 많은 사람들의 입방아에 대처해야 하는가.

평론부의 영도자는 가까이 접근하기 쉽지만 편집자들은 그래도 성이 차지 않았다. 해마다 설 전후에 단합대회를 여는데 업무를 결산하고 함께 즐긴다는 명분을 내걸지만, 사실은 영도자를 놀려주면서 1년 동안 프로가 사형 당한 불쾌감을 털어버리기 위해서였다.

이런 회의는 풍습이 되었고, 이날은 농담이 아무리 심하더라도 영도자가 일소에 붙여버린다. 이런 축제는 간부와 부하들의 관계를 밀착시켰다.

내가 창작한 '세 마디 반'을 보면서 우리 단합대회의 열렬한 광경을 상상해보기 바란다. '세 마디 반'이란 중국 특유의 대중오락 방식으로 네 사람이 나와서 앞의 세 사람이 시구를 한 구절씩 읊은 다음 마지막 사람은 시구의 절반 정도 말을 하고 나서 꽹과리를 '쾅' 치는데 기발하게 웃기는 것이 특징이다.

평론부서 축제모임
남녀노소는 웃음꽃

주임님께서 오시니
귀찮아

밥 먹고는 술 마시고
아래윗사람은 친구
누가 여기서 비평하면
미친 개

세 주임님들은 착한 분
형님 같고 동생 같아
프로 심사 후 어깨 툭툭
"총살!"

편집자 얼굴엔 웃음기
바삐 돈 다음 잠깐 휴식
지금 일을 시킨다면
저리 비켜

평소 정말 힘들었지.
며칠 밤 꼬박 새웠는데
프로는 방송금지라나
운 사나워

평론부 분위기 좋아라

분기마다 노동경쟁
금은동상 돈 주지만
너무 적어

여자기자는 참 많아
몸매 좋고 날씬해
2년 후에 다시 보면
다 아줌마

동분서주 뛰어다니며
자기 집은 뒷전이야
여편네가 남 따르면
새로 얻지

우리 프로 공연 완료
잘 했느냐 못 했느냐
남은 혹평 우린 칭찬
멍청이

 나는 또 고전명작 〈홍루몽(紅樓夢)〉에서 인간들은 신선이 좋은 줄을 뻔히 알면서도 인간세상의 갖가지 유혹에 미련이 많아 신선이 되지 못한다고 갈파한 노래 '호료가(好了歌)'를 모방하여 '영도자 호료가'를 지어 스잰 영도자에게 드렸다.

영도자마다 하신 말씀
겸손한 게 좋다지만
박수 없으면 신경질
정직한 게 좋다지만
의견 많으면 귀찮아
평등한 게 좋다지만
형식 없이는 말 못 해
유머가 좋다지만
웃지 않으면 못 견뎌
공평한 게 좋다지만
혈육 앞에선 감감 잊어
효율이 좋다지만
발언할라치면 쉴 줄 몰라
사병(士兵)이 좋다지만
승진 않으면 못 살아
제 일자리 지키는 게
좋고 또 좋다고
윗사람마다 말하지만
승진하면 더 올라가려
아득바득하는 건 정말 못 말려

원래 저질 영도자를 풍자하려고 했는데 펜을 놀리다 보니 영도자를 추켜주는 글이 되었다. 이제야 깨달았거니와 영도자들의 나쁜 버릇은 아랫사람이 잘못 길러준 탓이다.

신문사에 갓 입사했을 때는 항상 앞장서
더운물을 받으러 갔다.
열심히 일하는 척하는 것이 최고였다.

살아 있다는 것

거북이의 말, "사람들의 목소리는 달라도 기침소리는 똑같아."
- 외국 속담

1986년 여름, 전국의 맹아(盲兒) 대표들이 베이징에 와서 제 1회 맹아 여름 캠프에 참석했다.
대표의 도착을 확인할 때 주최자 측에서 물었다.
"방송사에서 오셨습니까?"
내가 그렇다고 대답을 하자 옆에 있던 한 사내아이가 내 소리를 듣고 더듬거리며 다가왔다. 여덟 살쯤 되어 보이는 맹아 양쉐왠[楊雪元]은 순수한 톈진 사투리로 말했다.
"방송국에 가고 싶어요."
"방송국에는 왜?"
아이는 내 물음에는 대답하지 않고 또 물었다.
"방송국에서 라디오를 들으면 소리가 제일 큰가요?"
우리는 하하 웃었다. 맹아들은 귀여울 지경으로 단순하단 말이야. 여기서 우리란 나와 궈린슝, 장하오[張浩] 등 중앙인민방송국의 세 기자였다.
 여름 캠프의 활동은 풍부했다. 회의는 하나도 없고 날마다 애들이 손과 발로 견학을 하게 했다. 그들은 만리장성을 만져보고 인민대회당과 인민영웅기념비도 만져보았다.
 기념비 앞에서 아이들의 모습은 조각과도 같았다. 〈중국일보〉 기자 궈졘써〔郭建設〕가 기회를 놓칠세라 그 화면을 필름에 담았다.
 인민대회당에 들어갈 때 대회당 직원이 처음에는 엄숙하게 인솔자한테 주석단에 올라가지 못한다는 견학원칙을 알려주었다. 바로 그때 아이들이 밀려들어 왔다.
 직원인 중년여성은 그만 감동하여 얼굴을 옆으로 돌리고 뒤로 물러서서 더듬더듬 주석단에 올라가는 아이들을 내버려두었다.
 아이들은 국가주석과 국무원총리의 자리를 더듬어 찾아내고 털썩털썩 주저앉았다. 기쁜 마음에 단 위에서 대굴대굴 뒹굴기까지 하는 아이들도 둘이 있었다. 붉은 기 아래에도 아이들이 서 있었다. 그 아이들이 붉은 기를 받쳐들고 자기 뺨에 갖다대는 모습을 본 사람들은 모두 눈물을 흘리고 말았다.
 그 전에 장하오는 베이징 장애자운동회를 취재한 적이 있는데, 그 사람들과 일을 하노라면 항상 뜻밖의 경우를 당한다고 말했다. 조직위원회의 팔 하나가 없는 간부가 장하오와 함께 걸어가면서 인터뷰를 하다가 갑자기 멈춰 서서 말하더라는 것이다.
 "수고스럽지만 내 신발을 좀 들어주십시오."
 금방 완공된 미윈〔密雲〕 국제오락장은 온종일 아이들에게 무료로 개방되었다. 청룡열차를 탈 때 나도 끼여들었는데, 한 바퀴 돌고 나니 하늘과 땅이 빙글빙글 도는 듯했다. 그러나 뒤를 돌아보니 아이들은 내려올 마음이 없는 듯했다.

그들은 단숨에 세 바퀴나 돌았다. 아이들은 찢어져라 소리를 지르며 마음속의 행복과 만족을 표현했다. 그들에게 있어서는 지구가 영원히 빙글빙글 돌지 않는다는 생각이 들었다. 지구는 맹아들이 느끼는 그 모양대로인지도 모른다.

아이들이 도시락을 먹는 걸 보면 우리처럼 밥과 요리를 분명히 가리지 못한다. 그래서 밥을 연거푸 몇 입 먹기도 하고 요리만 계속해서 먹기도 하는데 배가 부른 다음에는 우리와 마찬가지로 만족스러워한다. 식사란 워낙 그렇게 해야 하는 것인지도 모를 일이다.

서로 좀 친해지자 한 아이가 자기는 타고난 맹인이 아니라 세상을 구경했다고 나한테 가만히 알려주었다.

"전 나무를 보았어요. 나무는 푸른색이지요."

귀린슝은 기숙사에 돌아와 밤을 새워 원고를 썼다. 그는 맹아 여름 캠프의 배지가 제일 마음에 든다고 했다. 그 배지에는 점자로 두 글자가 쓰여 있었다. 왼쪽부터 오른쪽으로 읽으면 아애(我愛, 나는 사랑해요)이고, 오른쪽부터 왼쪽으로 읽으면 애아(愛我, 나를 사랑해주세요)였다.

내가 어떻게 해서 스더린[司德林]을 만나게 되었는지 지금은 기억이 나지 않는다.

스더린은 두 다리를 쓰지 못한다. 공산청년단 지부에서 그의 휠체어를 들고 고궁을 돌아보았는데, 스더린은 층계가 너무 많으니 뜯어버려야 한다고 말했다.

그가 남의 친절을 고맙게 여기지 않는 것 같아 우리는 이해하기 어려웠다. 그런데 미국에 갔다온 다음에야 나는 그의 마음이 충분히 이해가 되었다.

미국에는 장애자가 참 많았다. 다른 사람이 가르쳐주어서 나는 그 원인을 알게 되었다. 선진국에서는 장애자들이 자유자재로 오갈 수 있는 통로를 만들어주었다. 그래서 장애자들은 다른 사람의 도움을 받을 필요 없이 손쉽게 사회생활에 참여한다. 장애자가 사회에서 나다닐 수 있는 여건이 마련되어 있으니 장애자들이 많이 눈에 띌 수밖에.

우리는 그들과 비교할 정도가 아니다. 재력이 부족한 것이다. 일껏 건설해놓은 맹도(盲道)마저 무단침범 당해 유명무실해졌다. 우리 건강한 사람들도 사회생활에서 불편을 느낄 때가 많을 정도이니 장애자야 더 말할 나위도 없다.

건강한 사람에게 건강한 마음이 없으면 자기 힘을 믿고 남을 업신여기다가도 더 강한 사람 앞에서는 굽실거리게 되니 다른 사람에게 줄 사랑이 남아 있을 리 없다.

오히려 스더린 같은 사람들이 건강한 사람들보다 더 건강한 삶을 살고 있는 게 아닐까 생각하게 된다. 그들의 몸에는 흠이 있더라도 마음은 건전하여 세상의 일을 속속들이 파악할 수 있기 때문이다.

우리가 정성껏 도와주려 한다지만 누군들 지팡이를 좋아하랴. 정말 그들을 돕고 싶다면 그들이 마음대로 다닐 수 있는 길을 몇 개 더 닦고 그들이 자유로이 오르내릴 수 있는 버스를 몇 대 더 늘려야 할 것이다.

나는 지능장애아들을 가르치는 학교에 취재하러 갔다가 젊은 선생님 관잰[關健]을 만났다. 관 선생님은 사범대학을 졸업한 후 가무단(歌舞團)에도 갈 수 있었으나 이 학교에 와서 아이들에게 음악을 가르쳤다.

그녀의 첫 수업은 남달랐다. 그녀는 아이들에게 문 밖에 서 있다가 음악이 울리면 보무 당당하게 교실로 들어오라고 말했다. 그러고 나서 그녀는 까맣고 하얀 피아노 건반을 눌렀다. '운동원행진곡'의 멜로디가 그녀의 손끝에서 흘러나왔다.

그러자 아이들이 밀쳐대며 몰려들어 왔다. 책상과 걸상이 우당탕 소리가 났다. 그들은 음악에는 아무런 감각도 없었고 리듬이란 무엇인지 알지도 못했다. 관잰은 그 순간 바보처럼 멍해졌다고 회고했다.

지금 중국에는 14세 이하의 지능장애아가 약 5백40만 명, 장애아 총수의 3분의 2 정도를 차지하는데, 안데르센의 고향 덴마크 인구를 초과하는 숫자다. 지능장애아들은 정신발육이 늦어진 아이들이다.

그 후 오랫동안 관잰은 집에 돌아오면 이어폰을 끼고 클래식 음악을 들었다는 것이다. 두 시간은 그러고 있어야 마음의 안정을 되찾을 수 있었다고 한다.

그녀는 생선을 먹지 않게 되었다. 생선 눈알을 보면 흰자위가 너무 많은 아이들이 생각나서였다.

나는 1987년에 다시 그녀를 취재했다. 관잰 선생님은 여전히 그 자리를 지키고 있었다. 그녀는 나에게 아이들의 학업성과를 보여주었다. 여전히 그 아이들이었는데 방울 북과 모래곤봉, 트라이앵글을 들고 선생님의 피아노 소리에 맞춰 박자를 치면서 일제히 노래를 불렀다.

   붉은 해는 톈산(天山)에서 솟아오르고
   푸른 풀은 바람 따라 고개 끄덕이지요…

화음이 잘 맞았다. 내가 들어본 가장 아름다운 노래였다.

'진실한 말 솔직하게' 프로 녹화 현장. 우리의 집계에 따르면 6년 동안 이미 3만1천여 명이 여기에 와서 속마음을 솔직하게 털어놓았다.

나는 아이들의 수학수업도 방청했다. 선생님이 칠판에 산수 문제를 내었다. '2 더하기 3은?' 아이들이 치켜든 고사리 손들이 숲을 이루었다. 한 통통한 애가 기회를 얻어 칠판 앞에 달려나가 분필을 들고 '6'을 썼다.

"맞아요?"

선생님의 물음.

"틀렸어요."

학생들의 대답.

"좋아요. 그러면 누가 그를 도와 잘못을 고쳐줄까요?"

아이들이 대답했다.

"선생님, 그 아이는 6을 비뚤게 썼어요."

"선생님, 그 아이가 6을 비뚤게 썼다니까요."

"선생님도 등호를 비뚤게 썼어요."

"…"

아이들은 문제를 대답할 때마다 내 쪽을 바라보곤 했다. 맑은 눈에는 나의 인정을 바라는 빛이 역력했다. 한 시간 수업이 끝난 다음 나는 그 선생님이 우리가 어릴 때의 선생님보다 말을 훨씬 많이 했다는 느낌이 들었다.

"어렵습니까?"

"어렵지요. 그만둘 생각도 했었구요. 제일 어려울 때 병에 걸려 입원을 했는데 아이들이 문안을 하러 왔더라구요. 저를 보자마자 와락 끌어안고 엉엉 울음을 터뜨리는 거예요. 병실에서 나갈 때 저마다 자기의 선물을 종이로 싸서 제 베개 밑에 밀어 넣었어요. 그걸 꺼내보고 저는 또 눈물을 쏟았지요. 사과는 한 입 물어뜯은 것이고, 사탕도 입에 넣었던 흔적이 있더군요. 하지만 지능지수가 70 이하인 아이들이 가장 좋아하는 간식을 자기 입에서 꺼내 저를 위해 남겨두었다는 것을 알아야 합니다. 그들에게 있어서는 이것이 바로 지력과 심령의 발전이에요."

선생님은 내 질문에 대답하고 나서 자랑스럽게 말을 이었다.

"우리가 좀 고생을 해서 아이들이 좋은 교육을 받도록 하면 여기를 졸업한 후에는 초등학교 4학년 정도의 지력에 이르게 되고, 그러면 간단한 노동 기능을 갖출 수 있게 되지요. 자기 힘으로 살아갈 수 있는 사회의 쓸모 있는 인간이 되는 것입니다."

왕정(王錚)과 저우팅팅(周婷婷)을 나는 처음에 TV에서 보았다. '생활공간' 프로에서 그들을 위해 '연합함대'라는 필름을 찍었다. 기묘한 콤비였다. 왕정은 저우팅팅의 귀였고, 저우팅팅은 왕정의 눈이었다. 연합함대는 이렇게 파도를 헤치며 전진했다.

우리가 프로를 제작하는 관습대로는 정식 녹화 전에 진행자가 초대 손님과 만나지 않는다. 제작 현장의 이야기에서 생생한 느낌을 주기 위해서다. 그러나 그 날 왕정과 저우팅팅이 나를 만나고 싶다고 하여 나는 그들한테 찾아갔다.

저우팅팅은 나를 보자마자 말했다.

"야단났구나, 추이 아저씬 입을 움직이지 않는걸."

저우팅팅은 귀가 멀어 남의 입술을 보면서 무슨 말을 하는지 알아내는 재능을 열심히 연마했다. 순독법(脣讀法)이다. 그런데 나는 말할 때 입술을 별로 놀리지 않는다.

"쉬운 일이지. 움직이는 폭을 늘리면 되잖아."

내가 우스꽝스럽게 아래위로 입술을 놀리며 몇 마디 했더니 아이들은 깔깔 웃었다.

잠깐 이야기하고 나자 점심시간이 되었다. 2층에서 1층으로 내려가는데 기획담당 쉔밍둥〔宣明棟〕이 부축하지 말라고 나에게 귀엣말을 했다. 왕정은 다른 사람이 부축해주는 걸 질색하였다. 왕정의 눈에는 색의 덩어리만 비치고 어슴푸레한 그림자만 보이지만 자전거를 타고 거리를 누비는 대담한 소녀였다.

갑자기 깨달은 바가 있었다. 장애자들은 남들이 자기를 존중해주기를 바라는데 그들을 존중하는 가장 좋은 방법은 바로 그들의 장애를 무시하는 것이다. 스더린이 남들이 그의 휠체어를 들고 고궁에 가는 걸 싫어하는 이유가 바로 여기에 있었다.

어느 날 우리가 거리에서 장애자와 어깨를 스치고 지나가면서도 그들의 신체장애에 눈길을 돌리지 않는다면 그것이 바로 사회문명의 진보를 말해주는 것이다. 건강한 몸, 성한 사람들의 사이가 바로 그렇지 않은가?

시각을 바꾸어보면 우리가 정말로 아주 건강하고 완벽한지 알 수 없다. 우리에게 손과 발이 있고 눈과 귀도 쓸 만하다 하더라도 우리의 마음은 어떠한가? 우리가 이해할 수 있는 일이 얼마나 되고 포용할 수 있는 범위는 얼마나 되는가? 욕심과 냉혹, 편애, 독단, 독선, 근시안 등의 흠이 한두 가지 없는 사람이 어디 있던가.

프로를 촬영하는 날 현장에서는 명랑한 웃음소리가 울려 퍼졌다. 건강한 두 소녀를 누구나 귀여워했다.

2000년에 그들은 대학을 졸업했다. 저우팅팅은 공부를 계속하러 미국에 가고 왕정은 선양에서 직장에 들어갔다. 연합함대는 항해를 정지했다. 그녀들은 또다시 두 개의 일엽편주가 되어 바다의 두 끝에서 서로를 바라보게 되었다.

황웨〔黃月〕, 왕진팡〔王金舫〕 일가는 1998년 초에 우리 시야에 들어왔다.

기획담당 쉔밍둥이 황웨 일가가 우리 프로 현장에 와서 자기네가 결혼생활에서 서로에게 적응해간 이야기를 할 용의가 있다고 하기에 나는 깜짝 놀랐다. 엄격한 의미에서 이것은 개인의 프라이버시에 해당하는 일이었고, 당사자들은 입을 다물어도 되는 일이었다.

그러나 그들이 말할 용기가 있는 이상 의미가 변했다. 부부가 살아가자면 누구나 다 상대에게 적응하며 서로를 잘 조절해가야 하니까 말이다.

황웨는 다리를 살짝살짝 절었으나 지식을 구하는 데는 방해가 되지 않아 우리 프로에 출연한 뒤에 석사 학위를 받았다. 왕진팡은 1976년 탕산〔唐山〕 대지진 때 고아가 되어 줄곧 가정을 갈망해왔다. 이 부부는 보통 가정과 별로 다를 바 없었으나 부인의 장애와 남편의 노동자 신분 때문에 많은 사람들의 호기심을 불러일으켰다.

프로의 이름은 '가정', 1998년 3월 15일에 방송되었다.

녹화하던 날 현장에서 지켜본 〈뉴스조사〉의 동료 장제〔張潔〕는 훗날 우리 내부간행물 〈공담〉에 글을 발표했다. 제목은 '우리에게는 어떤 관심이 필요한가' 였다.

몇 해 전에 '꿈이 현실로' 라는 기록물이 내 경계심을 자아냈다. 가난한 산골 아이들이 변화한 도시에 와서 놀라는 경험을 기록했는데 문명과 문화의 차이는 제작자가 힘주어 강조한 주제였다.

이 영화가 나중에 누구의 꿈을 현실로 만들었는지 모르지만 나는 이처럼 억지로 제작한 프로에서 제작자의 엉큼한 속셈을 읽게 되었다. 약한 자를 동정함으로써 언론 종사자들이 자신들의 문명과 문화의 우월성을 자랑하자는 심보였다.

오늘밤 스튜디오에서 나오면서 나는 또다시 불안한 정서에 휩싸였다. 방금 녹화를 끝낸 프로 때문이었다.

그 주제는 결혼생활에서 부부가 서로 적응하는 문제였는데, 주제 자체에는 별 문제가 없었지만 화제를 실현하는 주체, 즉 발에 장애가 있으나 대학원생인 아내와, 건강하지만 '초등중학교 정도의 문화 수준'(아내의 말)인 남편 때문에 불안해진 것이다.

직업적인 시각으로 보면 이런 부부를 골랐다는 것은 상당히 독특하다고 해야 할 것이다. 머리는 좋지만 몸에는 흠이 있는 인간과 몸은 건강해도 머리가 나쁜 사람의 결합, 이런 차이가 가져오는 극적 효과는 더 말할 나위도 없다. 이 문제가 바로 풀 수 없는 모순이요, 피할 수 없는 충돌이다. 이것이 바로 시청률을 높이게 된다.

그러나 문제는 그렇게 간단하지 않다.

아내가 문화차이 때문에 의사소통이 어려운 현실을 막무가내로 인정할 때, 진행자가 의식적으로나 무의식적으로 문화 차이를 들먹일 때, 순박하고 내성적이며 말재주가 없는 남편이 도중에 초대손님석으로 불려나가 어찌할 바를 몰라 할 때, 문화가 있다고 자처하는 장모가 문화가 없는 사위에게 '만족'이라는 평가를 절대 내리지 않을 때… 나는 또다시 TV 제작의 냉혹성을 느끼게 되었다.

교만하게 남을 굽어보는 시각이나 남의 프라이버시를 엿보는 엽기적인 냄새를 풍기면서도 겉으로는 드러내지 않는 냉혹성 말이다.

결혼생활에서 부부가 서로에게 잘 적응해가면서 살아가는 이야기는 사람마다 듣고 싶어하고 또 영원히 끝날 줄 모르는 화제다. 남녀의 차이를 읽어내고 적응하는 문제, 자유, 책임의 제한과 강화, 이상과 현실, 신성과 평범성의 차이 등 많은 윤리의식의 변화에 관계되는 복잡한 문제다.

근년에 리포트 프로가 성숙해지고 토크 프로가 부상하면서 그리고 TV의 직업성과 상업화 경향이 심해지면서, 생활공간으로부터 심리공간에 이르기까지 신비한 구석은 찍지 않는 것이 없다. 포근한 느낌을 줘야 할 TV 화면이 거리낌없는 감정도살장으로 변해 우리 귀에는 듣지 말았어야 할 신음이 들린다. 마음속에서 피가 흐르는 신음소리가.

우리는 일찍이 '사람에 대한 관심'을 TV의 숭고한 목표 중 하나로 꼽았다. 선의가 부족할 때 그 관심은 타격으로 변할 수 있다. 우리는 연극감독이 아니다. '극적 요소'가 있다 하여 가뜩이나 불행한 이야기와 나약한 감정을 부풀릴 권리가 우리에게는 없다.

이 프로에 참가하여 이 가정에 원래 있던 틈이 메워질지 아니면 더 커질지 모르겠다. 제발 전자이기를 바라는 마음이다.

우리는 동료 장제와 맞서서 토론하지 않았다.

우선 결과를 보기로 하자. 프로가 방송되던 날, 황웨 일가는 두 방에 나뉘어 앉아 시청했다. 왕진광은 황웨가 말을 잘했고 자기는 조금 긴장했다고 했다. 그 다음 친척과 친구들의 전화가 쇄도했다. 모두 방송사에 가서 녹화한 사연을 물어보는 전화였다.

집안 사람들은 평화로운 생활을 계속했다.

이 문제에 대해서는 석사들이 다 꼭 박사와 함께 일생을 보내는 것이 아니라고 말하고 싶다. 가정생활이라는 테마는 실험실의 테마처럼 무미건조하거나 심오하지는 않지만 확실하게 연구를 하려면 일생을 들여야 한다.

그리고 장제에게 들려주고 싶은 이야기가 있다.

노승이 동자승을 데리고 길을 떠났는데 도중에 강을 건너지 못해 애를 태우는 소녀를 만났다. 노승은 두말 없이 소녀를 안고 강을 건네주었다. 절에 돌아와 동자승은 초점을 잃은 눈으로 노승을 바라보며 말했다.

"스님, 방금 여자를 안았지요?"

노승은 빙그레 웃으며 대꾸했다.

"나는 벌써 내려놓았는데 넌 아직도 내려놓지 못했구나."

다시 돌이켜 황웨의 장애를 보면 그녀나 우리는 다 마음에 새겨두지 않았으나 장제만은 도무지 잊지 못한 것이다.

왕진광이 정말 행복한가 추측해보는 사람들도 많았다. 그가 한 말을 나는 한평생 잊을 수 없다.

"저는 이전에는 돈을 함부로 썼는데 지금은 사람들이 저를 도와 돈을 모아줍니다. 아들이 생겼고 부모님도 모시게 되어 이제는 저한테 다시 가정이 생겼지요."

우리가 사랑의 문 앞에서 알게 모르게 사람들을 여러 층으로 나누는 오류를 범했는지 모르겠다. 사실 음식에는 맛있거나 맛없는 음식이 있고, 옷도 비싼 옷과 싸구려가 있으며, 집도 넓은 집과 좁은 집이 있지만, 사랑만은 가장 공평하다. 부유하든 가난하든 막론하고 누구나 자기에게 속하는 그 숭고한 감정을 추구할 수 있으니 사랑 앞에서는 사람마다 평등하다.

정상적인 심리로 보면 황웨의 신체장애나 왕진광의 문화 수준은 다 결혼 상대의 특수 상황일 따름이다. 다른 가정의 어느 한쪽이 담배를 좋아하거나 술에 미치고, 기를 쓰고 일하거나 수집에 날뛰며, 관광을 다니지 않고는 못살거나 늘 새 가구를 바꾸고 싶어하는 등의 현상과 마찬가지로 현실적으로 존재하는 상황일 뿐 옳고 그름을 가릴 수는 없다. 그 정도가 적당한가 심한가 하는 문제일 뿐이다.

하물며 다른 사람의 사랑에 대한 우리의 평가는 틀리기 일쑤다. 우리가 보기에는 천생배필이지만 속으로는 서로 다른 마음을 품고 있고, 우리가 보기에는 동상이몽인 것 같지만 사실은 마음이 잘 맞는 부부가 얼마나 많던가.

물론 우리는 장제의 말에 일리가 없다고 여기지는 않는다. 엽기적인 것을 선호하는 생각도 스쳐지나갈 때가 있고, 시청률에 코를 꿰어 다닐 때도 있다.

우리는 말더듬이 두 사람의 편지를 받았다. 편지에는 이렇게 써 있었다.

말더듬이라는 것 때문에 우리는 수없이 무시를 당했고 죽을 생각까지 했습니다. 비오는 날이면 저는 제 뺨을 때립니다. 재담배우들이 우리를 소재로 사람들을 웃기는 걸 보면 속상하고 분해요.

우리는 이 두 사람을 우리 프로에 모시려고 했는데 완곡하게 사절 당하고 말았다. 후에 말더듬이 궈타오잉〔郭桃英, 가명〕과 앤창〔言暢, 가명〕이 스튜디오에 와서 사람들과 이야기를 했다. 카메라맨 저우더룽〔周德隆〕은 이들의 상처가 이처럼 심할 줄은 몰랐다고, 우리 모두 이전의 행위를 반성할 필요가 있다고 말했다.

앤창은 사람들 앞에 나서는 것을 싫어해서 우리가 그를 위해 특별히 만든 뿌연 유리 방 속에 앉혀졌다. 관중들의 눈에는 그의 윤곽만 어슴푸레 비쳤다. 그래도 앤창은 무거운 정신적 부담을 덜 수 없었고, 말 더듬는 정도가 우리의 상상을 훨씬 넘어섰다.

궈타오잉은 상대적으로 유창하게 의사를 전달했다. 비결을 물어보니 그녀는 자기가 개발한 발음법을 쓴다고 했다. 발음법이 무엇인지 알 수는 없었지만 이야기하는 과정에서 그녀는 시종 입가가 파르르 떨리는 것이었다. 그녀는 어떤 방식으로 자기를 통제하는 게 분명했다. 말하자면 우리는 입을 벌리는 게 쉬운 일이지만 그들에게는 참으로 어려운 일이었다.

앤창은 얼굴을 가려주는 유리 뒤에서 힘겹게 말했다. 한마디를 세 번이나 시작해서야 떠듬떠듬 말을 마칠 때도 있었다.

우리가 중앙TV 사이트와 연합으로 일을 했기에 네티즌들도 대거 토론에 가담했다.

'말더듬이는 병이 아니라지만 정말 지겨워.'

'말을 더듬는 사람은 얌전해 보이지만 머리는 똑똑해요.'

'말이 나오지 않을 땐 귀를 톡톡 치세요.'

'말더듬이는 여러 가지 생리질환의 일종으로 당신이 성공으로 나아가는 발걸음을 막을 수 없고, 성공하지 못할 구실이 될 수도 없다. 용감히 맞서 이기는 것이야말로 문제의 핵심이다.'

우리와 연락한 말을 더듬는 사람들은 많았는데 재삼 고려했지만 우리 프로에 나올 용기가 없었다. 그들은 우리에게 편지를 띄워 프로에서 자기들의 견해를 밝혀달라고 부탁했다. 그중 한 분은 이렇게 우리한테 일깨워주었다.

말더듬는 환자들과 이야기할 때 그들이 무슨 말을 하느냐에 주의해야지 어떻게 말하는가를 보면 안 됩니다. 말하는 속도를 늦추고 한 마디를 잠깐씩 쉬어가면서 해야지요. 정신을 집중하고 경계를 풀어야 합니다. 그들의 말이 막히면 다른 곳을 보지 말고, 상대방을 노려보지도 말아야지요. 그들의 말허리를 잘라버리지 말고, 그들 대신 말을 마저 해서도 안 됩니다. '천천히', '긴장하지 마세요', '숨을 들이쉬어요' 같은 제안은 도움이 되지 않을뿐더러 그들이 더 심하게 말을 더듬게 합니다.

1978년 4월 1일, 서양의 만우절이었다.
중국 후베이성의 성 소재지 우한(武漢), 하늘은 순박한 후페이더(胡培德) 일가와 과분한 장난을 쳤다. 이날 후씨 가문에 후이저우(胡―舟)라는 사내아이가 고고성을 울리며 태어났는데, 그만 선천적인 백치였다.
애칭이 저우저우(舟舟)인 후이저우는 불행 중 다행으로 어릴 때부터 예술가들이 모인 환경에서 자라나면서 살뜰한 보살핌을 받았다. 아버지가 악단에서 일했던 것이다.
후페이더는 단장이 회의를 할 때에도 저우저우를 방에서 내보내지 않았다고 한다. 저우저우가 회의 내용을 알아듣지도 못하거니와 말을 전할 리도 없으니 단장은 그를 기피하지 않았다.
저우저우는 걸핏하면 밖에 나가 돌아다녔는데 버스 운전사와 차장 그리고 부근 상점의 점원들도 다 그를 아는 터였다. 저우저우는 먹고 마시는 걱정이 없었다. 배를 불리고서는 저우저우는 모델을 흉내내어 한 바퀴 걸으면서 사람들을 웃겼다.
저우저우는 악단의 리허설과 공연을 무척 좋아해 젓가락을 들고 지휘자를 모방했다. 그 모습을 발견한 바이올리니스트 댜오앤[刁巖]은 음악으로 저우저우의 지능을 개발할 수 있지 않을까 하는 생각이 들어 그 때부터 의식적으로 저우저우를 가르치기 시작했다. 저우저우는 오랜 동안 집에 돌아가지 않고 댜오앤과 함께 살았다.

악단을 방문한 독일의 한 노(老) 지휘자가 그 광경을 보고 감동했다. 그래서 노인은 자기의 지휘봉을 저우저우에게 선사했다.

드디어 저우저우는 무대에 올라갔다. 연미복을 입고 나비 넥타이를 맨 저우저우는 신이 나서 악단을 지휘하여 '라데츠키 행진곡'을 공연했다. 활달하고 힘있는 동작은 리듬감이 풍부했다. 곡이 끝나자 우레와 같은 박수소리가 터져 나왔다.

사람들은 신화에 도취되었으나 후페이더는 냉정했다.

"저우저우가 무슨 지휘를 할 줄 알겠어요. 음악가들이 손을 맞춰주며 그 애를 달래 즐겁게 놀아주는 거지."

한마디로 비밀을 설파한 셈이었다.

후베이TV의 장이칭[張以慶] 감독이 사랑이 넘치는 이 사연을 전부 기록했다. 그가 촬영한 '저우저우의 세계'는 수많은 시청자들을 감동시켰다.

2000년 설, 기획담당 하이샤오와 후디는 저우저우 일가와 악단을 스튜디오에 초청해 아름다운 이야기를 다시 들어보기로 했다.

저우저우는 입이 뾰루퉁해서 우리 앞에 왔다. 댜오앤 아저씨가 선물한 호출기를 길에서 잃어버려서였다. 후디는 퍼뜩 영감이 떠올랐다. 이거야말로 저우저우에게 다가서는 절호의 기회 아닌가?

후디의 말을 듣고 우리는 컬러 호출기를 하나 샀고, 그가 제일 좋아하는 닭다리와 콜라를 사 가지고 찾아갔다. 호출기가 삑삑 울리자 저우저우는 과연 나를 부둥켜안았다.
"아저씨 정말 좋은 사람. 아저씨 좋아요."
그 정경은 프로가 끝날 때 재현되었다. 저우저우는 또다시 나를 끌어안고 말했다.
"아저씨 정말 좋은 사람."
거짓을 모르는 저우저우 앞에 서자 우리도 깨끗해졌다.
사실 인간 사이의 교제가 이렇게 간단하고 솔직하면 트러블이 많이 줄어든다. 저우저우의 애증은 불 보듯 뻔해 속마음이 어떤가 머리를 굴릴 필요가 없다. 그러나 우리의 통상적인 수법은 직접 말하는 게 아니라 뱅글뱅글 돌고 나서도 한 수 남겨두는 것, 사람마다 상대방의 진의를 파악하느라고 머리를 쥐어짜고, 머리에 불필요한 빛깔이 늘어나게 된다.
설 시즌에 TV에는 오색찬란한 프로가 가득 찼다. 우리 프로는 황금시간대가 아닌 시간에 나갔는데도 톈진의 한 할아버지는 부아가 치밀어 우리한테 편지를 보냈다.
"좋은 설을 보내면서 왜 이 따위를 내보내지? 그런 사람이야 소수가 아닌가?"
할아버지, 구훙밍〔辜鴻銘〕 선생님의 말씀을 좀 들어보시지요.
"중국인들에게 이런 힘, 이런 강대한 동정의 힘이 있다는 것은 그들이 완전히, 혹은 거의 완전히 심령(心靈)의 생활을 하기 때문이다. 중국인의 생활은 전부 일종의 감정생활이다. 이런 감정은 감각기관의 육감적인 곳에서 나오는 그런 감정도 아니고, 신경계통에서 용솟음치는 정욕과 같은 감정도 아니다. 우리 인성의 깊은 곳에서 우러나오는 마음의 격정 혹은 인류의 사랑이라는 그런 감정인 것이다."

▲ 월드컵을 앞두고 볼라 코치와 함께.
추이: 자, 〈손자 병법〉을 받으시지요.
볼라: 하! 이 책을 갖고 월드컵 결승전에 가면 문제 없겠는 걸.

나는 어린 시절부터 몸이 약하고 병에 잘 걸려 약세집단에 속해야 했기에 그런 사람들과 서로 아끼는지도 모르겠다. 내가 보기에는 많은 면에서 그들이 사실 더 건전하고 강하다.

인생은 쉬지 않고 변화한다. 나약함은 일시적인 현상에 불과할 때가 있고, 건강함도 대체로 잠시 동안의 형태다. 때문에 우리는 일시적인 어떤 일 때문에 자비심에 젖거나 교만에 도취될 필요가 없다.

우리가 이 세상을 하직할 때 여러 등급으로 나누어 평가하기 좋아하

▲ 영국 케임브리지 대학 총장 애리크 브루스, 베이징 대학 총장 쉬쯔훙(許智宏)과 함께.

는 사람들이 있다. 우리의 죽음은 서거, 사망, 죽음, 끝장 등 여러 가지로 나뉜다.

하지만 우리가 이 세상에 남아 있는 동안은 모두 같은 상태다. 바로 '살아 있다는 것' 이다.

불면증

잠자지 않으면 꿈꾸지 못한다.
- 아프리카 속담

'**잠**자지 않으면 꿈꾸지 못한다.'
이 속담을 옮긴이는 이것이 아프리카 사람들의 낙천적인 성격을 잘 보여주는 것이라고 했는데, 나는 그 글을 보자마자 옮긴이가 눕기만 하면 잠이 드는 사람이라고 생각했다. 잠못 이루는 맛이 어떤지를 전혀 모르는 것이다.

내 뜻인즉, 한 인간이 잠도 잘 자지 못하면서 거기에 낙천적이지도 못하다면 죽어버릴 수밖에 없다는 말이다.

나는 잠을 못 이루는 사람이다.

나의 불면은 고등학교 시절부터 시작되었다. 대학시험을 치르기 전의 어느 날 밤이었는데, 나는 갑자기 잠이 잘 오지 않아 자꾸만 뒤척거렸다. 구체적인 원인은 잊었지만 지금 생각해보면 짐작은 간다.

분명 낙방하면 이웃들이 뭐라고 하겠나, 아버지와 어머니는 어떻게 말씀하실까 따위였을 것이다. 사실은 심리적 부담이 너무 커서 이길 생각만 하고 지는 걸 두려워하다 보니 자초한 결과였다.
　이튿날 부모님께서 내 눈이 새빨갛게 핏발이 섰는데도 명랑하게 웃으셨거나, 대학에 붙든지 미끄러지든지 상관없다고 하셨다면 이 일은 그저 그렇게 지나갔으리라.
　그런데 어머니는 내가 잠을 못 잤다는 말을 듣자 도리어 정신이 번쩍 나서 마오쩌둥이 이끈 중국 홍군이 대장정의 종착점인 산베이에 온 것처럼 신나 하셨다.
　"이제는 제정신이 드나 보구나."
　그전에 나는 책상 앞에 앉아 교과서를 보노라면 꼭 바늘방석에 앉은 것 같았다. 베개 밑에는 〈철선풍(鐵旋風, 중국공산당의 기병부대를 다룬 소설)〉을 눌러놓았고, 화장실에는 〈붉은 바위(紅巖, 1940년대 말 국민당 통치구역에서 공산당 지하당원들의 투쟁 내용을 다룬 소설)〉를 모셨나 하면, 밥을 먹을 때마저 한손에 숟가락을 쥐고 다른 손으로는 〈이자성(李自成, 명나라 말기 농민봉기를 다룬 역사대하소설)〉을 뒤적거렸다.
　어머니가 걱정하셨다.
　"소설 읽어서 대학 간 사람이 있다는 말은 들은 적이 없다."
　1년 후, 나는 다른 일곱 사람과 함께 고린내 풍기는 남학생 기숙사에서 소설 읽기 시합을 하면서 다시 어머니의 말씀을 떠올렸다. 사람이 소설만 읽어서는 확실히 대학에 갈 수 없지만 대학에 들어가기만 하면 소설만 읽어도 괜찮았다.
　교수님은 정색을 하며 필독서 목록을 나열하셨다. 〈시경(詩經)〉부터 시작해 중국의 고전작품들이 포함되었고, 눈에 익은 세계명작들도 섞여 있었다.

수업이 끝나기만 하면 과의 모든 학생들은 서로 뒤질세라 도서관으로 밀고 들어갔다. 사람마다 우선 소설 두 권씩을 찾아 쥐고 볼 판이었다. 나는 늦게 가다 보니 제목만으로 내용을 짐작할 수 있는 소설들은 다 사라졌고, 뭐가 뭔지 알 수 없는 책들만 몇 권 책장에 남아 있었다.

나는 〈포위된 성(圍城)〉이라는 책을 골라잡았다. 영화 '병림성하(兵臨城下)'를 본 적이 있는데 아마 이 책에 근거해 썼을 것이라고 짐작한 것이다. 숙소에 돌아와 뒤적거려보니 전혀 다른 것이었다. 그래서 나는 감상을 발표했다.

"챈중수〔錢鐘書〕라는 젊은이가 문필이 정말 대단하더라."

내 곁의 친구들은 외계인을 보듯이 눈이 휘둥그래져서 나를 쳐다보았다.

"너 챈중수도 몰라? 글쎄 〈포위된 성〉마저 본 적이 없니?"

친구들이 쯧쯧 혀를 차면서 얕보는 눈치를 보였다.

* '병림성하'는 1948년에 중국 인민해방군이 창춘〔長春〕시를 해방하는 전투영화이고, 〈포위된 성〉은 소설가이자 학자인 챈중수가 1940년대에 발표한 소설로 가짜 졸업장을 지닌 엉터리 유학생이 귀국하여 살아가는 이야기를 썼다. '혼인은 포위된 성과 같아서 성안의

사람들은 나오려고 하고, 성 밖의 사람들은 들어가려 한다'는 말이 가장 유명하다.

"그래 너희들은 뭘 보니?"
내 물음이었다. 그들은 표지를 들어 보였다. 발자크의 〈고리오영감〉, 로만 롤랑의 〈장 크리스토프〉, 무라사키 시키부의 〈겐지노 모노가다리〔源氏物語〕〉였다.
나는 하늘을 우러러 소리질렀다.
"사인방아, 내 청춘을 돌려다오!"
방 안의 사람들은 모두 킥킥 웃었다.
"우리도 사인방을 분쇄한 다음부터 본 거야."
그중 한 친구는 웃음을 거두더니 조금 엄숙한 표정을 지었다.
"아마 네가 너무 교과서만 갉아먹기를 좋아했나 보다."
이게 나를 말하는 거야?

더욱 큰 일은 내가 처음 불면을 겪은 후, 정확하게 말하면 어머니가 나더러 제정신이 들었다고 한 후에 일어났다. 어머니는 나에게 두 시간이나 공을 들여 불면증은 우리 집의 대물림 보배라고 가르쳐주셨다.
외할머니가 바로 잠이 별로 없는 분이셨다. 이웃집 아주머니가 놀러 오면 외할머니는 그 여자를 붙잡고 한바탕 이야기를 늘어놓았다. 아주머니가 졸려서 고개를 끄덕끄덕하면 눈이 나쁜 외할머니는 그가 자기 말에 찬성하는 줄로만 알았다고 한다.
외할머니는 잠을 자지 않다 보니 집안의 시계 구실을 하셔서 새벽 4시면 아버지를 깨워 연대본부로 돌아가게 했고, 5시면 누나를 깨워 농촌의 분교(分校)로 돌아가게 했고, 6시가 되면 나와 두 형님을 깨워 '베이징에서 옌안[延安]까지 장거리 달리기'(매일 달리는 거리를 합쳐 베이징-옌안 간의 거리에 이르면 베이징에서 중국공산당의 본부가 자리잡았던 산시성 옌안까지 달려갔다고 했다)에 참가하게 하셨다.

한마디로 말해, 날이 어두워지면 외할머니는 늘 지팡이를 짚고 눈에 빛을 뿜으면서 사방으로 마구 돌아다니셨다.

낮이 되면 외할머니는 또 딴 사람이 되셨다. 구들 위에서 이불더미에 기대어 소리 한번 내지 않으셨다. 피곤이 몰려오면 외할머니는 꼭 간밤의 이웃집 아주머니처럼 고개를 끄덕거렸다.

내가 학교에서 돌아와 외할머니 곁에 놓인 카스텔라를 연거푸 세 개나 집어먹었는데도 외할머니는 발견하지 못하셨다. 갑자기 미풍이 불어와 외할머니의 성긴 백발이 흩날리며 깊숙이 파인 주름살이 내 앞에 나타났다.

외할머니의 늙은 모습은 나의 취약한 신경을 건드렸다. 순간 엉엉 울음을 터뜨렸다. 외할머니는 당황해서 거친 손으로 나의 앞이마를 문질러주셨다.

"외할머니, 죽지 마세요…."

밤에 집으로 돌아오니 외할머니가 어머니를 시켜 수탉 한 마리를 사오게 하셨다. 외할머니가 어머니의 귀에 대고 속삭이셨단다.

"낮에 보니 넷째의 몸에 귀신이 붙었더라."

1989년 7월, 84세 나신 외할머니는 세상을 떠나셨다. 외삼촌은 외할머니가 전날 밤에 식사를 하고 나서 누우신 다음 다시는 깨어나지 못하셨다고 말했다. 한평생 잠을 자지 못한 노인이 세상을 하직하기 전에는 그래도 잘 주무신 셈이다. 고생하시지 않아서 다행이지, 외삼촌의 말이었다.

　노인이 계실 때는 잘 몰랐는데 노인이 저 세상으로 가신 다음에야 자애로운 노인이 계시면 얼마나 살림이 완벽한가를 알게 되었다.

　푸른 하늘에 구름 한 송이가 떠돈다. 흰 구름이 없다면 하늘은 그처럼 푸르러 보이지 않는다. 활짝 피어난 꽃 곁에 푸른 잎이 몇 개 있다. 푸른 잎이 없다면 꽃이 그처럼 산뜻해 보이지 않는 법이다.

　어머니는 당신의 불면증이 외할머니한테서 유전된 것이라고 말했다. 몇 번이었던가. 침대에 누워 잠못 이루고 뒤척거릴 때, 문 위의 창문으로 언제나 어머니 방에 환하게 켜진 불빛이 보였다. 형광등은 어지간히 노화되어 '웅웅' 소리가 약간 과장되게 울렸다. 어머니는 형광등 아래서 책과 신문과 잡지를 보셨다. 덕분에 어머니는 지식이 있는 사람이 되셨다. 지식의 보충은 불면의 대가로 바꿔온 것이다.

　불면증인 사람의 신문 보기도 볼 만한 풍경이다. 어머니는 늘 신문의 동전만한 광고의 내용도 줄줄 이야기할 수 있었고, 신문의 접은 자리에 숨겨진 민간처방도 남에게 추천하곤 하셨다.

　어머니 방의 불이 꺼지면 나의 세계도 어둠 속으로 빠져들어 갔다. 하지만 그렇다고 해서 내가 단꿈을 꾸기 시작하는 게 아니라 더 괴로운 피곤에 시달리기 일쑤였다.

　내가 방송사에 들어와 과학에 심취되기 시작할 무렵, 심리학에서 한 가지 원리를 명확하게 알게 되었다. 심리암시라는 것이다. 간단히 말하면, 사람마다 '당신에게 병이 있다' 고 하면 정말 병에 걸린다는 말이다.

　어머니가 이 이치를 아셨다면 가족의 불면 습관을 가볍게 넘겨버릴 수 있었을 텐데 반대로 내 앞에서 한 번, 또 한 번 중복하다 보니 나를 진짜 불면증 환자로 만들어버리셨다. 이것이 바로 암시의 위력이다.

때문에 나는 네 살 먹은 딸아이가 자지 않는 문제를 과학적인 대책으로 풀었다.

새벽 1시에 딸아이가 침대 난간을 쥐고 서서 먼 곳을 바라보며 종알거린다.

"아빠, 요구르트가 정말 좋아요."

나는 놀라지 않고 항상 가장 담담한 말투로 말한다.

"그래? 그럼 자렴. 내일 일어나서 먹자꾸나."

나는 어둠 속에서 아이를 감시한다. 아이는 우선 누웠다가 더없이 동경하는 태도로 보이지 않는 상상 속의 요구르트를 쪽 빨아먹고는 조용히 잠든다.

얼마나 좋은 방법인가. 이러저러한 수면제를 먹지 않아도 된다. 아무 것도 필요 없다.

나의 불면은 여러 면에서 내가 습관을 잘못 들여 그렇게 되었다. 나는 싫증도 내지 않고 만나는 사람마다 내가 불면증 환자라고 말했고, 남들도 천만 번 내가 불면증 환자라고 반복하다 보니 스스로 불면증 환자라는 개념은 확고한 신념이 되어, 이제는 자리에 눕자마자 잠이 든다면 나 추이융왠이 아니게 되었다.

그래서 옛친구들은 나를 만나면 첫인사가 항상 한결같다.

"그래, 요즘은 잠 좀 자나?"

불면증인 사람들은 겉으로도 나타난다. 얼굴에 수심이 가득하고 미간을 찌푸리기 일쑤다. 머리카락이 빠지고 정서의 기복이 심하다.

불면증인 사람들은 속이 좁고 접촉하기 힘들다. 때때로 이중인격을 나타내 남들 앞에서는 봄바람이 불어오듯 화기애애하지만 혼자 남으면

우울에 잠긴다.

　불면증인 사람들은 사회에서 관심을 끌기를 갈망하는 약소 집단에 속하기 때문에 공통적인 특징이, 자신을 높은 데로 끌어다 붙여 심리적 평형을 꾀한다는 점이다. 많은 위인들이 잠을 자지 못했다는 따위의 논리 말이다.

　실은 위인도 잠이 오지 않으면 괴로워했다. 마오[毛] 주석은 남이 자신의 잠을 설쳐놓으면 천둥같이 화를 냈다. 그럴 때면 늠름한 풍채가

불면증 | 163

완전히 사라졌다고 한다.

불면증인 사람들은 무슨 영문인지 똑같은 거짓말을 하기 좋아한다. 즉 잠이 오지 않을 때엔 머릿속에서 아무런 생각도 하지 않았다거나 마음속으로 아무것도 생각하지 않았다는 말 따위 말이다.

사실은 잠이 오지 않을 때면 머릿속이 갖가지 생각으로 꽉 찬다. 머릿속에 생각하는 일이 너무 많아 잠을 제대로 자지 못하는 것이다. 문제는, 별일이 아닌데도 잠이 오지 않다 보니 일을 크게 부풀리는 데 있다.

수요일 아침마다 주례회의를 하는데 늦게 일어나면 지각을 한다. 화요일 밤에 이 일을 염두에 두기만 하면 잠이 잘 오지 않는다.

낮이 되면 생각이 달라진다. 별거 아니잖아, 이 어르신이 주례회의에 참석하지 않는다고 해서 무엇이 변한다더냐? 이렇게 생각하면 속이 확 풀리지만 그렇다고 해서 다음주 화요일에 잠이 잘 오는 건 아니다.

어느 날 낮에 사장을 만났는데, 사장이 말을 건네왔다.

"이런 일이 있는데 자네한테 물어봐야겠네…."

바로 이때 누군가가 사장을 불렀다. 머리카락이 빨갛고 눈동자는 파란 외국 대표단이 먼발치에서 걸어왔다. 사장은 다음에 다시 보자고 하면서 넥타이를 바로잡더니 외국인들 쪽으로 마중을 갔다.

밤이 되니 내 머릿속에는 문제가 백 개나 생겨났다. 사장이 나하고 무슨 이야기를 하려는 것이었을까? 사업 이야기일까? 생활 이야기일까? 무슨 말이 사장 귀에 들어갔을까? 무슨 일이 사장한테 발각된 걸까? 최근에 사내에서 인사이동을 할 때 사장이 나보고 광고부 주임노릇을 하라고 하면 할까, 하지 말까? 한다면 장부도 계산할 줄 모르고, 하지 않는다면 이런 기회는 한번 놓치면 다시는 돌아오지 않는데….

까짓거, 우선 잠이나 잘 자고 보자고 마음먹는다. 나중에 이렇게 생각하고서야 잠자는 프로그램이 시동된다. 오늘은 어떤 방법을 쓸까? 양을 세기로 하지. 양 한 마리, 양 두 마리, 양 세 마리… 만 마리까지 세노라면 잠이 올 거야. 549, 550… 8006, 8007… 9991, 9992, 참, 사장이 대체 나하고 무엇을 이야기하려 하는 거야?

불면증인 사람들은 약을 먹는 것 외에 저마다 민간처방을 한 가지쯤 알고 있다. 양 셈 세기, 연꽃 상상하기, 심호흡, 숨을 들이쉬고 참기, 귀 만지기, 세로로 쓰인 책읽기 따위. 약을 먹어도 잠이 오지 않을 때는 이런 비방은 하나도 소용이 없다.

언젠가 프로에서 동료인 바이앤숭[白巖松]이 말을 하던 차에, 그와 내가 둘다 불면증이라고 했더니 수많은 사람들이 비방을 보내주었다. 고마운 사람들이다.

허난성 출신의 어떤 이는 자기가 어릴 때 잠을 자지 못하자 할머니가 산에 가서 푸른색 풀을 캐다가 먹였다고 했다. 그걸 먹었더니 쿨쿨 잠을 잘 수 있었다면서, 풀 이름은 생각나지 않지만 필요하다면 나를 데리고 고향에 가서 그 풀을 캘 의사가 있다고 했다.

란저우[蘭州]의 한 귀여운 소녀는, 자기가 언젠가 잠을 제대로 자지 못하자 어머니가 사과 한 개와 젤리 다섯 개를 냉장고 안에 넣었다가 자기 전에 꺼내 먹였다고 했다. 그 날 밤 각별히 달콤하게 잠이 들었다나.

어떤 신의(神醫)들은 각설하고 마른풀을 한 묶음씩 묶어 보따리에 넣어서 나에게 보내주었다. 그리고 남에게 부탁하여 전하는 말씀, 다 먹으면 또 부치겠소.

이처럼 생면부지의 많은 사람들이 나에게 관심을 쏟아준 덕분에 나는 가슴이 설레었다. 그 바람에 밤에 더욱 잠이 오지 않았다.

옌볜의 조선족 친구 김호(金虎)가 내 불면증을 고칠 수 있다고 하여 신이 나서 달려갔더니 다 올가미였다. 그는 나에게 72시간의 스케줄을 잡아 아예 잠잘 시간을 넣지 않았던 것이다. 그래서 나는 그에게 설명해주었다.

"잠을 자지 못한다는 것은 졸리지 않다는 뜻이 아니야. 불면증이란 동서를 가릴 수 없을 지경으로 졸리는데도 잠이 오지 않는 경우를 말하는 거야."

내가 이전에 일하던 직장의 당사무실 주임은 만년 불면증이었는데, 심할 때는 사흘 낮 사흘 밤을 잠을 자지 못했다. 내가 주임을 만났을 때 그는 눈에 핏발이 가득해가지고 말했다.

"이거 아주 미칠 지경이야."

잠이 잘 오지 않는다 해서 영원히 자지 않는 건 아니다. 그렇지 않으면 이 세상에 졸려서 죽은 사람들이 수두룩하게 될 것이다. 여기에서 불면증이라는 뜻은 잠을 자야 할 때 잠이 오지 않고, 잠을 자서는 안 되는 순간에 즉흥적으로 잠들어버리는 현상을 말한다.

나는 머리를 깎을 때 특히 졸린다. 잠이 오지 않을 때 누가 내 머리를 깎아준다면 어느샌가 꿈나라로 들어간다. 음악 홀에 가서 실내악을 들을 때도 유별나게 졸린다.

이렇게 말하면 곧이듣지 않는 사람도 있을 테지만, 나는 옛날에 음악학원 입학시험을 치렀던 사람인데도 멜로디가 울리기만 하면 눈꺼풀이 싸우기 시작한다.

졸려 죽겠는데도 잠이 오지 않을 때면 정말 교향악 입장권을 사 가지고 가서 한잠 잘 자보아야겠다는 생각도 가끔 든다. 그런데 생각을 돌려보면 그렇게 해서 망신 당하기는 싫다. 그러니 계속 졸리면서도 잠을 못 이룰 수밖에.

나는 차를 탈 때 한결 멋지게 졸음이 온다. 아무리 낡은 차이고, 아무리 바쁜 길이라도 내가 몸을 잔뜩 구부리고 꿈나라에 들어가는 것을 막지 못한다.

어느 해인가 실크로드에 가서 취재를 했는데, 길에서 하도 달콤하게 잤더니 동행한 푸청리(傅成勵)가 투덜거렸다.

"이 녀석은 자기가 불면증이라더니 이젠 그걸 누가 믿겠냐?"

몇 시간 덜컹거리고 나서 만리장성의 서쪽 끝인 자위관(嘉峪關)의 고급 호텔에 다다랐다. 내게는 소중하기 이를 데 없는 보기 드문 수면을 계속하기 위해 칫솔질도 하지 않고, 발도 씻지 않은 채 이불 속으로 들어가 누웠다. '시몬스' 침대가 정말 편안하구나, 기지개를 쭉 펴자마자 잠 기운이 깨끗이 사라져버렸다.

푸청리는 방안에 들어서자 내가 이전에 불면증이라고 떠든 건 다 무단결근의 구실에 불과했다고 떠들어댔다. 억울한 마음을 어디다 털어놓으면 좋을지 몰라 헤매던 나는 잘됐다 싶어 그를 붙잡아 앉히고 하룻밤 꼬박 라디오 개혁 문제를 토론했다.

이튿날 덜컹거리는 자동차 위에는 푸씨 성을 가진 잠꾸러기가 하나 늘어났다. 신문사 사람들이 눈길을 보내오는 것이었다. 그 이유인즉, 방송사 사람들은 밤 새워가면서 마작을 하는 데 이골이 났다니까, 하는 것이었다.

내가 잠을 괜찮게 잔 코스는 이 밖에도 윈난성의 쓰마오(思茅)부터 시쌍판나까지, 샤오제(小街)부터 따뤄(打洛)까지, 신장의 카스(喀什)부터 예청(葉城)까지, 107번 국도의 베이징부터 선전까지 그리고 헤이룽

장성 대싱안링의 모허부터 아무르(阿木爾)까지였다.

내가 차에서 잘 잔다는 말을 듣고 농담을 하는 사람도 있었다.

"린뺘오(그는 전쟁 때 입은 상처 때문에 불면증에 시달렸는데 지프를 타기만 하면 단잠이 들었다는 이야기가 있다) 부주석과 마찬가지로 구먼, 부귀병이야."

후에 나는 '베이징 212' 지프 뒷좌석에서 린뺘오와 나란히 앉아 자는 꿈을 꾸었다. 차가 덜컹거릴 때마다 우리의 몸은 공중에서 부딪히곤 했다. 그러자 린뺘오는 벌컥 화를 냈다. 고급 간부의 위풍을 부려 나보고 썩 꺼지라고 호통치는 것이었다.

나도 며칠 동안 잠을 제대로 자지 못했던 터라 어지간히 화가 뻗쳤다. 그래서 손을 허리에 얹고, 질세라 맞받아 소리를 질렀다.

"얌전하게 가만히 있어. 네가 대단한 게 뭐야? 나쁜 짓을 맘대로 하다 보면 멸망을 자초하는 법이거든. 종이로는 불을 쌀 수 없잖아? 사막에 떨어져 죽은 주제에…."

마지막 한마디에 린뺘오는 민감한 신경이 자극 받았던지 권총을 쑥 뽑아들었다. 나는 잠시라도 지체할세라 바삐 깨어났다.

흐릿한 밤하늘을 쳐다보면서 나는 울지도 웃지도 못했다. 간신히 잠들었는데 그만 잠자는 꿈 때문에 깨어나다니. 창문 밖을 바라보니 달은 밝고 별은 적은데 기나긴 밤은 언제나 새려나?

그런데 참, 어디 한번 말씀해보시지요. 사장이 나한테 무슨 일을 이야기하려고 할까요?

우리 프로 제작진.
첫 줄은 지위가 제일 높은 기획자,
(왼쪽부터) 쉔민둥(宣明棟), 하이샤오(海嘯), 충펑(叢鵬),
둘째 줄은 우르한, 챈윈메이(錢韻梅), 딩거(丁戈),
쟈러쑹(賈樂松), 장후디(張虎迪), 자오시왠(趙西苑),
셋째 줄은 리찡(李靜), 자오이궁(趙一工) 그리고 나,
우리가 마지막 줄에 앉은 이유는
앞 줄의 사람들을 관리하는 입장이기 때문.

문화 전달

어제 풀을 벨 때는 낫이 잘 들었는데
오늘은 어이하여 베어지지 않는가
재주 좋은 대장장이 모셔다가
세 번 두드리세요, 세 번 두드리세요.

- 티베트 나취(那曲) 민요

'진실한 말 솔직하게' 프로의 창시자는 세 사람이었다. 스잰, 챠오앤린(喬艶琳)과 관슈우링(關秀玲). 관슈우링은 우스운 이야기를 한 번도 제대로 해보지 못한 사람이다. 웃기는 대목에 가서 자기가 먼저 깔깔대다 보니 그럴 수밖에 없다. 챠오앤린도 관슈우링과 맞먹을 정도로 무척 웃기를 좋아해 누굴 보나 다 우스운지 온종일 생글거렸다.

아이디어가 생겼으니 협조자를 찾아야 했다. 그들은 뜻이 일치해서 베이징문화권의 학자들에게 눈길을 돌렸다. 이렇게 해서 앞뒤로 기획에 가담한 이들은 양둥핑, 정예푸(鄭也夫), 저우샤오정(周曉正), 루잰화(陸建華), 쾅양(鄺陽) 그리고 베테랑 기자 황아이허(黃艾禾)와 량핑(梁平)이었다.

세 창시자가 고수(高手)한테서 묘수를 빌어온다는 생각은 훗날 프로 발전에 튼튼한 토대를 마련해주었다.

얼떨떨한 상태에서 이 프로에 들어올 때 나도 기획자인 줄 알았다. 그전에 나는 스잰의 많은 프로를 공들여 기획했다. 장쑤성 쉬저우〔徐州〕의 운하 석탄부두, 톈진시 허핑〔和平〕구의 공무원 선거, 산시성 다퉁〔大同〕의 부대탄광 등.

그중에서도 괜찮은 것은 '동방시공' 100회 기념 특별 프로였다. 나는 다큐멘터리라는 특수한 방식을 골랐다. 초원의 영화상영원과 100세 노인을 찍기로 하고, 예술감이 극히 강한 서두를 찍어야 한다고 특별히 제의했다.

나는 스잰에게 이렇게 주문했다.

"손 하나가 화면에 들어와 지휘봉을 든다. 렌즈를 천천히 뒤로 당기면 100인의 악대가 모래톱에 정렬한 것이 드러난다. 지휘봉이 움직이기 시작하면 아름다운 '동방신곡〔晨曲〕' 멜로디가 악사들의 손끝에서 유유히 흘러나온다. 음악이 클라이맥스에 이르렀을 때 붉은 해가 바다에서 불쑥 솟아오르며 방대한 악대의 시와 같은 윤곽을 그려낸다. 순간 음악이 딱 멎고, 바다는 잔 파도를 몰아쳐 바위를 찰싹찰싹 때린다."

내 말이 끝나자 스잰은 담배를 비벼 꺼버리고 옛 소련 영화에 나오는 제를린스키처럼 방안을 이리저리 뚜벅뚜벅 거닐며 중얼거렸다. 드디어 그가 멈춰 서서야 나는 그 동안 그가 비용을 따져보았다는 것을 알아차렸다. 그는 명랑한 목소리로 외쳤다.

"해볼 만해!"

우리는 라디오 교향악단의 80명을 거느리고 악기까지 합쳐 차 3대에 꽉 끼어 싣고 허베이성에 있는 유명한 휴양지 베이다이허(北戴河) 바닷가로 진군했다.

바닷가에 이르자 나와 스쟨은 즉시 차를 타고 지형을 살펴보았다. 우리는 금방 커다랗고 평평한 모래톱을 골라냈다. 끝없이 펼쳐진 바다와 모래톱이 이어진 곳, 정말 멋졌다.

나는 중국공산당의 항일부대 팔로군이 매복하고 왜놈들이 올가미에 걸려들기만 기다리는 쾌감을 맛보았다.

이튿날 새벽 4시, 대부대가 허덕거리며 목적지에 이르렀다. 나는 눈앞의 정경에 입을 딱 벌리고 말았다. 그 넓고 평탄한 모래톱이 요술에나 걸린 듯 온데간데없어지고 바닷물이 하늘과 맞붙어버렸다. 우리는 어리둥절해졌다. 지점을 잘못 찾은 걸까?

"어부를 찾아 물어봅시다."

어부의 대답은 간단했다.

"밀물이 올라왔수다."

바닷물은 아침저녁으로 밀물이 들어왔다가 썰물이 나간다던가.

얼굴이 시퍼렇게 질린 스쟨은 자기도 절반은 책임을 져야 한다는 걸 알기에 화도 내지 못했다. 그는 담배 두 대를 뻑뻑 태우고 나서 꽁초를 획 내던지고 두터운 손을 휙 저었다.

"돌아갑시다. 내일 다시 촬영."

바로 이때 우리가 타고 온 차가 모래톱에 깊숙이 빠졌다.

저녁 무렵까지 우리는 차를 밀어내느라고 낑낑거리다가 그 지방 당국까지 놀라게 하고 말았다.

그 정경에 너무 큰 자극을 받아 나는 훗날 꿈속에서 그 장면을 여러 번 다시 보게 되었다. 하지만 꿈에서 나는 차를 미는 무리에 끼지 않았다. 망원경을 목에 걸고 팔로군 모자를 쓴 채 한손으로 허리를 짚고 다른 손을 휙 내리치며 명령했다.

"호되게 때려!"

포화는 왜놈들을 차와 함께 박살냈다.

현실을 이야기하자면 그 후 사흘 동안 내내 베이다이허에는 비가 내렸다. 큰비도 아니고 보슬비도 아니라 그저 아침해와 저녁해를 보지 못할 정도였다. 악대에 프로 제작진까지 합쳐 1백여 명이 먹고 마시고 자야 하니 경제적 손실이 얼마였던지 짐작할 만하다.

닷새째 되는 날 날씨가 개어 이튿날 해돋이를 볼 수 있는지 알아봤더니 기상대의 대답이 기막혔다.

"내일에나 알 수 있어요."

마음속에 아로새겨진 일 가운데 비와 관계되는 일이 또 하나 있다. 2000년 9월 5일, 우리는 장쑤성 양저우〔揚州〕 시로 달려가 암환자 루유우칭〔陸幼靑〕 씨와 화요일에 만나기로 했다. 양저우에 이르러 푸른 풀밭을 하나 골랐는데 실외촬영이어서 이튿날의 날씨가 근심스러웠다. 기상대의 전문가는 자기 말에 책임진다며 우리한테 알려줬다.

"내일 오후 한 시간 정도 날씨가 개겠습니다."

아침에 일어나니 비가 주룩주룩 내렸다. 루 선생은 병세가 불온하여 시종 혼곤히 잠들어 있었다. 기획 담당 하이샤오와 후디는 줄곧 루 선생의 방에서 기다리면서 가끔 복도로 달려나와 상황을 통보해주곤 했다. 38세 된 생명은 몸에 축적된 에너지를 총동원하여 병마와 싸우고 있었다. 하늘도 이 비장한 싸움에 눈물을 흩뿌리는 모양이었다.

비는 그칠 줄 모르고 내리면서 우리의 불안한 마음을 자극했다. 우리는 촬영을 포기할 각오를 했다. '사람이 우선이고 프로는 다음이다.' 이것은 그 동안 우리가 지켜온 원칙이었다.

오후 4시, 휴대폰에서 하이샤오의 약간 떨리는 소리가 울려나왔다. 루 선생이 깨어났다는 것이었다. 루 선생은 과일 주스를 조금 마시고 담배를 한 대 피웠다. 정신이 좋아 보였다.

루 선생은 곧장 푸른 잔디 위로 걸어갔다. 바로 이때 그 한 시간 정도의 햇빛이 약속대로 나타났다. 빗물은 푸른 풀과 우리의 머리를 깨끗하게 씻어주었다.

우리는 50분만 촬영을 하고 나머지 10분은 루 선생과 그 가족이 함께 푸른 하늘, 푸른 나무 아래서 음악을 감상하도록 했다. 잔디 위의 대화는 즐겁게 계속되었다.

다시 베이다이허로 돌아와보자.

스잰은 당장 단호한 결심을 내렸다.

"좆같은 내일 해가 나오든지 말든지 일출을 찍지 않고 일몰을 찍는다."

부득이한 선택이었다.

'동방신곡' 이 석양 속에서 울려 퍼질 때 내 마음속에는 깨달은 바가 있었다. TV 방송인들은 자연에 보다 가깝게 접근할 때가 있고, 자기 살에 닿는 자연의 사랑을 느끼게 된다. TV의 힘이라기보다 TV 방송인들의 복이라고 해야겠다.

이튿날 새벽에 대부대는 귀로에 올랐다. 금빛 찬란한 해가 우리 머리 위에서 차창을 따라 앞으로 움직였다. 장난기 심한 어린아이 같았다. 나는 눈을 가늘게 뜨고 등받이에 머리를 기댔다. 기진맥진한 엿새는 돌이켜보기가 끔찍했다.

스잰이 별안간 다가와 말했다.
"나 지금 무슨 생각 하는지 알아?"
"무슨 생각?"
"빌어먹을, 다시는 네 말을 듣지 않겠다."

스잰은 다시는 사람을 괴롭히고 돈을 낭비하는 빌어먹을 짓을 하지 않겠다고 말했다. 이것은 모든 TV 방송인들의 계율이어야 한다.
날마다 얼마나 많은 저질 프로가 스크린을 채우는가. 실업자들은 틀림없이 이렇게 말할 것이다.
"그런 돈을 희망공정(希望工程, 학교에 가지 못하는 아이들을 돕는 프로젝트)에나 쓰면 좀 좋아."
중앙TV의 전임 부국장 첸한왠(陳漢元)은 한마디로 정곡을 찔렀다.
"저질 드라마 제작은 부패와 마찬가지다."

어느 날 나는 스잰, 챠오앤린과 관슈우링이 왜 문화인들을 TV권에 끌어들였고, 문화인들이 왜 TV권에 들어오면 망연해하는지 드디어 깨달았다.
솔직하게 말해 처음에 나는 시답지 않게 여겼다. 내가 두터운 책은 별로 읽지 못했어도 얇은 소책자야 1천 권쯤 읽었으니 대학자는 아니더라도 소인텔리 자격은 그럭저럭 갖췄다.
우리는 사실 인생길이 달랐다고 해야겠다. 사회학자는 '죄수의 곤경'(떨어져 감금된 두 공범자가 일제히 죄를 부인하면 처벌이 가벼워지지만 둘 중 한쪽이 시인하고 다른 한쪽이 부인하면 시인한 자는 죄가 감면되지만 부인한 자는 죄가 가중되는 원칙 때문에 둘 다 곤란해지는 현상)과 페비우스(옛 로마의 장군, 한니발의 군대에 정면으로 맞서 싸우지 않고 우회전술을 썼다)의 정신을 이해하지만 촬영기를 밀고 당기고 흔드는 따위를 물어보면 어리둥절해진다.

때문에 문화인과 TV 방송인은 차이가 크지 않다. 기껏해야 서로 힘을 보충해준다고 해야겠다.

5년 후에야 나는 문화인들에게 촬영 기술을 가르치는 것은 쉬워도 TV 방송인들에게 페비우스 정신을 이해하고 실행하게 하는 것은 하늘의 별 따기임을 진정으로 알게 되었다.

우리가 만나본 진짜 인텔리가 적어 인텔리라는 용어에 대해 견해를 달리하는지도 모르겠다.

우선 인텔리란, 책을 읽은 양에 따라 따지는 것이 아니다. 책을 1만 권 독파한 사람은 얼마든지 있다. 그러나 그들을 모두 인텔리라고 할 수는 없다. 인텔리는 눈으로가 아니라 마음으로 책을 읽는 그런 사람들, 참된 지식이 골수에 배어 들어간 인간들이다.

때문에 진짜 인텔리는 꿋꿋한 기질이 있어 권력층에 빌붙지 않는다. 그리하여 그들 중 절대 다수는 개성이 남달라 학이 닭 무리에 끼듯 사람들 무리에 섞이지 못한다.

지식이 난류(暖流)처럼 우리 몸을 휩싸고 돌 때 유기체의 잠재적 능력이 발동한다. 경지가 높으면 품격이 자연히 고상해지고 흉금이 넓어지며 사람됨이나 업무에 격조가 갖춰진다.

진짜 인텔리를 만나보면 우리와 마찬가지로 차를 마시고 담배를 피우는 속된 일을 하면서도 그들의 일거수일투족에서 남다른 인격적 매력을 느끼게 되는 것은 바로 이런 이유 때문이다.

그렇다고 인텔리 때문에 걱정할 필요는 없다. 그들의 감각은 흔히 정신 수준이 고정된 상태에서 이루어지기에 그 자세가 오래 유지된다.

어릴 때 나는 전투영웅 황지광〔黃繼光〕이 몸으로 화구를 막고 희생되는 이야기를 읽고 눈물을 줄줄 흘렸으나 어머니는 전혀 근심하지 않았다. 내가 문을 나서기만 하면 전과 다름없이 남의 굴뚝이나 막는다는 걸 잘 아는 터였으니까.

정신이 확정되지 않으면 행위를 종잡을 수 없다. 때문에 인텔리들은 거의 자기에게 너무 높은 요구를 한다. 무거운 짐을 걸머져야 괜히 우쭐거리며 쏘다닐 수 없기 때문이다.

린위탕〔林語堂〕 선생은 자기에게 네 가지 요구를 제기했다. 행위는 공자, 맹자처럼 근엄하고 사상은 노자, 장자처럼 자유로우며 문장은 유머러스하더라도 일은 진지하게 해야 한다.

사실 이 네 가지 일 가운데 한 가지만 제대로 하더라도 인텔리 노릇을 제대로 해본 셈이다.

그런데 도를 맞추는 게 제일 어렵다. 앞의 세 가지는 훈련을 통해 엇비슷하게 꾸며내더라도 마지막 한 가지는 절대로 가장할 수 없다. 인텔리의 자부심과 자비심은 항상 도를 적당히 맞춰 교만해야 할 때에는 절대로 겸손한 척하지 않고, 자비심이 들 때면 한숨을 푹 내쉬는데 그렇게 자연스러울 수가 없다.

고양이는 나무에 오를 줄 알아도 호랑이는 그런 재주가 없는 것과 마찬가지다.

처음에 정예푸, 저우샤오정, 쾅양 같은 이들을 만났을 때 나는 그들을 속속들이 들여다보지 못했다.

쩌렁쩌렁한 목소리로 내가 다 알아들을 만한 서민적인 말을 했고, 예푸는 나와 장기를 겨루었는데 질 때가 많았다.

우연히 그들이 학술토론을 벌이는 걸 들어보았더니 대화에 끼여들 수는 없어도 자신이 천박하다는 느낌은 그리 들지 않았다. 그분들과 같은 학위가 없으면 그런 일에 신경 쓰지 말지, 뭐.

'진실한 말 솔직하게'의 어느 프로 제목을 나와 챠오앤린은 '아동게임'이라고 이름지었다. 게임으로는 쇠고리, 유리알, 딱지, 고무총, 닭털제기, 종이 비행기 등이었다. 내가 이 프로가 재미있다고, 한 번씩 죽 놀면 된다고 하니 샤오챠오는 의미도 있다고 했다.

"게임을 하면 건강에 이롭지요. 지금 전인민 건강운동을 제창하잖아요?"

제목을 예푸에게 알려주자 그도 마음에 들어했다. 그래서 그가 이 프로의 기획을 담당하기로 했는데 그는 나한테 책을 한 권 던져주었다. 그가 쓴 책이었다. 다 읽어본 다음 다시 이야기해보기로 했다.

잘 아는 사람의 책을 읽으면 그의 말을 바로 옆에서 듣는 듯하다. 예푸는 이렇게 '아동게임'을 이야기했다.

게임은 몸을 단련하고 지능을 계발하며 교제를 촉진시키고 즐거움을 안겨주는 기능이 있다. 게임은 어린이들이 사회생활을 모방하는 계몽 스승이다. 가장 간단한 게임에도 룰이 있기에 어린이들은 게임에서 우선 룰을 지켜야 한다는 것을 배우게 되며, 배역을 담당하고 직책을 이행하는 것을 배운다.

어린이들은 게임에서 최초의 집단의식이 생겨나고 합작과 교환, 권리와 의무를 알게 되며 경쟁 속에서 승리와 좌절을 처음으로 맛보게 된다. 게임은 어린이의 활동성과 성취감을 자극한다.

사람들은 룰에 적응해야 하는데 강대해진 다음에야 룰을 고칠 수 있다. 어린이는 동년배 친구들과 놀고, 다투고, 내기를 하고, 사귀고, 부딪히며 심지어 짓궂은 장난을 해가면서 단련해야 한다. 건전한 인간은 이성적인 지식만을 필요로 하는 게 아니라 인격적으로 발육하고 감정이 성숙되어야 하는 바, 후자는 '게임경쟁'에서만 얻을 수 있다.

공자는 '종일 배불리 먹고 마음을 쓰지 않으면 어렵도다. 내기를 하지 않을소냐' 라고 했다. 게임은 일과 다르다. 일은 결과와 수확을 추구하지만 게임은 그 과정의 즐거움만 바란다.

게임을 준비할 때 개인의 역할이 아주 작은 경우가 있다. 부모는 자식에게 피아노를 사줄 수 있지만 자식에게 운동장과 친구 열 사람, 그리고 적수 열 사람을 보태주기는 정말 어렵다.

영국의 사상가 실러는 인간이 충분히 인간이 되었을 때에만 게임을 하게 되고 인간은 게임을 할 때만이 완전히 인간이 된다고 말했다. 미국의 정신분석학자 에릭슨은 자유가 어디에서 멈춰서거나 제한 받으면 게임도 거기에서 종결된다고 지적했다. 또한 헤인카는 문화는 게임의 방식으로 생겨났고 문화는 처음부터 게임이었다고 인정했다.

맙소사, 나는 머리가 지끈지끈해졌다. 이게 그래, 내가 말한 고무총 같은 장난이란 말이야? 그러나 내일 그와 면담해야 한다는 걸 생각하니 건너뛰면서 보고 싶은 욕망을 억누르고 억지로 읽어 내려갈 수밖에 없었다.

예푸는 마르쿠스 웹의 표현을 빌려 '공리(功利) 인생', '게임 인생', '구도(求道)인생' 이 세 가지 인생을 이상형이라고 했다.

허 참, 또 새로운 사람들이 나타났구면.

20세기 중국의 최고 문학가 루쉰[魯迅] 선생이 하신 말씀은 귀에 거슬기지만 선지자(先知者)의 지혜가 돋보인다.

"어른들은 아편과 마작과 첩이 있으니 놀잇감이 충분하지만 어린이들에게는 아무런 장난감도 없다."

공리를 따지지 않고 효율과 이익을 추구하지 않는 것이 게임의 본질이다. 그런데 우리 어른들, 공리에 젖은 인간들은 공리의 목표를 아이들의 게임에 밀어넣으니 아이들은 놀거나 놀지 않는 자유를 잃었다. 게임이 일이 되고 공부가 되었으니 고역이 아닐 수 없다.

피아노를 박살내라. 그것이 유리알 놀이보다 고상하다고 할 수 없다. 어른들이 아이들의 게임 천지를 짓밟는 것을 금지하라.

게임은 어린이들의 몸과 마음이 발육하는 요람일 뿐만 아니라 전체 인류문화가 자라나는 기름진 땅이다.

철학자 마틴 헤드겔은 이렇게 지적했다.

"어린이는 왜 게임을 하는가? 어린이들이 게임을 하는 것은 바로 그들이 놀기 때문이다. '무엇 때문에'는 게임 속에서 사라져버린다. 게임에는 '왜'가 없다. 어린이들은 게임 속에서 노는 것이다."

이제는 알 만하리라고 생각한다. 민간에서 '생억지'라는 사람들을 학술계에서는 철학가라고 일컫는다.

심야에 예푸의 저작을 다 보고 나서 나는 책을 덮고 생각에 잠겼다. 우리 프로마다 이처럼 무거운 지식의 부담을 안겨주면 분명히 인명사고가 나고 말 거야.

그런데 내 딴에는 이해했다 여기더라도 그들이 만족하지 않을 수도 있다. 과연 이튿날 내가 독후감을 이야기하자 예푸는 담담하게 말했다.

"괜찮아. 입문한 셈이야. 그렇지만 자넨 베이징 사범대학에 가서 쌍교수를 찾아뵈어야 해. 그분은 계통적으로 아동 게임을 연구하거든."

만사는 시작이 어렵다고 한다. 그런데 만사는 시작한 후 더욱 어려워진다.

무지할 때 우리는 겁나는 게 없었다.

지식에 물들면 우리는 다시 인간으로 태어나는 즐거움을 맛보게 된다.

지식을 숭상한 후부터 우리는 어깨를 툭툭 털고 지식을 한 묶음 걸머졌다. 그 지식을 프로에 집어넣어 배경으로 삼으니 여전히 사소한 일들을 다루지만 문화적으로 말해 품위가 높아 보였다.

프로 하나를 골라 상세한 내용을 보기로 하자. 얼룩 반점 하나를 보면 표범의 모양을 알 수 있다.

'마을의 이야기.'

기획 담당은 쉔밍둥, 자오이궁. 방송 날짜는 1998년 7월 26일.

프로의 초대손님은 네 분이었다. 학자 량쯔핑[梁治平], 여러 학과의 상호관계 연구에 조예가 깊은 분이었다. 작가 첸왠빈[陳源斌], 그의 소설 〈만가소송(萬家訴訟)〉은 사람들의 관심사가 되었고 장이머우[張藝謀] 감독이 영화 '츄우쥐의 송사'로 만들어 더욱 인기를 끌었다.

그 문장의 정교하고 세련된 맛을 음미해보자.

날이 훤해졌다. 허비츄우[何碧秋]는 삽을 들고 밀밭에 날라 온 개바닥 흙을 쿡쿡 내리찍었다. 밭의 습기가 알맞게 되었다. 남편이 얻어맞았다는 소식을 듣고 그녀는 대충 정리하고 집에 돌아가 상처를 살펴본 다음 돌아서서 촌장에게 찾아갔다.

이런 장면들을 드라마로 찍으면 적어도 3회 분량도 넘을 테지만 첸

원숭이와 사진을 : '사진 다 찍었으면 어서 가.'

왠빈의 붓끝에서는 단 몇 줄에 불과했다.

문필이 세련된 사람은 말도 그처럼 간결할 수 있어 대담 프로에 어울리지 않을 수도 있다. 다행히 첸왠빈이 한동안 향장(鄕長) 노릇을 한 적이 있어 이 화제에는 할 말이 있었다.

이 밖에 허베이성의 장즈성[張志生]과 허난성의 자오라이파[趙來法], 두 사람 다 마을의 사법조리원(司法助理員)이었다.

프로는 장즈성의 이야기로부터 시작되었다.

장즈성이 살고 있는 마을의 어느 집에서 새 집을 지었는데, 뒷창문을 만들었더니 그 뒷집에서 반대를 했다. 이유인즉, 뒷창문을 열면 악기(惡氣)가 날아온다고. 중화인민공화국 헌법에는 공민이 집을 지을 때 뒷창문을 열 권리가 있다고 규정되어 있다.

장즈성은 민간의 지혜를 발휘해 시골사람들에게 먹혀들 만한 방법을 연구했다. 그는 앞집 사람을 보고 용감하게 뒷창문 위치를 남겨놓고 벽돌로 막아두라고 권했다. 감히 열지 못하는 게 아니라 열고 싶지 않아서 그렇게 한다는 것을 과시하는 것이다.

그는 또 뒷집 사람을 보고는 닭을 잡아 피를 뿌려서 악기를 막으라고 권했다. 그리하여 일촉즉발이던 싸움이 잠시 마무리되고 두 집에서는 별 탈 없이 각자의 살림을 했다.

1년이 지나 뒷집에서 새집을 지었는데 뒷창문을 열었다. 마침 그 창문 뒤에는 새로 닦은 고속도로가 지나가고 있어서 악기는 차들에 실려 나라의 사면팔방으로 흩어져갔다.

이때 장즈성이 말했다.

"당신네가 뒷창문을 만들었으니 앞집의 뒷창문도 열어야 하오. 악기에 통로가 생겼으니 더는 두 집의 사람들을 해칠 수 없지 않은가. 당신네만 창문을 열고 남이 창문을 열지 못하게 해서야 안 되지."
　이리하여 앞집에는 드디어 뒷창문이 생겼다.
　자오라이파가 당한 일은 한 마디로 이야기할 수 있었다.
　남편이 아내를 때린 것이다. 이치대로 하자면 법에 따라 처리하라고 권해야 했다. 아내가 남편을 고발하면 법에 의해 남편을 처벌하게 되지만 집에 어린 자식이 있으니 그렇게 하면 가정이 깨지고 만다.
　자오라이파는 부녀연합회와 공안국, 검찰국, 법원을 부르지 않고 노인들을 모셔다가 남편을 단단히 훈계하고 여자를 위로해주었다. 나중에 남편이 아내에게 사과하고 아내는 음식을 한 상 차려 사람들을 대접했다. 만사대길이었다.
　여기까지 이야기하고 나서 량 선생과 첸 선생 두 전문가가 나서게 되었다. 이론 분석은 언제든지 필요한 법이니까.
　법률도 분류해야 하는 모양이었다. 예를 들어 공법(公法)과 사법(私法), 공법은 나라의 안정을 유지하고 사법은 개인의 이익을 지켜준다.
　18세기 프랑스의 계몽사상가이자 법학자인 몽테스키외는 '지리설'을 내놓은 적이 있다. 말하자면 법률은 지구의 위도와 자연환경, 기온 및 인종과 관계가 있다는 학설이었다.
　예컨대, 열대지방의 법률이 조혼과 일부다처제를 허용하는 것은 그 고장 사람들이 열대식물처럼 빨리 자라 조숙하기 때문이다. 마찬가지로 열대와 아열대 국가의 법률이 엄하고 형벌이 가혹한 것도 그 무더운 날씨 때문에 사람들이 난폭해지고 이성을 잃기 쉽기 때문이다. 온대와 한대에 와보면 법률도 너그러워진다.
　이런 학설은 곧이곧대로 믿을 수는 없지만 참고할 수는 있다. 갖가지 지리적 환경을 포함한 큰 나라에서 법률은 국가 통일성을 강조하는 동시에 지역 특성도 존중해야 한다. 국법의 권위를 존중하는 한편 향규민약(鄉規民約, 마을의 공약과 백성들의 약속)의 합리성도 고려해야 한다는 것은 바로 이런 뜻이다.

프로가 방송된 후 얼마 지나지 않아 나는 우연한 기회에 미국대사관의 중국통 한 사람과 만나게 되었다. 내가 토크쇼의 진행자라니 그는 즉시 화제를 하나 꺼내 중국이 선진국이라고 주장했다. 이유는 그들의 대통령이 여기에서 선진국과 꼭 같은 대우를 받았다는 것이다. 중국이 개도국이라면 아예 이런 실력이 없다고 말이다.

나는 그 중국통에게 중국인들이 잘 아는 말을 몇 마디 알려주었다.

'친구가 먼 곳에서 왔으니 이 아니 반가울소냐.'

'우리의 벗은 온 천하에 있다.'

'얼굴을 때려 퉁퉁 붓게 해가지고 뚱보인 척한다.'

그가 솔깃해하자 나는 장즈성과 자오라이파의 이야기를 해주고 나서 알려주었다.

"이런 곳이 베이징에서 멀지 않아요. 차로 두어 시간 달리면 법률의 변두리 지대에 이르는 겁니다."

이런 현상이 있는데 선진국이라 말할 수 있을까?

어떤 사람은 우리에게 의문을 내놓았다.

"당신네 프로에 그처럼 많은 문화가 내포되어 있다면 왜 나는 보지 못했는가?"

내 대답이었다.

"성인이 말씀하셨잖아요. 누가 괴로운지는 그 자신만이 잘 안다고."

통속적인 형식으로 복잡한 이념을 표현하려면 말하는 것처럼 간단한 일이 아니다. 우선 실천해보면 예상과 엄청나게 다른데 시행하는 사람들이 무심결에 몇십 퍼센트 줄여버리고 접수 받은 사람이 정신을 차리지 않았기에 또 일부 정보가 없어져 마지막 결과는 기대와 정반대일 수도 있다.

　방송사에 다닐 때 연속 사흘 동안 '전자키크기'의 사기행위를 폭로하는 보도를 한 적이 있는데, 방송에서 객관적인 입장을 지키느라고 그 제품을 비난하는 말을 하지 않았더니 방송이 나간 후 그 제품을 대신 사달라는 편지가 5백 통이나 날아왔다.

　또 보조임신기술이 전통관념을 타파하는 프로도 만들었는데, 그 중에 상당한 시간을 들여 시험관 아이의 이점과 폐단을 논했다.

　방송이 나간 후 전화벨 소리가 귀청을 따갑게 때렸다. 사람들은 저마다 바로 그 병원의 의사를 찾아가 그 시험관을 쓰겠노라고 했다. 프로는 의료광고가 되어버렸고, 황허[黃河]에 뛰어들어도 이루 다 누명을 벗어버릴 수 없게 되었다.

　사무실의 전화는 날마다 울린다. 우리는 시시각각 의사소통이 잘 되지 않는 악과를 씹어 삼키고 있다.

　우리가 추천한 달팽이와 전갈을 사겠다.

　우리의 묘목을 살 생각이다.

　우리 약을 먹고 싶다.

　우리와 함께 만두를 만들겠다.

　우리가 소개한 이성 친구와 사귀겠다.

　우리 집의 텔레비전과 가스레인지를 수리해달라.

　우리와 손잡고 식당을 하나 차리고 싶다.

　하늘에 대고 맹세하거니와 우리는 이런 일을 하나도 하지 않았다. 새

관념을 퍼뜨리는 과정에 나타난 부작용이라 할까. 문화가 조금 있는 것만 해도 쉽지 않은데 전파하기는 더욱 어려웠다.

문화 전파에는 받아들이는 사람의 이해력이 필요하다. 이런 능력이 없이는 다 같은 문화인끼리라도 문화가 전달될 가망이 없다.

대화가 다이둔방[戴敦邦]은 1979년에 화가들과 함께 간쑤성에 있는 문화명승지 둔황[敦煌]에 갔다. 우연한 기회에 그는 465번 굴에 들어갔다. 원나라 말기의 밀종(密宗) 벽화가 있는 굴이었다.

호텔에 돌아와 다이 선생은 동료들에게 자기의 느낌을 전했다. 전통적인 공필화(工筆畵)로서 색채를 쓸 때 고유색을 타파했고, 전체 화면의 색조 관계를 주의하지 않았다. 붉은색과 푸른색을 고립된 상태에서 함부로 큼직큼직하게 썼다. 흑백 회색이 서로 받쳐주는 상례를 몰랐다. 그런 작품들에서 예술적인 계시를 많이 받게 되었다.

다이 선생은 희색이 만면해서 이야기했으나 동료들의 공감을 일으키지 못했다. 동료들은 오히려 불신의 눈길을 던졌다.

그도 그럴것이, 그들은 다이 선생이 집 생각이 나서 남녀 교합(交合)을 그린 465번 굴에 갔다고 뜻을 같이해서 단정해 버렸으니까.

고추는 작아도

잘생긴 얼굴은 모양이 달라도 다 보기 좋고, 아름다운 곡조는 소리가 달라도 다 듣기 좋다. 술이나 감주는 냄새가 달라도 마시면 다 취하고 갖가지 알곡은 맛이 달라도 먹으면 다 배부르다.

- 왕충(王充) 〈논형(論衡)〉

'진실한 말 솔직하게' 프로를 13회까지 했을 때 기획담당 첸잰[陳騫]이 흥미있는 주제를 발견하고 쾅양에게 알려주었다. 불혹의 나이가 오래지 않은 쾅양은 첸잰의 말을 듣고 손발을 너울거리며 좋아했다.

그때 나는 예푸와 장기를 두고 있었는데, 귀를 기울이자 그들이 소곤거리는 소리가 들렸다. 쾅양은 두 번 박수 쳤고, 첸잰은 킥킥 웃기까지 했다. 정말 좋은 주제가 생긴 게 아닌가?

장기 한 판이 끝난 다음 쾅양은 희죽이 웃으며 말했다.

"샤오추이, 특별히 멋진 주제를 골랐네. 성성이야."

성성이? 침팬지가 우리 프로와 무슨 상관이 있나? 쾅양은 여전히 웃음을 짓고 거듭 말했다.

"성성이야."

나는 또 쾅양의 사투리 발음 때문에 오해가 생겼다고 짐작했다.

지난번에 식사할 때 쾅양은 허난이 좋다고 칭찬이 자자했다. 자기 자전거가 망가지니 네 사람이 자발적으로 나서서 고쳐줬고, 길을 물으니 하던 일을 내려놓고 길을 안내해주기까지 하더라나…. 나는 듣다못해 소리쳤다.

"로쾅, 허난에는 나도 가보았지만 그렇지 않아요."

쾅양은 질세라 반격 태세를 취했다.

"자넨 어느 해에 가본 거야?"

첸잰이 바삐 나서서 중재했다.

"다투지 말아요. 서로 오해했거든요. 샤오추이는 허난을 말하는 거고, 로쾅은 허란(荷蘭, 네덜란드) 이야기를 했으니까요."

과연 로쾅의 '성성이야'는 '성성하(星星河)'가 정확한 발음이었다. 성성하, 별들의 강, 얼마나 시적인 맛이 다분한 말인가. 나는 TV에 얼굴을 내밀기 시작했을 때 자기가 찬란한 은하수 속의 별이 된다고 생각한 적이 있었다.

헌데 첸잰의 말을 들어보니 성성하는 나의 낭만적인 생각과 전혀 달랐다. 세 외동딸의 부모가 아이들더러 함께 공부하고 같이 놀게 했다. 아이들이 친구와 노는 즐거움을 맛보도록 그렇게 한 것이었는데 그 작은 그룹의 이름이 '성성하'였다. 지금은 한 가정에 자식이 하나씩이어서 아이들은 무척 외롭다.

"그거 재미있을까요?"

'재미'는 그때 내가 주제를 가늠하는 일차적인 기준이었다.

첸잰과 쾅양은 이구동성으로 대답했다.

"재미있고말고!"

첸잰이 자기가 준비한 것들을 설명했다. 복잡한 내용을 단숨에 점심시간까지 이야기하기에 나는 나중에 질문을 던졌다.

"사연이 이처럼 많은데 어느 걸 강조하고 어느 걸 대충 지나갈까요? 논리도 많은데 어느 걸 심각하게 분석하고 어느 걸 간단하게 끝내나요?"

내가 별로 흥미를 보이지 않자 쾅양은 약간 울적해했고, 첸잰은 대충 밥을 떠먹고 나서 다른 방으로 들어갔다.

오후에 다시 이야기할 때 첸잰은 카드를 한 아름 안고 왔다. 죄다 성성하의 이야기가 씌어 있는 카드들이었다. 첸잰은 카드를 가지런히 늘어놓고 나에게 한평생 도움이 될 말을 했다.

"프로진행자는 바로 기관사야. 승객을 싣고 기차를 운전하면서 길가의 경치를 구경시키지. 역전에 이르면 멈춰 서는데 큰 역전에서는 좀 더 오래 서야 하거든. 기차가 안전하게 달리고 알맞게 멈춰 서는 건 레일이 있기 때문이야. 승객들이 길에서 기분이 좋은 건 첫째로 차창 밖에 볼만한 경치가 있고, 둘째로 기차가 가다가 섰다가 또 가는 리듬감 때문에 여행길이 따분하지 않고, 한없이 길지 않아서지."

그는 차분히 이야기를 계속했다.

"우리의 프로를 돌이켜보자고. 프로에서 보여주는 사실은 상세한 것과 간략한 것들이 있으니 이게 바로 차창 밖의 경치지. 멈춰서는 플랫 홈은 바로 우리가 논쟁하거나 토론할 곳이야. 어떻게 사실을 명확하게 보여주고 이성적 탐구를 명백히 전개할 것인가? 바로 레일, 즉 이른바 대화의 맥락에 의거하잖아."

당신 이야기 들어보니 책 살 돈을 남기게 되었구먼.

이런 체험은 그 후에도 여러 번 겪었다. 한동안 많은 사람들이 내가 현장통제 능력을 갖췄다고 칭찬했다. 복잡다단한 문제를 중구난방으로 떠들어대도 내가 태연자약하게 풀어가더라는 따위의 말을 자주 들으니 어쩐지 둥둥 뜨게 되었다.

바로 이때 왕런(王轫)이 나타났다.

왕런은 상하이 동방TV의 감독이다. 해방 후 제일 먼저 토크 프로를 만든 사람 중의 하나다. 그들이 제작한 '동방 생방송실'은 대담하게 제1회부터 생방송으로 진행했다. 나는 지금도 생방송이 토크 프로의 최고경지라고 고집하는 바다.

말수가 적은 왕런은 내가 프로 한 회를 촬영하는 것을 지켜보고 나서 서두르지도 않고 느리지도 않게 의견을 발표했다.

"오늘 사람들이 약간 긴장하는 걸 느꼈나?"

"물론이지. 내가 현장을 이끌었으니까."

"사람들이 편안하게 말하지 못하면 잘 된 대화가 아니야."

그는 내가 반박할 틈을 남겨두지 않고 말을 이었다.

"물론 녹화현장에서 사람들이 앞다투어 입을 열게 한 것만 해도 대단하지. 하지만 자기 말을 하지 않고, 자기 습관대로 말하지 않으며, 자기가 정해놓은 말투로 말하지 않으면 암만 듣기 좋더라도 무슨 의미가 있을까?"

나는 차차 속이 얼어들어 심신이 타격을 받았다.

왕런은 말을 계속했다.

"지금 우린 얼마나 좋은가. 담배를 피우고 산보를 하면서 생각나는 대로 말하잖아. 방금 자네가 침묵을 지켰는데 그 침묵에 의미가 없단 말인가. 사실 침묵에도 정보가 풍부하게 들어 있지."

"침묵은 금이랬지."

"그런데 왜 자네들의 대화 현장에는 금이 없나? 말과 박수소리, 웃음소리가 빈틈없이 꽉 차지 않나. 이건 진짜 대화라고 할 수 없다는 생각이야. 잘 된 대화는 산책하면서 한담하듯이 화제가 이렇게 저렇게 변하지만 주제에서 벗어나지 않아야 해. 지금은 자네가 대화를 주도하다가도 잠시 후엔 저 사람이 화제를 꺼내지. 할 말이 있으면 말을 길게 하고 할 말이 없으면 입을 다물지. 마음이 편하니까 거짓말도 사라지거든. 산보하면서 한담할 때는 재미만 추구할 게 아니라 의미가 있어야지. 의미가 있어야 재미가 있는 거야."

이것은 우리 프로의 격조와 품위가 되었다. 그때부터 시청자들은 TV에서 내가 마이크를 들고 쉴새없이 관중석을 오가면서 질문을 던지는 장면을 보게 되었다. 이런 장면이 이전에는 쓸모가 없다고 다 잘라버렸다. 허나 눈치 빠른 시청자들은 이렇게 걸어다니면 대화 공간이 생겨난다는 것을 발견하게 된다.

왕런이 연구한 바와 마찬가지로 유용(有用)과 무용(無用)은 서로 전환할 수 있었다.

어느 날 누군가에게 나를 초대 받아 음식점에 갔을 때 무침을 하나 시켰다. 버무린 무 껍질이었다. 무 껍질은 흔히 쓸모 없다고 여겨지는 물건이다. 그걸 보자 나는 왕런이 생각났다.

녹화하던 날 성성하의 세 딸들은 어머니들과 함께 왔다. 눈썹까지 내려오는 단발머리를 한 세 여학생은 다 초등학교 2학년이었다.

녹화현장에 들어서자 그들은 얼씨구 좋아라 풍풍 뛰어다녔다. 그들 눈에는 스튜디오가 집이나 다름없었다. 갑자기 떠오르는 계시가 하나 있었다. 관중들이 다 이런 마음가짐으로 스튜디오에 들어오면 대화도 틀림없이 자연스러울 테지.

이때 첸잰과 쾅양이 다가왔다.

"잊지 말라고. 큰 역전에서는 멈춰서고 작은 역전은 지나가고."

첸잰이 이렇게 말하니 쾅양도 강조했다.

"한 번 더 알려주지. 이 단체의 이름은 성성이야."

관중들이 거의 다 모이자 나는 급히 돌아서서 세 꼬마손님을 불렀다.

"어서 이리 와, 이제 곧 녹화가 시작돼."

세 소녀가 성큼 다가왔다.

나는 다시 한번 속으로 그들과 그들 단체의 이름을 되새겨보았다. 성성이… 쳇, 성성하. 신위치, 저우허, 첸뤄신, 다 여자, 초등학교 2학년생. 첸뤄신, 특징이 있거든, 꼬마 뚱보.

이때 첸뤄신이 물었다.

"오늘 어느 분이 진행자예요?"

"나야."

나는 머리카락을 슬쩍 쓸어 넘겼다. 그런데 첸뤄신이 불쑥 말했다.

"아저씨, 그렇게 못생겨 가지고도 진행자 할 수 있어요?"

순간 나는 쥐구멍이라도 있으면 기어 들어가고 싶었다.

나는 삼형제 중 막내다. 어릴 때 집에 손님이 오면 자식들을 칭찬하게 마련인데 맏이는 총기가 있고 둘째는 잽싸다고 했다. 그런데 셋째 차례가 되면 온 세상을 돌아봐도 적당한 말이 생각나지 않았다.

"얘가 셋째라, 셋째가 좋지. 막내지요? 하하…."

그럴 때면 항상 어머니가 말을 받았다.

"사실은 우리 셋째도 좋은 옷을 입으면 총기가 있어 보여요."

남아프리카 정글의 야생동물을 찍어 〈표범과 춤을 추는 사진가〉로 세상에 널리 알려진 남아공 사진작가 킴 월하트.
'진실한 말 솔직하게' 프로의 초대손님이 되어 베이징대학의 1천여 명 교수와 학생들과 함께
표범과 춤을 추던 경력을 신나게 이야기했는데 프로가 끝나도 마이크를 놓기 아쉬워했다.

나의 첫 여자친구가 나와 헤어지면서 한 말이 있다.
"사람들이 비꼬는 소리에 견딜 수 없어요."

1993년에 내 동창생 스쟨이 '동방의 아들' 프로의 진행을 맡으라고 거듭 나를 불렀으나 나는 완곡하게 거절했다. TV에 나오는 게 무슨 재미가 있느냐고 말했지만 사실은 얼굴에 자신이 없어서였다. 나중에 수수하게 생긴 친구 바이앤숭이 그 중임을 맡았다.

스쟨은 어느 잡지 기자와의 인터뷰에서 내 이야기를 했다.
"처음에 샤오추이는 이 일을 시답지 않게 여겼지요. 후에 바이앤숭을 추천했는데 바이앤숭이 일거에 성공한 후 옛 짝꿍의 인기가 하늘 높은 줄 모르게 되니 마음의 평형을 잃은 겁니다. 단짝의 생활 방식이 변하고 사회적 지위가 올라가니 부러워 죽을 지경이었지요. 그래서 우리가 후에 다시 그를 찾으니 통쾌하게 대답했어요."

스쟨도 어림짐작이었다.
대학에 가서 연설할 때 나는 이렇게 둘러댔다.
"난 자기가 수수하게 생겼다고 생각되어 나보다 더 못생긴 사람을 골랐습니다. 바이앤숭을 추천한 거지요."

여기까지 말했을 때 웃음소리와 박수소리가 터져 나왔다.
언젠가 베이징외국어학원에 가서도 이렇게 이야기를 하니 한 여학생이 물었다.
"바이 선생님은 어떻게 말씀하시는지 아세요? 방송국에서 못생긴 사람을 하나 선보이니 반응이 크지 않기에 제일 못생긴 사람을 내놓았다더군요."

공정하게 말해 전통적인 선택 기준으로 보면 신문 평론부에서 기준에 합격되는 진행자는 징이단〔敬一丹〕 한 사람뿐이고 다른 사람들은 전부 불합격이다.

내가 진행자를 맡으라는 요청을 사절하고 머뭇거릴 때 스잰과 챠오앤린이 나를 데리고 쉬징〔徐晶〕한테 찾아갔다. 쉬징은 자타가 공인하는 TV 분장의 제일고수다.

쉬징은 나를 보자마자 첫 마디부터 이렇게 말했다.

"왜 또 이런 사람을 찾았나? 당신들 눈에는 이상야릇한 사람만 보이는 모양이군."

보아하니 바이앤숭 때문에도 상당히 골치가 아팠던 모양이다.

말은 그렇게 했지만 정작 분장을 할 때는 쉬 선생님은 참을성 있게 내 얼굴을 다듬어주었다. 반 시간 후 챠오앤린의 놀란 눈빛에서 뭔가 느껴져 거울을 비쳐보니 허, 멋진걸! 지나간 반생의 불쌍함이 멀리 사라져버렸다.

스잰은 담배를 꼬나물고 담담하게 말했다.

"저 친구는 입귀가 조금 비뚤거든요. 참 재미있게 비뚠데. 그리고 그 얄궂은 웃음은요. 얄궂은 웃음이 왜 보이지 않아요?"

그 말에 나는 부아가 확 치밀었다. 얼굴이 네모 반듯한 너 뚱보 녀석은 눈총 맞는 내 서러움을 알기나 해?

쉬 선생님은 스잰의 말을 알아듣고 나에게 비누를 건네주었다. 다시 시작하겠으니 분장을 깨끗이 씻어버리라고 말이다.

1996년 3월 16일 아침, 나는 처음으로 TV에서 진행자의 신분으로 나타났다. 한동안 토벌 소리가 그치지 않았다. 한 편지에는 이렇게 썼다.

'우리 식구들은 서로 물었습니다. 중앙TV가 무슨 짓을 하느냐고. 우리 중화에 사람이 없다고 여기는 게 아니냐고. 추이 아무개야, 제 정신이라면 자기 앉을 자리에나 가 앉아라. 또다시 범죄와의 전쟁을 벌인다는 말을 못 들었니?'

베이징에서 온 편지였다. 그 후 간쑤성의 란저우시, 산시성의 시안[西安]시, 닝샤후이족자치구의 인촨[銀川]시, 장쑤성의 쑤저우시 등지의 시청자들도 여러 방식으로 비슷한 견해를 토로했다.

오히려 둥베이 쪽 시청자들은 별로 내 TV 이미지를 걸고들지 않았다. 아마 둥베이에는 잘생긴 사람이 하도 많아 시골의 말몰이꾼도 다 눈썹이 시커멓고 눈이 부리부리한 미남들이어서 세상사에 미모가 몇 푼어치 안 되는 모양이었다.

2년 후 우리는 설날 특별 프로 '먹는 학문'을 제작하면서 뚱뚱한 요리사 한 분을 모셔왔다.

녹화가 끝난 다음 그 요리사는 내 손을 잡고 말했다.

"프로가 갓 시작되었을 때 베이징의 어느 가족이 당신을 욕하는 편지를 띄운 게 생각나지요?"

"기억납니다."

"그 편지는 바로 우리 식구들이 의논을 해서 내가 쓴 거요."

말을 마치고 나서 요리사는 빙그레 웃었다.

우리 기획 담당 동료들이 나한테 제일 많이 하는 말은 '시각을 바꾸어 생각해보자'는 것이다. 내가 TV 시청자라면, 프로 내용은 둘째치고 진행자들이 다 수수하게 생겼으면 어떤 심정일까?

거리가 아름다움을 만들어낸다. 사람들의 생김새가 별로 차이가 나지 않으면 무슨 아름다움이 있겠는가?

나는 TV에 나오는 아나운서 두셴[杜憲], 리슈우핑[李修平], 하이샤

〔海霞〕와 프로 진행자 왕샤오야를 좋아한다. 그들의 아름다운 모습을 보면 시청자들은 컬러 TV를 산 보람을 느낀다.

시각을 바꿔 생각해보니 마음이 편했다. 나는 꼬마 뚱보 첸뤄신에게 말했다.
"빨리 바로 앉아라. 아저씨는 곧 진행을 시작해야 해."
별안간 새로운 생각이 떠올랐다. 방금 그 광경을 현장의 관중들에게 말해주어 나와 함께 난처한 경험을 즐기게 하자. 나는 마음을 가라앉히고 머리를 돌려 사람들에게 말했다.
"첸뤄신 어린이가 방금 저보고 말했습니다. 아저씨는 그렇게 못생겨가지고 어떻게 진행자를 하느냐고요."
1백여 명의 현장 사람들은 너그럽게 웃었다. 그들은 박수소리로 나를 도와 자신감을 되찾게 해주었다.
첸뤄신에게 감사를 드린다. 내가 막 둥둥 뜨기 시작할 때 마른하늘의 날벼락 같은 그의 말 한 마디에 나는 인간세상으로 돌아와 버렸다. 땅 위에 발을 단단히 붙이고 서 있는 감각은 참 편안하다.
5년 동안 나는 줄곧 땅 위에 서서 사람들과 진실한 말을 솔직하게 했다. 생각해보면 하늘이 무너져도 무섭지 않았다. 잘생긴 사람들이 받쳐주지 않는가!

프로 제작진에는 기획을 맡은 충펑〔叢鵬〕이라는 이가 있다. 세포생물학을 배운 사람인데 역시 기인이다.
쓰촨성에 있는 관광명승지 쥬우자이거우〔九寨溝〕에 놀러갔을 때, 고생스럽게 먼길을 달리다가 갑자기 비 끝의 무지개와 푸른 숲을 보고 우리는 자신도 모르게 환성을 올렸다. 그런데 충펑은 냉정하게 말씀하시기를 이랬다.

"고원의 진펄이 참 좋구나. 침엽수림과 활엽수림이 잘도 자라났구먼!"

그 바람에 우리는 뿔뿔이 흩어져버렸다. 고상한 흥취가 과학에 무참히 깨지고 말았다.

1998년 6월 1일 국제아동절 전야에 충펑은 아동들의 대화 프로를 만들자고 제의했다. 아이들이 대화의 상대가 될 수 있을까 하고 내가 의문을 제기했으나 타고난 쇠고집인 충펑이 일단 결정하면 돌려세우기 어려웠다.

"아이들과 대화하는 방식을 난 잘 모르는데."

나는 좋은 구실을 댔다고 여겼으나 먹혀들지 않았다.

"그거야 쉬운 일이지. 생활을 체험하면 되잖아."

충펑이 고집하는 바람에 우리는 베이징사범대학 유치원으로 갔다.

아이들은 내 체면을 잘 살려주었다. 우스운 이야기를 아무것이나 해도 아이들은 손뼉을 치고 발을 구르며 깔깔거렸다. 그런데 인내심이 부족한 것이 문제였다. 한 사내아이는 손을 한 번 들었다가 내가 자기를 부르지 않자 휙 돌아서서 방으로 돌아가 버렸다. 잠이나 자려고 말이다.

선생님은 아이들의 요구는 반드시 즉시 만족시켜야 한다고 말했다. 그들에게 있어서는 1등을 따내지 않으면 재미가 없었다.

이것은 해볼 바에는 1등을 다퉈야지 2등은 쓸모 없다는 기자 첸샤오촨(陳小川)의 견해와 일치했다. 러시아의 푸시킨은 단테스와 결투해 2등이 되었는데 목숨까지 잃지 않았던가.

그래서 나는 정성을 기울이는 모습을 하고서 한 번에 한 사람이 손을 드는 것만 볼 수 있다는 듯이 꾸몄다. 그랬더니 모순이 대번에 풀렸다. 아이들은 모두 내가 자기를 보자마자 불렀다고 여겼다. 나는 잔꾀도 조금 부렸다. 한 아이에게 말을 시킬 때 다른 애를 보고 다음에는 네 차례라고 하거나 넌 말을 잘 하니 맨 나중에 말하라고 이르는 식이었다.

유치원 선생님은 내 인내심에 무척 감동하였다.

"정말 머리를 쓰시는군요. 아이들의 주의력은 길어야 5분입니다. 음식을 나눠주면 5분 더 갈 수 있고요."

"그럼 10분이 지나가면요?"

선생님은 맺고 끊듯이 딱 잘라 말했다.

"신선이라도 어쩔 수 없어요."

내가 난처해하자 충평도 머리를 굴리다가 허벅지를 철썩 때렸다.

"됐어. 음식을 먼저 나눠주지 않거든. 녹화를 끝낸 다음 나눠주는 거야. 장난감도 사다가 현장에 놓고 말하지 않는 아이들은 우선 장난감을 쥐고 놀 수 있게 하지."

그 프로의 주제는 국제아동절, 즉 6·1절에 아이들이 자기의 소원을 이야기하는 것이었다. 그 밑바탕에는 아무리 작은 아이도 그들의 요구를 이해할 필요가 있고 의사소통을 원활하게 해야 한다는 뜻이 깔려 있었다.

녹화하던 날 아이들은 현장에 들어서자 왁자지껄 떠들어댔다. 털북숭이 장난감이 남김없이 애들의 손에 들어갔고, 2분 후에는 모두 속까지 뽑혀 나왔다. 나는 속으로 중얼거렸다. 추이가야, 너 이번에 어떻게 수습하는지 두고 보자.

선생님의 말이 맞았다. 5분 후에는 스튜디오가 난장판이 되었다. 아이들은 말하고 싶으면 말하고, 가고 싶으면 갔다. 누워서 자는 아이가 있는가 하면 어떤 아이는 엉엉 울어댔다. 또 한 녀석은 내 소파에 비비고 들어와 말 한 마디 없이 발로 내 등을 툭툭 차기만 했다.

충평의 고집 때문에 이런 소동이 벌어진 것이다. 어떻게 해볼 방법이 없자 나는 오기가 발동했다. 나도 한 번 고집을 부려보자. 억지로 정신을 차리고 얼굴에 웃음을 발라가면서 응수했는데, 드디어 시청자들과 다시 만나자고 인사할 때까지 버티고 나니 그처럼 녹화 시간이 길게 느껴진 적은 없었다. 그런데 내려와 물어보니 50분도 지나지 않았다나.

기분이 상한 충평을 위로하느라고 나는 프로 제목을 '애들의 말은 거리낌없어'라고 짓자고 제의했다. 혼란하기 짝이 없는 장면에 구실이라도 달기 위해서였다.

5월 31일, 그 프로가 방영되었다. 열렬한 반응은 우리들에게는 너무나 뜻밖이었다. 시청자들은 앞다투어 전화를 걸어 TV에서 아이들이 그처럼 자유자재로 노는 모습을 본 적이 없다고, 아동 프로가 다 그랬으면 좋겠다고 했다. 한 시청자는 더구나 이렇게 직언을 했다.

"당신이 아이들 앞에서 쩔쩔 매는 걸 보니 그렇게 즐거울 수가 없었어요."

아니, 그래 누구도 우리 프로의 본뜻은 알아채지 못했단 말인가?

나는 아이들이 어떻게 내 물음에 그렇게 막힘 없이 또박또박 잘도 대답했던가 소재를 다시 돌이켜보았다.

"6·1절에 어디 갈 거야?"

"아빠 엄마와 함께 6·1절한테 갈 거예요."

"너 누가 제일 좋아?"

"전 싸움이 제일 좋아요."

"네 아빠는 무슨 장기가 있나?"

"아빠는 장기를 별로 두지 않아요."

이처럼 엉뚱한 대답들에서는 동심과 어린이들의 취미가 엿보이고 거짓 모르는 자연스러운 모습을 볼 수 있었다.

아이들과 함께 하는 사람들은 늙을 줄 모르는 동심을 갖는다. 나는 늘 중앙TV에서 제일 즐거운 사람은 항상 어린이처럼 환하게 웃는 아동 프로 진행자 쥐핑[鞠萍]이라고 말한다.

어느 날 그녀는 내가 수심에 잠긴 것을 보고 익살스레 물었다.

"샤오추이 오빠, 뭐 기분 나쁜 일 있어요?"

나는 어떻게 말을 꺼냈으면 좋을지 몰라 한숨을 내쉬었다. 그녀가 또 물었다.

"예전에는 자전거를 타고 출근했지요?"
"그래, 황사바람이 불어도 자전거를 타고 다녔지."
"돈도 지금보다 적게 벌었지요?"
"물론이지."
쥐펑은 햇빛 찬란하게 웃었다.
"좋은 세월 보내면서 속상할 게 뭐 있어요?"
몇 마디 말에 속이 편해졌다.

사람은 아이들과 함께 있는 시간을 늘려야 한다. 퇴근해 집에 돌아오면 딸아이는 과자를 먹겠다고 칭얼거린다. 과자를 받아 쥐면 만족스레 조금씩 뜯어먹는다. 먹고 나면 기분이 좋아 펜을 들고 그림을 쓱쓱 그려낸다. 물고기 대가리에 짐승 뼈가 붙었다. 피카소 스타일의 그림으로 나한테 보답하는 셈이다.

재미있는 그림을 보면서 나는 프로가 생각났다. 현장은 자유로운 물고기 같지만 사실 뼈가 유기적으로 이어주는 것이다. 기획이 얼마나 중요한가!

내가 날마다 얼굴에 웃음을 머금고 돌아다닌다고 해서 근심걱정이 없는 줄로 여기지 말기를 바란다. 나는 한 가지 문제를 깨달았을 따름이다.

하늘이 무너지더라도 쥐펑 언니가 받쳐줄 테니까!

1999년 초에 장무란(張穆然)이라는 15세 소녀가 암에 걸렸다. 병을 발견했을 때는 이미 말기였다. 보통 암환자와는 달리 각별히 웃기 좋아하는 소녀는 화학치료를 받으러 갈 때마다 여행하러 가는 듯이 책가방을 둘러메고 자기 스스로 병원에 갔다.

그의 부모는 모두 산시성에 갔던 지식청년으로서 무란이 태어날 때 집안 형편이 어려웠다. 가난한 사람의 자식은 철이 일찍 드는 법이었다.

무란은 영웅처럼 자기의 병과 아픔을 멸시하면서 다른 사람들보고 용감해지라고 격려했다. 그는 병실에서 칠판신문(黑板報, 칠판에 소식이나 정보, 지식을 쓰는 선전 형식)을 꾸미는 데 참여했고, 병실에서는 은방울 같은 그의 웃음소리가 울려 퍼지곤 했다.

그런 이야기를 하도 많이 들었던 탓인지 보도를 볼 때 처음에는 별 생각을 하지 않았다.

며칠 후 무란은 '제2 스타트 선' 과 인터뷰를 했다. 프로 진행자 허빈〔賀斌〕이 밤에 나한테 전화를 걸었다.

"걔가 오늘내일 하는데 자네와 함께 '진실한 말 솔직하게' 프로에 나오고 싶어하더구먼. 자넨 걔 소원을 풀어줘야 해."

나는 즉시 대답하고 기획담당 충평과 챈윈메이〔錢韻梅〕에게 준비하라고 말했다.

무란의 소원에는 소녀다운 티가 흘렀다. 자기가 좋아하는 두 가수와 세 코미디언을 만나고 싶어서 그렇게 했던 것이다. 전화를 걸어 연락을 했더니 코미디언 자오번산〔趙本山〕을 빼놓고 다른 사람들은 말을 붙여볼 여지도 없이 딱 사절해버렸다.

우리는 국제전화를 걸어, 체조 경기를 하다가 의외의 사고로 척추가 마비되어 미국에서 치료를 받고 있던 체조선수 쌍란〔桑蘭〕을 취재하게 하려고 준비했다.

나는 또 동료인 징이단, 팡훙진〔方宏進〕, 바이앤숭, 수이쥔이〔水均益〕와 허빈을 초청했다. 무란을 위해 그들은 바쁜 시간을 쪼개주었다. 평소 스튜디오에 한번 모이기 힘든 이들이 자기의 사랑을 바쳐 무란의 마지막 소원을 풀어주려 했다.
　녹화하기 전날 밤 11시, 충평이 침울한 목소리로 전화를 걸었다. 무란의 병세가 악화되어 병원에 실려가 구급치료를 받는다는 것이었다.
　나는 구급실에서 처음 무란을 만났다. 머리카락은 없어졌어도 참 예쁜 소녀였다. 의사는 아주 위험하다고, 최악의 경우에는 내일을 넘기기 어렵다고 했다.
　"그래도 촬영할까요?"
　충평과 챈윈메이가 묻기에 나는 고개를 끄덕였다.
　"합시다. 그 아이한테 대답했잖아요."
　이튿날 녹화현장의 분위기는 무거웠다. 사람마다 감정이 북받쳐 말했다. 바이앤숭은 자기가 불면증을 이긴 체험을 이야기했다. 팡훙진의 부모도 마침 암과 투쟁하는 중이어서 팡훙진은 그의 감정이 무란에게 도움이 되기를 바랐다. 쌍란을 취재하는 임무는 수이췬이가 맡았다. 쌍란은 무란의 일을 안다고 말했다.
　"무란은 저보다 더 어려운 일을 당했고 저보다 더 강해요."
　징이단은 〈모리와 함께 한 화요일〉이란 책을 추천했다. 그 책의 주인공, 미국 노인 모리는 이렇게 말한다.
　"공포를 내놓고 죽음 앞에서는 다른 심정도 있다."
　의사가 현장에 왔고 무란의 동창생과 선생님들도 현장에 왔다. 우리 프로의 소악대는 한번 또 한번 무란이 좋아하는 '종달새'를 연주했다.
　녹화가 끝난 다음 우리는 함께 병원에 가서 무란을 찾아보았다. 무란은 정신이 맑은 상태였다. 갑자기 병실에 들어선 우리를 보고 무란은 놀랍고도 기뻐 눈이 휘둥그레졌다.

소식을 듣고 달려온 기자들이 우리를 둘러쌌다. 플래시가 번쩍번쩍 무란과 우리를 비췄다. 우리는 그런 짓이 타당하지 않다는 느낌이 들어 병실에서 물러 나왔다.

이튿날 무란은 우리가 그를 위해 편집한 녹화 테이프를 보았다. 그애가 슬퍼지지 않도록 우리는 기분 좋은 화면들을 좀 보여주었다. 그 날 심정이 무거웠지만 무란의 앞에서 우리는 자신을 억제하느라 애썼다.

밤에 누군가 나에게 베이징의 한 신문에서 나와 무란이 악수하는 사진을 낼 예정이라고 말해주었다. 나는 급히 신문사에 전화를 걸어 그렇게 하지 말기를 바랐다. 우리가 어찌 이제 막 쓰러져 가는 어린 생명을 이용해 한몫을 보려고 할 수 있으랴.

그러나 신문사 측의 생각은 우리 뜻과 달랐다. 서로 새벽 3시까지 대치하다가 우리가 한사코 고집하는 바람에 신문사에서는 사진의 반을 잘랐다. 이튿날 신문에 실린 사진에는 무란의 웃는 얼굴만 나왔다. 이 얼마나 좋은가. 신문사에서 우리를 이해해주어서 고마웠다.

1월 16일, 나이 어린 무란은 세상을 하직했다.

1월 17일, '진실한 말 솔직하게' 프로는 무란이를 위해 특별 제작한 '강한 의지'를 방송했다.

우리는 시청자들에게 무란의 낙천적인 성격과 강한 의지를 보여주려고 시도한 것인데 어쩌면 이 프로의 객관적 효과는 유명인들이 인정이 많다는 것이나 알려준 것인지도 모른다. 이런 참에 무슨 덕을 보려는 생각이 우리 머릿속에서 단 한 순간이라도 스쳐지나갔다면 참으로 수치스러운 일이다. 그러나 플래시 아래서 누군들 자기가 전혀 변형되지 않았다고 장담할 수 있으랴?

세심한 바이앤숭은 후에 나에게 그 날 우리가 무란의 병실에 갔을 때

옆 침대에 역시 암에 걸린 소녀가 누워 있었다고 알려주었다. 우리가 소홀해서 그 애를 위문하지 않았다고.

'강한 의지'가 방송된 후 많은 이들이 감동을 받았다. 어른들은 소녀 무란의 굳센 의지를 보고 용감하게 어려움과 좌절에 맞섰다.

물론 누구나 착한 인성만 가진 것은 아니었다. 어떤 보험회사의 한 업무주임은 그 기회를 빌려 판촉 활동을 벌였다.

"만약 무란의 부모가 저와 아는 사이이고 그 아이를 위해 '중대질병 보험'에 들었더라면 불행한 일이 생겼을 때 경제원조가 가장 필요한 시각에 적어도 보험금을 받을 수 있었습니다. 생각 좀 해보십시오. 1년에 보험료 4천7백10위안을 내면 중대질병 배상금 30만 위안을 받을 수 있다구요…. 당신과 친구가 되기를 바랍니다. 당신이 자기와 가족들을 위해 생각해보기를 바라구요. 귀 방송국의 동료 중에 보험에 대해 알고 싶어하는 분이 있으면 저를 그에게 소개해주기 바랍니다."

이런 사람을 친구로 사귄다? 천만의 말씀.

어린이들은 어떤 모습이어야 할까? 이래야 하나, 저래야 하나? 이건 문제가 아닐 수 없다. 어린이는 바로 나이 어린 아이들, 천진하고 순결하며 환상이 많은 것은 어린이의 천성이다.

징이단은 딸아이를 평등하게 대한다. 그의 딸 왕얼칭(王爾晴)이 남들 앞에서 그녀와 맞서는 것을 본 적이 있는데, 징이단은 싱긋 웃을 뿐이었다. 징이단의 관용 때문에 왕얼칭은 자신감이 각별히 강해져 초등학교 시절부터 독립적으로 사고했고, 중학교에 가더니 더구나 누구에게도 구속받지 않고 자립심이 강한 소녀가 되었다.

1998년에 우리는 '어린 배우들'이라는 프로를 만들었다. 쟝샤오한〔蔣小涵〕, 진밍〔金銘〕, 관링〔關凌〕, 궁아오〔宮傲〕, 네 꼬마 스타가 함께 스튜디오에 왔다.

아이들은 정말 솔직하게 마음속에 있는 생각을 털어놓았다. 중앙TV의 스튜디오에 익숙한 궁아오는 전혀 주눅이 들지 않고 대범하게 소파에 기대앉았다. 어린이가 아닌가, 송구스러워 한다면 어린이가 아니다. 쟝샤오한은 아이들 속에서 성행하는 질투 심리를 날카롭게 질책했다.

프로가 방영된 후 솔직한 소년과 소녀는 그 때문에 골탕을 먹었다. 쟝샤오한은 학교에 다니는 일이 어려운 문제가 되었고, 궁아오는 공연 계약이 여러 개 깨졌다. 그 아이들의 어머니들은 나에게 전화를 걸어 사회의 포용력이 왜 이처럼 허약하냐고 하소연했다. 나를 원망하는 뜻이 깔려 있다는 것을 느낄 수 있었다. 프로 하나가 두 어린이의 전도를 망칠 정도는 아니었지만 큼직한 걸림돌이 되어버렸으니까.

나는 어떻게 하면 좋을지 몰라 애써 자신을 위안했다. 내가 장애를 조성한 셈 치자, 아이들이 자라나는 과정에서 단련하는 셈 치자.

2000년, 또 6·1절이 다가왔다. 이번에는 우리가 머리를 쓸 필요 없이 청소년센터에서 전일(全日) 생방송 프로에 가담해달라고 극력 초청했다. 이번의 기획은 하이샤오와 후디가 담당, 두 사람 다 귀염둥이 딸아이가 있으니 자격이 충분한 사람들이었다.

프로 제목은 '내가 만약 아빠 엄마라면'.

이번에 고른 아이들은 좀 큰 아이들이어서 저마다 말솜씨가 놀라웠다. 내가 진행했다기보다 그들을 따라갔다는 편이 더 어울렸다.

저장성에서 온 우다오〔吳導〕는 자리에 엎드려 몇 분 사이에 시를 한 수 써내 사람들을 놀라게 했다.

단에 앉아
사람들의 웃는 얼굴을 보며
뭐든 다 듣고 있습니다.
불빛과
진행자만
공기 속에 전해지는 이야기를 할 뿐
여기에서
제가 하는 이야기는
자신의 과거
마이크를 잡고 말할 때
저는 미래를 생각합니다.

 자기 눈으로 보지 않고서는 이 작품이 11세 소년의 즉흥시라는 것을 믿을 수 없으리라. 놀라운 한편 기뻐서 한바탕 칭찬을 했더니 우다오는 내 말을 마음에 새겨두고 집에 돌아간 다음 시집 한 권을 부쳐왔다. 저자는 그 자신, 제목은 〈자라나는 세계가 나는 좋아요〉.
 밤에 침대에 누워 시집을 뒤적이면서 나는 재미있는 시구에 감동 받았다.

자그만 새는 큰 나무가 튼튼해서 좋아하고
큰 나무는 작은 새의 자유를 사랑해요

상류부터 하류까지

다리(橋)는 가장 가깝고 짧은 말(言語)

지팡이는 노인의 발
노인의 연세를 지탱해주는 발

    아이들을 상대하노라면 근심이 태산 같다. 그들의 지혜는 항상 자연스럽게 드러나 막으려야 막을 수 없다. 조심스레 자신을 수식하는 어른들은 까딱 잘못하면 아이들 앞에서 망신 당하게 된다. 어떤 전문가가 아이들의 질문공세에 골탕먹는 것을 직접 본 적이 있는데 무슨 문제였느냐 하면 지구의 무게는 얼마인가, 눈은 그렇게 작은데 왜 보는 물건은 그렇게 큰가, 고양이와 개는 누가 양을 더 싫어하는가… 등이었다.
    21세기에는 문화가 없는 아버지 노릇이 세상에서 가장 어려운 고역이리라.

중국 스타축구팀 추이융왠 선수.
손 부상을 무릅쓰고 맹돌진.
골은 넣지 못해도 중점방어 대상으로.

취재 길

배 맛을 알려면 배를 변혁시켜 직접 먹어봐야 한다.
- 마오쩌둥[毛澤東]

대학에서 2년을 버티고 3년째가 되자 드디어 손꼽아 기다리던 전문과목을 배우게 되었다.

뉴스 취재, 현지녹음 보도, 평론창작 등은 우리의 흥미를 끌기에 충분했다. 취재 과목은 자율 형식으로 가르쳐 교수님은 우리들에게 소개장을 한 장씩 나눠주고 각자 스스로 인터뷰 대상을 찾으라고 하셨다.

같은 과 학생들을 보니 외지에서 온 학생들은 고향 사람들을 찾아가고 베이징 학생들은 부모를 취재하는 등 재주껏 능력을 과시했다.

이전과 마찬가지로 나와 쑹잰은 서로 협력하는 원칙을 지켜 그가 취재 대상을 잡고 나는 기숙사에서 취재 내용을 구상했다.

저녁 무렵 쑹잰이 기숙사에 돌아와 간단히 말했다.

"연락이 되었다. 장성(長城) 호텔이야."

과 학생들은 눈이 휘둥그래졌다.

"장성 호텔? 그건 별 다섯 개짜리 아냐?"

1983년에 장성 호텔에 가서 취재한다고 하면 지금 누가 오늘 밤 장성 호텔을 전세 냈다고 하는 것이나 다름없었다. 쑹잰의 얼굴에 먼지가 잔뜩 묻은 걸 보니 그 날 정신없이 뛰어다녔다는 것을 알 수 있었다. 그는 취침 시간도 되기 전에 잠들어버렸다.

이튿날 새벽에 일어나 세수하고 옷을 갈아입은 다음 취재 전용으로 특별히 새 노트를 찾아 들었다. 버스를 세 번 갈아타고 장성 호텔 문앞에 이르자 나는 발걸음을 늦추고 쑹잰이 앞장을 서게 했다. 도어맨이 우리를 가로막고 용무를 물어보고는 전화를 걸었다. 공보부장이 말쑥한 양복차림으로 마중을 나왔다.

홀에 들어서니 느낌은 한 마디, '기절하겠네'였다.

반질거리는 대리석을 돈 생각 하지 않은 듯 무진장으로 깔아놓았고, 중요한 곳에는 스테인리스를 붙여 얼굴을 비쳐볼 지경이었다. 머리카락에 기름이 반질거리는 공보부장은 굉장히 친절하게 우리를 안내해 아래위로 돌아다니면서 수시로 귀띔해주었다.

"조심하십시오, 방금 왁스를 발랐거든요. 조심하십시오, 철근에 찔리지 않도록."

건설 중인 고급 호텔은 바로 이처럼 천당과 속세의 혼합체여서 하늘에 떴다가 땅에 떨어지는 느낌이었다. 나는 긴장한 채 얼떨떨해져서 질문을 할 엄두도 못 내고 부장이 말하는 숫자들과 새 낱말들을 놓치지 않으려고만 애를 썼다.

방은 1천7개, 연회장은 12개, 식당은 9개 그리고 실내 수영장, 옥상 테니스장, 헬스클럽, 당구장, 핀란드 욕실, 사우나, 미장원….

별안간 공보부장이 물었다.

"기사를 써서 어디에 내십니까?"

그 물음에 쑹잰이 어리벙벙해졌다. 내가 준비한 내용이 빛을 볼 차례였다.

"여러 군데입니다. 프로 기자는 자기가 소속된 곳에서만 기사를 내지만 우리 신문학과 학생들이 쓴 기사는 내고 싶은 곳에 다 냅니다."

내 말에 부장은 어지간히 흥분되는 모양이었다.

"그럼 외람된 요구를 할 수 없을까요? 〈베이징일보〉에 내주십시오."

정말 상당히 외람된 요구였다. 우리가 장성 호텔을 취재하는 것보다도 더 어려운 일이었다.

우리 과의 동창들이 4년 동안 날뛰어보았으나 허난에서 온 신루지가 〈베이징일보〉에 글을 한 편 기고했을 뿐이라고 기억된다. 제목은 '대학문 앞에서 신입생을 실어온 승용차를 들여다보고'였다. 다른 동창들은 오랫동안 퇴짜를 놓는 편지하고나 인연이 있었을 뿐이다.

나는 그래도 자기 능력을 냉정하게 인식한 편이었다. 〈시월(十月)〉이나 〈당대(當代)〉에는 가망 없으니 작품을 쓴 다음 〈맹아(萌芽)〉에 보냈다. 잡지 이름을 분석해보니 문학도를 부추겨주는 잡지인 듯해서 희망이 있다고 여겼는데 거기서도 퇴짜맞을 줄이야. 그래서 〈못생긴 새끼오리〉에 투고했다. 나는 그것이 최저선이라고 여겼다.

'이번 것은 채택되지 않았으니 계속 원고를 보내주시기 바랍니다.'

〈못생긴 새끼오리〉에서도 퇴짜 편지를 받고 보니 서글프고도 분해서 내 창작은 졸지에 슬럼프에 빠져버렸다.

그 날 밤 기숙사에 돌아온 나와 쑹잰은 한번 크게 벌려볼 계획을 짰다. 취재 노트와 얻어온 자료를 테이블 위에 늘어놓고 기사를 써나갈 방향을 한바탕 떠들어댔더니 한 방의 동료들은 눈꼴이 시어 다 나가버리고 말았다.

우리를 끌어당긴 소재는 다음과 같았다.

첫째, 전문적으로 문을 열어주는 사람이 있어서 자기 스스로 문을 열 필요가 없다.

둘째, 호텔은 전체를 컴퓨터로 관리하는데 세상에서 보기 드문 시스템이다. 쏭잰이 알아본 것에 의하면 별 다섯 개짜리 호텔은 전세계에서도 열 개 미만이라고 한다.

셋째, 침구는 수입품이니 그 위에 누울 사람도 수입품일 것이다. 과연 후에 미국 대통령이 거기에 들었다.

넷째, 수도꼭지를 누르면 되고 비틀 필요가 없으니 신기하다.

다섯째, 제일 중요한 것은 호텔을 중국과 미국의 합작으로 세웠는데 총 투자액은 7천5백만 달러, 중국 측이 51퍼센트를 차지한다.

그 날 여기까지 분석해보다 보니 몸에 식은땀이 좍 배었다. 하마터면 미국인들이 큰 몫을 차지할 뻔했구나. 공보부장은 어느 편의 주식이 많으면 그 사람들의 말을 들어야 한다고 하지 않았나.

나는 51퍼센트라는 것이 이상해 쏭잰에게 말했다.

"중국 측의 투자액이 4천만 달러 아냐? 어디서 달러를 바꿨나 말해봐. 1대 몇으로 환불했나 말이야."

자정까지 낑낑거려 우리는 글에 사람들의 마음을 격동시킬 만한 제목을 달았다. '제2의 장성.'

영어에 능통한 쏭잰은 이 말이 영문 설명서와도 맞아떨어진다고 했다. 장성 호텔은 지금도 베이징 동부의 량마허(亮馬河) 곁에 우뚝 솟아 있다. 괜찮은 호텔이지만 '제2의 장성'이라는 건 좀 심한 과장이었다.

집에 무더기로 쌓여 있는 상장은 내가 초등학교 1학년 때부터 고등학

중국은 지금 서구적인 첨단산업과 동양적인 정신세계가 서로 포옹하고 있어.

교를 졸업하기까지 시종 사상이 진보하고 공부도 잘 하는 학생이었음을 말해준다. 가끔 파동이 조금 있기는 했지만 대세는 바뀌지 않았다.

대학에 들어가자 상황이 돌변했다. 누군가 나보고 대학 시절 시험을 볼 때 부정행위를 한 적이 있느냐고 묻기에 나는 한 적이 있는 정도가 아니라고 대답했다.

"주로 부정행위를 했다니까요. 계단식 교실의 맨 뒤끝에 앉으면 앞에 있는 다섯 줄의 시험지가 훤히 보였거든요."

농담이기는 했지만 방송학원의 상대적으로 느슨한 관리체제는 확실히 학생들의 개성을 길러주어서 우리는 학교를 나올 때 다 같은 꼴이 되어 졸업한 것이 아니라 생기발랄하게 들어가서 생기발랄하게 졸업했다.

대학에 들어가서 제일 처음 느낀 점은 내 일을 간섭하는 사람이 없다는 것이었다. 학급 담당 선생님 얼굴 한번 보기 어려웠고 부모는 멀리 떨어져 있었다. 그제야 나는 그전에 햇빛과 단비를 실컷 받기는 했어도 많은 자유를 희생하는 대가를 치렀다는 걸 깨달았다.

가엾게도 인간은 어떤 습관에 물들면 고치기가 어려웠다.

과에서 처음 공산청년단 지부 활동을 조직하여 왠밍왠(圓明園, 청나라 황제의 최고급 정원, 서방열강이 침입하여 태워버렸다) 유적을 찾아가 보기로 했는데 학부에서 빌려온 벽돌녹음기(1970년대 말부터 80년대 초까지 유행된 벽돌처럼 무거운 카세트 녹음기의 속칭)를 들고 내가 녹음 보도를 하게 되었다.

내 생각으로는 이벤트 냄새가 짙은 서두가 있어야 했다. 팀 캠페인이 아닌가. 그런데 목적지에 이르자 학생들은 뿔뿔이 흩어져 나무에 기어오르는 녀석이 있는가 하면 벽에 올라가는 녀석 등 볼 만했다. 그러고 보니 나 하나만 충동을 억누르고 있었구나.

사진기는 량웨(梁悅)가 가지고 있었다. 여학생들이 사진을 찍어달라고 자꾸만 쨍쨍한 목소리로 그의 이름을 불렀다. 한 해설자가 관람객들에게 유적을 설명하는데 량웨가 달려가 사진기를 들이대자 눈에 문제가 있어 사진 찍기를 꺼리는 해설자가 날카롭게 물었다.
"뭘 하는 거야?"
"인물 사진을 찍는데요."
량웨가 설명을 해주어도 해설자는 가만 있지 않았다.
"인물을 찍는다면서 나는 왜 찍어?"
"당신이 사람 같아서요."
량웨의 아버지는 베이징 인민예술극단의 시나리오 작가인데 인민예술극단 단지 안에서 자라난 녀석이 좋은 건 하나도 배우지 못했다.
사진은 찍지 못했으나 사람을 살짝 약 올리고 나서 우리는 히죽거리며 뛰어가 버렸다. 밤에 우리는 기숙사에서 한 덩어리로 뭉쳐 녹음을 풀었다. 량웨의 그 대목은 일곱 번이나 들었다.
녹음 보도에서 나는 기회를 잡아 새 울음소리, 버스 문 닫는 소리, 차장이 정류장 도착을 알리는 소리를 녹음하고, 새로운 시기의 공산주의 청년단 사업에 대해 개인적인 소견을 많이 녹음했는데 그런 것을 귀담아듣는 사람은 없어서 천만유감이었다.
얼마 지나지 않아 일곱 번이나 들은 테이프도 구석에 처박히고 우리는 기숙사에서 공개적으로 대만 가수 덩리쥔(鄧麗君)의 노래 '달콤해'를 들었다.

달콤해, 당신 웃음 달콤해
꽃이 봄바람 속에 핀 듯…

그보다 1년 전에 나는 베이징 제12중학교 중문학급의 학급회의에서
'노랫소리와 수양'이라는 제목으로 발언을 했다. 대륙 노래 '축주가(祝
酒歌)'와 덩리쥔이 부른 '술에 커피를'의 다른 점을 대조하며 썩어빠진
사상의 침식에 경각성을 높여야 한다고 점잖게 일깨워주었다. 그랬더
니 회의 후 몇몇 학생들은 식별 능력을 높이기 위해 '술에 커피를'을 두
번 더 듣자고 제안했다.

나는 대학의 우리 그룹에서 기인이 인기가 좋다는 걸 발견했다. 문학
궤적을 거슬러 올라가 보면 우리 세대는 문화대혁명 시기에 제일 많이
책을 낸 소설가 하오란(浩然)의 영향을 많이 받았다. 그런데 우리 학급
의 제대군인 장하오는 놀랍게도 솔제니친을 제일 좋아한다고 했고, 베
이징 환등공장에서 온 왕즈쥔(王子軍)은 더욱 기막히게 딜론 마트를 좋
아한다고 선언했다.

1981학년의 편집취재과는 민족전통을 배척하기 시작하고, 앞을 다
투어 머리카락을 길렀다. 예술 논쟁만 있으면 나는 징강산 시기의 홍군
처럼 열세에 처했다. 그때에는 예술계에도 민족적인 것이야말로 세계
적인 것이라고 호소하는 영수가 없었다.

다행히 우리에게는 공통적으로 좋아하는 것이 있었다. 베이징 인민
예술극단의 연극 구경이었다. '찻집'을 보고 저마다 혀를 차며 찬탄을
하기에 나는 어딘가 위안을 받았다.

극장으로 가는 길에 작은 에피소드가 있었다. 머리카락이 치렁치렁
한 첸제(陳傑)가 어린아이를 안은 여성에게 자리를 내주었더니 그 여자
가 아이를 보고 말했다.

"아줌마에게 어서 고맙다고 인사해."

그런데 인민예술극단의 극장에 들어서니 온통 장발 천지였다. 어떤

사람들이 머리카락의 길이와 예술에 대한 식견을 비교하여 논할 만도 했다.

그 시절 인민예술극단의 위스즈, 란톈예, 런바오샨, 황중뤄, 잉뤄청, 퉁차오, 퉁디, 후중원 같은 이들은 어느 분이나 주역을 맡을 만했는데 '찻집'의 무대 위에는 전부 명배우뿐이었다. 졸개 역을 누가 담당했느냐 하면 린랜쿤이니, 연극 팬들이 기겁할 만했다.

참된 예술은 편견을 겁내지 않는다. 참된 예술은 인간의 심금을 울려주고 인간을 감동시키며 인간을 녹여버린다. 그러나 반드시 진짜 예술이어야 한다.

내가 마지막으로 본 인민예술극단의 공연은 '도둑 잡는 관병'이었다. 그 후 다시는 극장에 들어가지 않았다.

동료들과 함께 '진실한 말 솔직하게' 프로를 만들게 되자 나는 늘 인민예술극단을 예로 들었다. 일을 깔끔하게 하려면 몇 가지 전제가 필요하다. 사람이 똑똑하고 근성이 있어야 한다. 알기 쉽게 말하면 이 직업을 사랑해야 한다.

인민예술극단에서는 동작 효과를 하거나 막을 여는 사람마저 남다르게 일을 한다. 자기가 이 직업을 위해 태어난 사람이라고 여겨야 몸을 내던지고 깊이 파고들 수 있다. 그 다음은 협동정신이다. 고수는 자기를 나타내면서도 남을 받쳐주어야 한다. 말없는 가운데 묘리가 숨어 있다.

인민예술극단의 배우 리완펀[李婉芬]과 탄중야오[譚宗堯]가 '진실한 말 솔직하게' 프로에 나왔을 때는 확실히 다른 사람들과 달랐다.

81학년 편집취재과로 돌아가 보자.

그때 밤마다 기숙사의 등이 꺼지면 누워서 이야기를 하는 '와담회(臥

談會)'가 열렸다. 주제가 따로 없이 누구의 말이든 재미있으면 그의 말을 들었다. 자기 말이 사람들의 관심을 끌지 못하면 뒷전으로 물러나야 했다.

우중워이(吳忠偉)는 이탈리아 영화 이야기를 즐겨 했고, 쑹잰은 청나라 역사 이야기를 좋아했다. 신루지는 역사사실 전문가였고, 나는 우스운 이야기를 주로 했다.

우스운 이야기는 중간중간의 양념일 뿐 긴 주제가 되지는 못한다. 나는 재담의 명배우 허우바오린(侯寶林) 선생님이 길바닥에서 사람을 웃기던 우스운 이야기를 무대에 올려놓는 게 얼마나 힘들었던가를 알게 되었다.

그래서 나는 도서관에 틀어박혀 시집과 시가(詩歌)의 역사를 결사적으로 파고들었다. 어느 날 신루지가 황송스러워하며 물었다.

"후예핀(胡也頻)이 누구야?"

후예핀이란 1930년대 시인, 마침 내가 아는 사람이었다.

그 시절에는 시의 바다 속에서 헤엄치는 것 같았다. 사람은 참 이상하다. 시에 접하면 세심하고 부드러워지면서 정서 기복이 심해진다. 역시 날마다 서로 좋은 음식을 먹으려고 식당에서 밀쳐댔지만 머릿속에서는 낭만적인 생각이 끊임없이 나타났다. 시가는 사람들을 인도하여 단순한 맛을 알게 하고 무릉도원에 취해 눕게 한다. 나는 프랑스 시인 파울로 폴과 잉슈우런(應修人), 베이다오(北島)를 좋아했다.

만약 이 세상의 처녀들이 다 손에 손을 잡으려 한다면
바다의 주위에는 커다란 테가 생겨나리라

만약 이 세상의 총각들이 다 선원이 되려 한다면
바다 위엔 쪽배로 이루어진 아름다운 다리가 생겨나리라

그러면 사람들도 지구 주위에 동그라미를 만들 수 있으리
만약 세상 사람들이 다 손에 손잡고 어깨를 나란히 하려 한다면
- 파울로 폴 '만약'

줄마다 감정의 흐름이오, 글자마다 내 마음
서쪽 이웃에 가만히 부쳤네
한없이 부끄럽더라도
답장이 없더라도
그이가
내 편지를 읽기만 한다면
- 잉슈우런 '가만히 부친 편지'

나는 황제로 죽어
애첸의 교회당에 묻히고 싶지 않아
오히려 보잘 것 없는 시인으로서
네카 강변의 스투코트 시에 묻히기를 바라노라.
- 하이네 '독일, 겨울의 동화'

비열함은 비열한 자의 통행증이요
고상함은 고상한 이의 묘지명
보라, 도금한 하늘에

죽은 이의 구부러진 그림자가 가득 흩날리누나

- 베이다오 '대답'

시를 많이 읽고 나니 손이 근질거렸다. 사람들은 시인의 생활이 고통스럽다고 한다. 아무리 즐겁더라도 펜을 들고 시를 써야 한다는 생각이 들면 기분이 잡친다.

그 시절 교정에서 내가 '분노한 청년'처럼 수심에 잠긴 표정을 지었다면 틀림없이 새 시를 구상하는 중이었다.

시적 정서는 타격을 제일 겁낸다. 밥 먹을 돈이 모자라 돈 얻으러 집에 돌아가 어머니의 사설을 몇 마디 듣고 나면 학교에 돌아온 후 며칠이 지나도록 시가 나오지 않았다.

중요한 것은 시인의 이미지를 갖추면 여러모로 편하다는 사실이다. 예를 들어 수염을 깎지 않고 머리카락이 더부룩해도 다 시인의 기질로 치부해버린다. 어떤 여학생들은 우둔하게도 춘심이 동해 내 시집을 빌려가겠노라고 나섰다.

과의 다른 한 시인은 허난 사람 두샤오(都曉)였는데, 낭만파 시가 주전공이었다. 그의 시에는 춘(春), 녹(綠), 몽(夢), 취(翠) 네 글자가 빠지는 법이 없어 4년 후 졸업하면서 서로 말을 남길 때 한 동창생은 그한테 인생은 사자경(四字經)이 아니라고 써주었다.

시인 두샤오는 지금 전국에 이름난 TV 드라마 감독이다. 〈홍기거도의 이야기〉나 〈리커눙(李克農)〉은 다 그의 걸작. 드라마야 시와는 상관없으니 공을 들이는 일은 시 밖에 있다는 옛 사람들의 말이 증명된 셈이다.

나의 첫 시집은 탈고된 다음 출판되지 못하고 이불 밑에 깔리고 말았다. 〈낙서집〉이라고 이름지었으니 시야 어떻게 썼든지 손 가는 대로 적은 것이라고 하면 괜찮은 구실이었다.
  나는 시집을 따로 출판해주겠다는 출판사의 호의를 사절하고 정품 세 수를 여기에 골랐다. 그중 두 수는 발췌다.

우정은
질투 속에서 선지피를 흘린다
얼마나 많은 고귀한 이상이
거품처럼 사라졌더냐…
- '우정은 질투 속에서 피를 흘리며' (발췌)

더럽고 힘없는 손을 내밀어
구걸하라
영웅처럼
명령을 요구하라

그들은 가엾지 않아
그들은 존경할 만한 사람
그들은 비바람 속에서 소리 없이 죽을 수 있건만
오히려 굴 앞에서 처마 밑에서
개와 함께
연장하지 않아도 되는 생명을
이어가네
그들은

영웅이다…
- '거지와 영웅' (발췌)

누군가는 그가 검은 용의 등 위에서
뛰어나왔다 하고
누군가는 그가 제일 밝은 별에서
날아 내렸다 하네
달콤하게 웃는 빨간 요정은
사람들이 칭찬할 때
항상 침묵을 지켜

빨간 요정의 발이 닿는 곳마다
봄바람이 솔솔 불고
빨간 요정의 눈길이 닿는 곳마다
노랫소리 흥겹게 울려 퍼져
마을의 총각들은 다 빨간 요정 좋아해
중매서는 매파들이 문턱을 닳게 했으나
빨간 요정은 순박한 송아지를 좋아해
남들이야 어떻게 놀라든지

갑자기 어느 날
빨간 요정은 도시로 시집가게 된다나
그녀의 얼굴에는 수심이 끼어
신부를 맞이하는 차가 동구의 다리에 올라가니

빨간 요정은 몸부림쳐
보석으로 빛나는 사람들 속에서 뛰쳐나왔지

누군가는 그녀가 검은 용의 등 위로 되돌아갔다고
가면서
줄곧 머리 돌려 바라봤노라 하고
누군가는 그녀가 제일 밝은 별로 돌아갔다 하네
가면서
송아지의 이름을 되뇌었다나…
- '빨간 요정'

80년대 초에 지은 이 작품이 과에서 발표되자 소동이 벌어졌다. 누군가 빨간 요정이 우리 과의 어느 사람을 가리키느냐고 물어 나는 할 말을 잃었다. 또 누군가는 송아지가 바로 그녀의 이름이 아니냐고 물어 나는 더구나 할 말이 없었다.

한가할 때 시집을 뒤져보면 요행이라는 생각이 든다. 그 시절에 시가 아니라 사람을 사랑했더라면 시간이나 낭비했을 테니까.

그때 동창들은 각기 한 가지 재주에 정통했는데 후에 돌이켜보면 세월을 헛되이 보내지는 않은 셈이었다. 지금 중국 각지에 흩어져 있으면서 우리 동창생들은 다 자그마한 성취를 거두었다.

그런데 공통된 결함은 모두 뒤를 살리지 못한 것이다. 그때 한 가지만 전공한 것과 무관할 리 없다. 그리하여 옛 사람의 '생애에는 끝이 있어도 아는 데는 끝이 없다'는 고훈(古訓)을 알게 되었다.

쑤저우(蘇州)의 류우웬(留園)에 가니 누군가 주련(柱聯) 한 조를 나에게 가리켜 보였다.

상련 : 〈서경(書經)〉을 읽어 바른 걸 취하고 〈주역(周易)〉을 배워 변화를 고르며 〈이소(離騷)〉를 읊어 유유한 깊이를 바라고 〈장자(莊子)〉를 보고 달관을 배우며 한나라의 글을 읽어 억센 기개를 배우면 책 속의 세월이 제일 맛좋고.
하련 : 국화와 함께 야성을 맛보고 매화와 함께 듬성함을 누리며 연꽃과 함께 깨끗함을 알고 난초와 함께 향기를 뿜으면서 해당화와 함께 운치를 자랑하면 반드시 꽃 속의 신선이라 자랑하리.

다 읽은 다음 독후감을 물어보는 사람이 있기에 나는 한마디로 대답했다.
"남은 꿇어앉았는데 자기는 서서 말하면서 허리 아픈 줄 모르는 격이지요."

신문학과의 학생들은 실습을 제일 좋아했다. 사회실천에 참가한다는 듣기 좋은 이유를 내걸었지만 사실은 놀고 싶어서였다.
1984년에 우리는 첫 실습을 위해 후베이성 사스에 갔다. 기차를 타고 후베이성의 성 소재지 우한까지 가서 버스를 갈아타면 네 시간 만에 사스에 도착할 수 있었지만 우리는 기어코 배에 올랐다. 신선하고 재미있을 거라고 배를 탄 결과 오후 꼬박 타고도 하룻밤 더 걸렸다.
방송국에 가서는 기자 신분으로 취재하기를 바랐으나 동행하는 선생님은 한사코 실습생이라고 소개했다.
"굳이 실습생이라고 소개하지 않으면 안 되나요?"
내가 선생님께 상의를 드렸더니 선생님은 고개를 저었다.

"자넨 입만 벌리면 베이징 말씬데 귀신이나 알아듣지 못할까?"

다행히 베이징에서 왔다고 사람들이 떠받들어주니 그럭저럭 견딜 만했다.

사스는 작았다. 인구가 26만, 버스는 선로가 하나뿐이었다. 그러나 사스는 이름이 널리 알려졌다. 청나라가 열강에게 시달리던 시기에 여기는 핍박에 못 이겨 개방한 상업항구의 하나였고, 천험(天險)인 징장〔荊江〕제방이 있어서 양쯔〔揚子〕강 연안의 요지 중 요지였다.

첫 주일에는 중요한 일이 없어서 밥이나 먹고 돌아다니기나 했다. 돌아다니다 보니 〈삼국지〉에 나오는 형주, 즉 징저우〔荊州〕까지 갔는데 옛 성터가 완벽하게 보존되어 삼국시기의 봉화를 어슴푸레 그려볼 수 있었다. 선생님은 동서고금을 한바탕 소개했으나 나는 두 사람만 기억에 남았다. 유비(劉備)와 영화배우 첸충〔陳沖〕, 나는 후자에 더 흥미가 있었다.

첸충이 여기에서 영화 '소화(小花)'를 찍었다기에 나는 며칠 늦게 온 게 한스러웠다.

며칠이 지나니 나도 소득이 있었다. 취재수첩에는 면방직공장, 염색공장, 의기의표회사, 종이박스공장, 향료공장에 갔다고 기록되었고, '이개세(利改稅)'니 '일터 보조금'이니 '소모정액(消耗定額)' 따위의 알쏭달쏭한 말이 무슨 뜻인지 알아야 한다고 표기되었다.

취재 노트에는 또 아침 8시 25분에 이야기를 시작해 점심식사를 하면서도 계속했고, 오후 5시에 끝났다고 써 있었다. 이틀 연속 분투하다 보니 머리가 어질어질해져서 무미건조한 글만 나왔다.

그러나 부지런히 배우고 열심히 연습하며 한 달이 지나자 나의 노동 성과도 빛을 보게 되었다. 내가 쓴 몇 천 자짜리 장편통신이 톱뉴스로 연거푸 사흘 동안 방송되었다. 호평이 쇄도하는 기회를 빌려 새 프로를 개척하자고 건의했더니 뜻밖에도 허락을 받았다. 밤마다 5분, 제목은 '사스속보'.

여섯 젊은이가 자전거 여섯 대를 타고 흩어져나가 뉴스의 단서를 찾느라고 사방으로 쏘다녔다. 사스 자유시장에서 흰 거북을 발견했다던가, 허난의 칭펑〔慶豊〕곡마단이 사스에 와서 공연한다든가 하는….

이렇게 하루를 보내면 허송세월이 아니었다. 나는 해바라기 씨를 까먹으면서 '피의 의문'을 보는 것으로 자신에게 상을 주었다. 그때 이 일본 드라마가 방송될 때에는 거리에 사람이 없을 지경으로 인기가 좋았다. 그 주제가는 지금도 생각난다.

'와다시오 사이나누 유루시데 구라사이….'

평생 처음 신문에 오른 것도 사스에서였다. 우리 젊은이들이 방송국 앞의 밴허〔便河〕에 뛰어들어 모자만한 대합조개를 건져서 선생님의 집에 가서 삶아 먹었더니 이튿날 '사스신문'에 시민들이 천만 조심하기를 바란다는 글이 실렸다. 어제 밴허에서 대합조개를 건지는 사람들이 있었는데 전염병의 원인이 되는 오수가 밴허에 흘러들었으니 시민들이 천만 조심하기를 바란다나. 소식에 맞춰 실은 사진은 바로 우리가 대합조개를 건지는 모습이었다.

실습을 끝내고 돌아와 보니 동창생들은 분명 훨씬 성숙해 있었다. 생철을 달궈 두드려서 물에 담갔다가 꺼낸 격이었다. 다음해 겨울에 또 실습하고 나니 어느덧 점잖아졌다. 사람은 이삭처럼 잘 익으면 고개를 쳐들고 우쭐거리지 않는다.

1985년 겨울, 랴오닝성의 성 소재지 선양은 무척 추웠고 성 방송사 선생님의 요구는 더욱 엄했다. 한 기업가를 취재하다가 그가 한바탕 불어대는 바람에 덩달아 기분이 들떠 펜 끝에 신들린 듯 1만 자 가까이 썼더니 돌아온 다음 두 선생님이 안경을 걸고 한 번씩 읽어본 다음 눈길을 마주치더니 나보고 말했다.
"짧은 소식으로 고치라고, 3백 자."
5·1절이 되니 두 선생님은 나를 데리고 베이링(北陵) 공원에 가서 공원관람 현지보도를 했다. 원고는 사전에 썼고 인터뷰를 하는 모범노동자도 사전에 연락했기에 현장에 가서 잡음을 좀 녹음하고 바람 없는 곳에서 문자를 더 보태면 되었다. 원고를 보니 전부 사람들 이름인데 단숨에 다 읽어야 한다나.
"이게 무슨 사람들입니까?"
"성과 시의 지도자들이지."
"사람 이름을 읽지 않으면 안 되나요? 따분한데."
내 말에 두 선생님은 허허 웃었다.
"미련한 녀석, 전부 삭제하더라도 이 대목은 빼지 못해."
그때 배운 이 비결은 지금도 잘 써먹고 있다.
'진실한 말 솔직하게' 프로를 맡은 다음에도 성숙된 자율의식은 여전히 역할을 발휘했다. 시어머니가 총을 쏘기도 전에 며느리가 먼저 자신을 쏴버리곤 하는 것이다.

좋은 기사는 물어서 생겨나고 걸어서 자라나며 머리를 짜서 성장한다. 이것은 실습이 나에게 남겨준 교훈이었다.
직장에 들어간 후 실습생들이 시도 때도 없이 찾아와 입에 꿀이라도 바른 듯이 추이 선생님이라고 불러댔다. 더 말할 나위 있나. 그들을 거느리고 일선으로 달려가 뜨거운 생활에 뛰어들 수밖에.

 2년 전에 워이안궈(魏安國)와 커다룽(柯達榮), 두 미국 청년이 중국 문화에 깊은 흥미를 가지고 실습을 하러 왔다. 어디에서부터 가르치면 좋을지 몰라 망설이다가 중국공산당이 산시성 옌안 일대에 있을 때 그들을 세계에 소개한 미국 기자 에드거 스노가 생각나자 눈앞이 환해지는 듯하여 그들을 데리고 옌안으로 갔다.
 옌안의 친구 커윈에게 찾아온 뜻을 밝히고 샤리 승용차를 세내어 즈창(子長)현으로 달려갔는데 키가 190센티미터인 커다룽은 두루마리처

럼 몸을 구부려야 했다. 커원이 그 모양을 보고 중얼거렸다.
"샤리는 미국인을 상대로 해서 디자인한 게 아니야."

캘리포니아에서 온 워이안궈는 가정환경이 좋아 중국의 간부 자제와 맞먹었다. 영리한 사람이어서 한(漢) 문화의 정수인 자아조소(自我嘲笑)도 금방 배웠다. 창안〔長安〕거리에서 우리를 밀어내는 대사관 차를 보고 '우라질 외국 놈'이라 욕하는가 하면 산베이의 돼지에게는 부드럽게 말했다.

"너 제대로 알아맞혔다. 난 미국 사람이야."

커다룽은 오하이오 주 태생이어서 비교적 순박했다. 자그마한 노트를 들고 보는 것마다 적더니 두 달이 지나 헤어질 때는 섭섭해 죽을 지경이었다. 그의 뼛속에 동방의 인정이 배어들어서였다.

두 사람 가운데 커다룽의 수확이 더 컸다. 처음 왔을 때는 중국어를 더듬더듬하더니 떠날 무렵에는 우리 내부 간행물 〈공담〉에 글 한 편을 던져줄 정도였다.

명나라 정덕(正德) 연간에 베이징 문 앞에 있는 기생집 '이춘원(怡春院)' 주인의 셋째딸 소삼(蘇三)은 예부상서 왕경(王瓊)의 셋째아들 왕 도령과 첫눈에 정이 들었다.

이때 과거에서 미끄러진 왕 도령은 소삼과 반 년 동안 질탕하게 놀아대다가 돈이 떨어지자 이춘원에서 쫓겨났다. 소삼은 물론 가슴이 아파 치장할 생각도 하지 않고 입맛도 잃었다. 하여 그의 어머니는 그녀를 말 장사꾼에게 팔아버렸다. 그녀의 어머니란 친어머니가 아니라 마담일 뿐이었다.

그런데 그 말 장사꾼은 소삼이 보통 사람이 아니라 후세에 널리 알려진 유명 가극 '소삼기해(蘇三起解)'의 주인공인 줄은 꿈에도 생각하지 못했다. 그 결과 그 여자가 입을 벌리자 말 장사꾼 고향의 명예는 바닥에 떨어지고 말았다.

"생각하면 할수록 슬퍼지는데 흥둥(洪洞, 산시성의 한 현)에는 좋은 사람 없고나."

말 장사꾼이 남의 손에 죽자 소삼이 살인범으로 몰렸고 매수 당한 현청에서 재판을 개정할 때 법률 절차를 무시하고 소삼을 죽도록 잡아 팼다. 매에 견디다 못해 살인죄를 시인하게 말이다.

생각해보면 소삼이 욕을 할 만도 했다. 얼마 전에만 해도 도령님과 노닐었는데 눈 깜빡할 사이에 형틀에 매이니 억울하지 않을 리 있는가.

"생각하면 할수록 슬퍼지는데 흥둥에는 좋은 사람 없고나."

1987년 4월, 봄날은 찾아왔으나 아직도 추웠다. 나는 녹음기를 둘러메고 흥둥 거리에 나타났다. 이번에 나는 상을 받으려는 웅대한 포부를 지니고 왔다. 취재 주제인즉 '흥둥현에는 좋은 사람이 많아'였다.

현 사무소에 가니 사람들은 내가 중앙방송국 기자라고 극히 중요시했다.

밥도 먹지 않고 물도 마시지 않은 채 취재를 하려고 서두르자 사람들은 저마다 손을 내저었다.

"서두르지 마시오. 왕(王) 서기가 온 다음에 봅시다."

왕 서기는 흥둥현의 제일인자. 회의를 끝내고 급히 달려와 엉덩이를 내려놓기도 전에 물었다.

"뭘 취재하시려오?"

"이런 일인데요. 중앙인민방송국 종합 프로부에서 '점심 반시간'이라는 새 프로를 내놓았거든요. 새 프로는 새 모습을 갖춰야 하지 않습니까? 희한하고 재미도 있어 시청자들이 애청하도록…."

왕 서기가 별안간 입을 열었다. 목청이 굉장히 높았다.

"몇 해나 지났는지 모르겠구먼. 항상 무료한 문인들이 여기에 와서 그 무슨 훙둥현에 좋은 사람이 많다고 쓰겠다던가."

나는 속이 꿈틀했다. 저 사람이 어떻게 알았을까?

왕 서기는 자리에서 일어나 코트를 벗어버리고 방안을 거닐었다.

"훙둥현에는 물론 좋은 사람이 많지. 어디에나 좋은 사람이 많거든. 1964년에 우리가 집계해보았는데, 훙둥현에서 나간 사람들 가운데 현 연대(중국의 등급제도에서 연대장은 현장과 동급이고 군단장은 성장과 동급이다)급만 해도 1만4천 명이고 부연대급 이상은 2만5천 명이었소. 50년대의 산시성장이 여기 사람이고, 삼국시기 조조(曹操)의 대장군 서황(徐晃)이 여기 사람이고, 요(堯)의 마누라도 여기 사람이지."

그는 물 흐르듯이 계속했다.

"물론 당대에는 더구나 좋은 사람이 꼬리를 물고 나왔지. 차오쟈쟝의 쉬샤오후는 혼자서 공장 세 개를 꾸렸고, 농예사(農藝師) 자오바오슈는 밀 우량 품종을 배육했고, 왕쟈성은 덩굴 없는 호박을 가꿔냈고, 푸쥐〔甫劇, 산시성의 지방 극단〕단의 왕후이먀오는 '행화' 상 2등을 따냈지. 간팅 종이공장의 궈위바오는 네팔과 파키스탄으로 제품을 수출해 외화를 1백만이나 창조했소. 그리고 그 탄광을 경영한 농민이 뭐라더라…."

선전부 사람들은 왕 서기가 누구 말을 하는지 몰라 서로 바라보기만 했다.

"그 돈을 벌어 마을사람들에게 텔레비전을 한 대씩 사준 사람 말이야."

거 참 좋은 사적이구나. 나는 급히 말했다.

"왕 서기, 이런 단서만으로도 제가 일주일은 바삐 돌아다닐 만합니다."

왕 서기는 갑자기 나를 딱 노려보았다.

"그래 자네도 훙둥현에 좋은 사람이 많다고 쓰려는가?"

나는 어색하게 웃음을 지었다. 왕 서기는 대범하게 하늘을 향해 손을 저었다. 별수없다는 냄새가 조금 풍겼다.

"쓰라고, 왔으면 쓰는 거지. 역사의 편견 아닌가. 한 사람이 말 한 마디 했다 해서 큰일이 나겠나?"

나는 그가 나를 가리키는지 소삼을 가리키는지 알 수 없었다.

"난 조사해봤소. 소삼은 여기에서 여섯 사람만 만났더군."

왕 서기는 이렇게 말하고 나서 다른 일을 보러 갔다. 문 어귀에 이르러 무슨 생각이 났던지 또 말을 했다.

"최근에 '보밀국의 총소리'라는 영화가 있던데 그 속에 '당신네 보밀국이 훙둥현이 다 되어가는구만' 하는 대사가 있더군. 그게 무슨 뜻이지?"

왕 서기가 나가버리자 현의 역사를 기록하는 현지(縣誌) 사무실의 임(林) 주임이 왔다. 임 주임은 왕 서기보다 신중하고 일하는 자세가 빈틈이 없어 현지를 한 아름 안고 왔는데 하는 말마다 근거가 분명했다.

"왕 서기가 소개했을지도 모르겠는데, 한 마디로 말해서 옛날 사람들은 훙둥의 산천이 아름답고 물산이 풍부하며 인재가 많이 나고 풍속이 좋다고 했지요. 누군가 산시에서 나가보지 않고서는 훙둥의 이름이 널리 알려진 걸 모르고 산시에서 나가보고서야 훙둥의 위대함을 안다고 하였다오. 훙둥 출신의 명인으로는 중국 음악의 시조인 사황(師況), 춘추시대의 사람인데 유명한 〈양춘백설(陽春白雪)〉이 바로 그의 작품이지. 유방(劉邦)의 대장군 번쾌의 고향은 지금도 그 이름이 번촌이오. 그리고 유방의 목숨을 구한 기신(紀信)도 그렇고, 송나라 개국황제 조광

윤(趙匡胤)도 그렇고, 요임금과 순임금 그리고 인상여(藺相如)도 역시 우리 고장 사람이라오."

"가만!"

나는 임 주임의 말허리를 잘랐다.

"마지막 세 사람도 홍둥 사람이라고요? 다른 고장에서도 들은 것 같은데."

임 주임은 대수롭지 않게 대꾸했다.

"그럴 수도 있지. 유목민족이야 사방으로 돌아다니니까. 그리고 큰 홰나무가 홍둥에 있는데 누군들 자기가 홍둥과 관계없다 할까?"

"큰 홰나무는 무슨 뜻입니까?"

내가 다급히 묻자 이번에는 임 주임이 놀랄 차례였다.

"큰 홰나무도 모르니 그럴 수밖에."

임 주임은 책을 덮으며 말했다.

"우선 식사나 합시다. 말하자면 길어지는데."

그는 자리를 옮겨 밥을 먹으면서 말을 이었다.

"명나라 홍무(洪武), 건문(建文), 영락(永樂) 연간에 여러 해 전쟁을 치르다 보니 충원(中原)지역에는 경제가 피폐되고 인구가 적어졌소. 조정에서는 산시에서 사람들을 이민시키기로 했거든. 이민이란 어느 왕조시기나 어려운 일이라 고시(告示)를 붙이니 나서는 사람이 없었소. 어느 간신이 간교한 꾀를 내어 고시를 고쳤다오. 이민하기 싫은 사람은 모이라고. 그랬더니 사람마다 몰려온 거요. 이때 풍운이 돌변하여 관병들이 사람들을 겹겹이 에워쌌지. 긴 포승으로 사람들의 팔들을 줄줄이 묶었다오. 중국 역사에서 가장 잔혹한 대규모 이민이 이렇게 시작되었소. 그 후 49년 동안 아홉 번이나 이민을 했다오. 이민들은 베이징, 허베이, 산둥〔山東〕, 안후이, 장쑤, 미국으로 옮겨졌소."

"미국에도요?"

그 날 이 말을 듣고 나는 무척 이상스러웠다.

"1982년에 자료를 수집하면서 발견한 편지가 증거로 있지. 이민 출신까지 합치면 훙둥의 명인은 더 많아지거든."

임 주임은 태연하게 내리꼽았다.

"훙랑자(紅娘子, 명나라 말기 이자성 농민봉기군의 여장군)의 남편 이신(李信), 앤시산〔閻錫山, 20세기 초반 산시성을 근 40년 통치한 군벌〕, 왠스카이〔袁世凱, 청나라 말기의 관료, 중화민국 대통령, 황제를 자칭하다가 망함〕, 리다자오〔李大釗, 중국의 공산주의 선구자, 중국 공산당 창건 핵심멤버〕, 류우사오탕〔劉紹棠, 작가〕…."

"가만, 그게 무슨 소린가요? 리다자오라고 하셨지요. 허베이 러팅〔樂亭〕의 리다자오?"

맙소사. 그 고장은 내 어머니의 고향인데. 그러면 나도 훙둥 사람일 가능성이 있는걸.

나는 밥 사발을 내려놓고 임 주임에게 바싹 다가붙었다.

"훙둥 사람은 무슨 특징이 있어요?"

"첫째, 그때 현청 북쪽 2리 되는 곳에 있는 큰 홰나무 밑에 모였기에 이민들은 다 이런 말을 알거든. '우리 조상 고향은 어드메냐, 산시 훙둥의 큰 홰나무 밑이지'라고."

고향사람에게서 이런 말을 들은 적은 없지만 그들이 홰나무 꽃을 즐겨 먹는 건 사실이다.

"둘째, 그 사람들이 도망갈까 봐 관병들은 사람마다 새끼발가락에 칼질을 했지. 그래서 훙둥에서 나간 사람들은 다 새끼발가락 발톱이 두

쪽이거든. 이걸 가리켜 '큰 홰나무 밑에서 온 사람은 누구더냐, 신을 벗고 발을 보며 발톱 모양 살펴보네'라고 하지."

이건 쉬운 일이었다. 밤에 발을 씻으면 검증할 수 있으니까.

"셋째, 그때 사람들은 손이 포승에 묶였기에 변소에 가려면 관병 보고 풀어달라고 사정해야 했거든. 후에 홍둥에서 나간 사람들은 다 변소에 가는 걸 손을 푼다는 뜻으로 '제서우〔解手〕'라 하지."

끝장났다. 내가 바로 훙등 사람이구나. 지금 막 '제서우' 하고 싶은걸.

밤에 발을 씻고 나니 더구나 울적해졌다. 병태적인 심리로 구경 한 번 잘 하자고 온 사람이 자기 집 식구들을 욕보이게 한 걸 알게 되면 얼마나 기분이 나쁘겠는가.

뒤척거리며 잠을 이루지 못해 이튿날 아침에 자리에서 일어나니 얼굴빛이 시퍼랬다.

나를 안내하는 선전부 간사 샤오장(小張)은 내 마음속 병을 알아차렸다. 그는 숱한 사람들이 웃으며 왔다가 울상이 되어가더라고 했다.

내 얼굴에 수심이 잔뜩 낀 걸 보고 그는 또 말했다.

"생각하면 할수록 슬퍼지는데 훙등에는 좋은 사람 없구나 라는 소삼의 말이 듣기 거북해 그랬는데 그게 뭐 대수예요?"

그는 사방을 둘러보고 사람이 없자 말을 이었다.

"우리 홰나무 푸쥐단에서 어떻게 극을 하는지 아세요?"

"어떻게 해요?"

"밉고 밉고 또 미워, 한스러운 훙등현에는 좋은 사람 없고나."

기실 그 낙관적이고 순박하며 유머러스하고 착한 나졸 숭공도(崇公道) 노인도 바로 우리 훙등 사람이었다. 소삼을 압송하는 길에서 그가 소삼을 보살펴줬기에 그녀는 목숨을 부지했다. 스무남짓 근 되는 무거운 칼도 숭공도가 멜 때가 많았다. 숭공도는 정부 일꾼이었지만 속세를 간파하고 자기 판단에 좇아 행동하는 사람이었다.

2001년, '미복락(美福樂)'이 내 권리를 침범한 송사가 22개월이나 질질 끌다가 드디어 울지도 웃지도 못할 결과가 나왔다. 2월 20일, 생일날에 한 기자가 판결문을 들고 나에게 물었다.

"이 판결이 공정하다고 생각하십니까?"

그때 나는 술을 좀 마셔 머리가 어질어질했는데, 눈앞에 불현듯 숭공도가 나타났다. 노인은 빙그레 웃으면서 내 귀에 대고 소곤거렸다.
"너는 네가 공정하다 하고 나는 내가 공정하다 하는데 공정한지 않은지는 하늘이나 아느니라."

홍둥현을 떠나 뤼량산〔呂梁山〕으로 달려갔다.
누군가 나에게 영화 '우리 마을의 젊은이들'은 바로 뤼량산이 있는 편양〔汾陽〕일대의 이야기이고 영화 주인공들의 원형이 지금도 이 일대에서 활동한다고 알려주었던 것이다.
즈쟈앤〔紫家堰〕은 뤼량산 동쪽 기슭에 자리잡았다. 마을에 들어서서 지부서기 쿵샹성〔孔祥生〕을 만나니 그만 실망해버렸다. 다른 고장의 서기나 다름없는 모양, 영화에 나오는 주인공 가오잔우보다 훨씬 못생겼던 것이다.
나를 안내해 간 사람은 중앙인민방송국에서 산시에 박아놓은 기자로 즈쟈앤에는 두 번째 왔다고 했다.
"샹성이, 이분에게 노(老)서기 이야기를 해주라고."
산시의 기자가 이렇게 말하자 쿵샹성은 내키지 않는 듯 별로 할 말이 없다고 우물거렸다. 나도 다른 생각이나 했다. 옛날 영화의 인물들에 정신이 팔려 가오잔우는 헛방쳤으니 또 다른 주인공인 쿵수전이나 있나 알아봐야겠다고 궁리했다.
땅거미가 지기 시작하자 쿵샹성이 입을 열었다. 지난날의 무거운 세월이 내 앞에 재현되었다.
1970년 편양에 큰 가뭄이 들었다. 가을걷이를 한 후 공량(公糧)을 바쳐야 하는데 전 인민공사의 12개 대대 지부서기들이 공사의 야오뚱〔窯

洞, 중국 서북부 일대의 사람들이 사는 땅굴집]에 모여 앉아 하루종일 담배를 피웠으나 방책이 나오지 않았다.

즈쟈앤 당 지부의 나이 든 서기 진루주가 화를 냈다.

"이건 나라를 대하는 태도가 아니야. 다 걱정하지 마시우. 3만 근(1만 5,000킬로그램) 공량을 우리 즈쟈앤에서 도맡겠으니."

그래서 사람들은 뿔뿔이 흩어졌다.

공량을 바치고 나니 마을에는 쌀 한 톨도 남지 않았다. 그 해 마을의 나무 껍데기는 죄다 사람들의 뱃속으로 들어갔고, 다른 마을에 동냥을 가도 거절만 당했다.

한 마을 사람이 청호두를 훔치니 노 서기는 그를 압송하고 12개 대대로 조리돌림을 했다. 도둑의 목에는 명패가 걸리고 자기 스스로 꽹과리를 쳐야 했다.

〈마오쩌둥선집〉 학습을 조직하니 사람들은 배가 고파 배우려 하지 않았다. 노 서기가 그 일을 듣고 우두머리를 붙잡아 정해진 대로 12개 대대로 조리돌림을 했다.

그러나 '사인방'이 고꾸라지자 노 서기도 자리에서 물러났다.

쿵샹성이 신임 지부서기가 되고 보니 마을에는 황폐한 산만 눈에 뜨이고 인심이 산산이 흩어졌다. 시집갈 만한 여자들은 다 외지로 시집갔고, 처녀 하나 남겨둘 수 없는 마을은 전혀 인기가 없었다. 노 서기에게 복수할 기회가 왔다고 벼르는 자들도 있었다.

경제를 일으켜 세우려면 사상이 투철해야 하고 착실하게 일해야 했으며 본보기를 내세워야 했다. 쿵샹성은 두 가지 일을 했다. 과일을 파는 계절에 그는 타이구〔太谷〕시에 가서 저장기술을 배워 자기 집에서 나온 과일을 전부 움에 넣고 밭에는 콩을 심었다. 사람들은 도무지 이해할 수 없었다.

"남들은 다 파는데 자넨 집에 걸어 넣고, 남들은 먹고 싶은 걸 심는데 자넨 엉터리를 심는군."

이듬해 시간 차이를 이용해 과일을 팔아버리니 마을사람들은 입을 딱 벌리고 말았다. 샹성은 대번에 만원호(萬元戶, 재산이 1만 위안 이상인 집을 가리키는 말)가 되었다. 사람들은 앞다투어 그를 따라 배웠다.

경제가 호전되니 사람들의 생활을 돌봐야 했다. 쿵샹성은 신이 닳도록 뛰어다니면서 열여섯 쌍을 결혼시켰다. 다른 마을의 처녀를 즈쟈앤의 며느리로 만들었는데 프로 중매꾼도 성사시키지 못하던 일이었다.

"정성이면 돌 위에 꽃이 피지요."

그 다음에는 노 서기 차례였다. 진루주와 마을사람 사이의 알력 때문에 쿵샹성은 마을의 62가구, 1백여 개 야오뚱을 다 돌아다녔다.

여기까지 이야기한 쿵샹성은 굉장히 흥분했다.

"난 노 서기가 뭐가 나쁘냐고 했습니다. 그때는 천안문 위에도 나쁜놈이 있었는데 산골사람이 어떻게 무엇을 분간이나 하겠느냐구요. 노 서기는 윗사람의 명령을 집행했으니 잘못이 있더라도 그 혼자 책임져서는 안 되지요. 마을에 나무가 많지는 않지만 다 노 서기가 사람들을 거느리고 심은 건데 우리가 지금 그 덕을 보는 게 아닌가. 나무에 과일이 달리면 노 서기는 먹기 아쉬워 항상 땅에서 썩은 걸 주워 자셨어요. 공사에 회의하러 가면 30전을 아끼느라고 여인숙에서 이불도 덮지 않았구요. 공사에선 저를 보는 사람마다 당신네 마을의 노 서기는 담배꽁초만 피운다고 했지요. 회의를 하다가는 땅에 쪼그리고 앉아 담배꽁초를 줍곤 했대요. 한 번 회의에 참가하면 두 주일 피울 꽁초를 주워 왔지요. 지금 살림이 좋아졌는데, 강산은 그 분이 쟁취한 건데 우리가 이렇게 그분을 대하면 양심이 있느냐구요."

쿵샹성은 말한 대로 했다. 그는 노 서기를 모시고 성 소재지 타이왠〔太原〕으로 가서 병을 치료했고, 그에게 치료비 2백60위안과 밀 1백 근, 콩 50근을 구제했다.

쿵샹성은 또 꽹과리를 울리고 북을 치면서 사람들을 거느리고 노 서기 집으로 가서 '모범노동의 집'이라는 편액을 걸었다. 그리고 병이 심한 노 서기의 가슴에 붉은 꽃을 달아드렸다. 노인은 그 날 각별히 기뻐하며 꽃을 달고 평생 처음으로 사진을 찍었다.

6월에 노 서기는 세상을 하직했다. 사람들은 여전히 한이 풀리지 않아 관을 들 사람마저 모을 수 없었다. 쿵샹성은 또 심하게 자극을 받았다. 마을 사람들은 샹성이 정말 자극을 받았다고, 그 일을 크고 작은 회의에서 거듭거듭 8년이나 이야기했다고 말했다.

또 4월이 되었다. 푸른빛이 넘실거리는 날, 즈쟈앤 사람들은 산비탈에 모여 대회를 열었다. 쿵샹성은 노 서기의 부인이 오늘부터 해마다 보조금을 1백 위안씩 받는다고 선포했다. 물을 마시면서 우물 판 이를 잊지 않는다는 뜻이었다. 34세에 산 위에서 죽은 식수대장의 가족들도 마찬가지 대우를 받게 되었다.

그날 비석을 세우고 나무를 심는 등 의식은 아주 성대했다. 비석 위의 비단을 젖히자 초청을 받아온 부현장과 무장부장, 임업(林業)국장, 뤼량 TV 방송사의 기자들이 다가가 보았다. 초등중학교 2학년 수준인 샹성이가 쓴 비문이 있었다.

우리 마을에 전원이 열린 지 지금까지 2백80여 년 역사를 기록했다. 황산의 마을이라 이름을 아는 사람이 얼마 없고, 몇 세대 부지런히 농사를 지었어도 여전히 가난을 면치 못했다. 해방 후 공산당의 영명한 영도 아래 사람은 변신했고 땅은 기세가 일어나 임업에 단단히 힘을 써 푸른 나무가 비탈에 가득하고 가지에 과일이 주렁거렸다. 오늘을 보면서 옛날을 돌이키고 미래를 동경하노라면 우리는 간고하게 창업한 선배들을 영원히 잊을 수 없고 집단사업을 자기 임무로 간주한 훌륭한 간부와 촌민(村民)을 잊을 수 없다. 노 지부 서기 진루주는 몇 십 년을 하루와 같이 임업을 발전시키기 위해 힘을 다하였거니 모범이라 할 만하다. 여러 해 임업대장으로 일한 덩잉후도 임업생산에 심혈을 기울였다. 그들은 비록 사망하였지만 업적은 길이 빛나리라. 후대를 위해 복지를 마련하는 정신은 영원히 촌민 자손들이 고향 건설을 위해 이바지하도록 격려할 것이다.

<small>즈쟈앤 촌민 일동 삼가 세움</small>

그날 회의를 한 후 마을사람들은 단숨에 나무 2천 그루를 심었다.

흥분하면 식욕이 떨어지는 나는 그 날 쿵샹성의 말을 듣고 나니 밥맛이 나지 않았다. 처음에 취재할 때는 자기 상상에 맞춰 넣는 게 최고의 효과라고 여겼는데 생활이 상상보다 훨씬 풍부하다는 걸 재빨리 알게 되었다. 그 신기한 경험은 프로 작가의 붓으로는 아예 그려낼 수 없는 것이었다.

그런 개탄과 존중 때문에 생겨난 비장한 느낌은 이때부터 마음속에 뿌리내려 영원히 지워버릴 수 없다. 세월이 흐르노라면 어느덧 심방(心房)의 틀이 만들어져 어떻게 오염되든 맑은 물로 씻기만 하면 원 모습으로 돌아온다. 순박한 시골 사람들은 흉금을 터놓고 내 마음의 기초를 닦아줘 나는 도시의 험악한 세상을 태연히 대하게 되었다.

쿵샹성이 그렇게 일을 한 원인과 근거를 나는 아무리 해도 이해할 수 없었다. 훗날 '죄송합니다, 선생님' 프로를 녹화할 때 작가 펑지차이〔馮驥才〕선생님의 말씀을 듣게 되었다.

"관용이 없으면 참회도 없다."

1987년 7월 말, 내가 몸을 담은 '점심 반시간' 프로에서 기자 한 사람을 신장 군구(軍區)에 파견해 취재하게 되었다. 이 좋은 일거리가 나한테 떨어졌다.

8월 초부터 우리는 우루무치에서 출발해 카스, 룬타이〔輪臺〕 일선을 따라 취재했다. 예청에 이르렀을 때는 이미 8월 중순이었다.

자동차 29연대에서 취재하기 전의 분위기는 가벼웠다. 밝은 해가 중천에 높이 걸리고 나뭇잎은 사락사락 소리를 내는데 은은히 울려오는 나팔소리와 군영의 특유한 냄새는 부대 구내에서 자라난 나에게 각별히 친근한 느낌을 주었다.

소개가 시작되었다. 회의실에 비좁게 모인 간부와 사병들은 하나하나 구분할 수 없었다. 전부 마찬가지로 얼굴이 시커멓고 손이 크며 거칠었다. 마음속에 숨겨진 군인에 대한 기억은 바람과 눈처럼 몰아쳐 왔다.

아이리라는 위그루족 사병이 상세하게 이야기했다.

"그 날 우리는 자동차 한 대로 임무를 수행했습니다. 차 위에는 중대 지도원과 사법조리원이 있었지요. 계획대로 우리는 나흘째 되는 날 저녁에 쿵카에 도착하게 되었습니다. 나흘째 되는 날, 쿵카까지 아직 100킬로미터가 남았을 때 차가 고장났지요. 날이 어두워질 때까지 수리를 했는데도 고치지 못했습니다. 그러니 그곳에서 밤을 보낼 수밖에 없었지요. 거기는 해발 4,800미터인 산 위였다고요. 다행히 차에 실은 물건이 솜옷과 솜바지여서 우리는 겉에 한 벌 더 입고 솜양말은 사람마다 세 켤레씩 신었습니다. 이튿날 세 사람은 새벽 일찍 깨어났지요. 조리원은 가만히 앉아 기다려서는 안 된다, 쿵카까지 100킬로미터니까 걸어가자고 했습니다. 우리의 비상식량은 주먹만한 야크 고기뿐이었지요. 그것도 날것이었어요. 이때 함박눈이 쏟아졌습니다. 바람도 불었고요. 걷고 걸으니 눈이 허벅지 위까지 오더라고요. 7시간이 지났는데도 겨우 10여 킬로미터를 걸었지요. 별수없이 되돌아갔습니다."

사흘째 되는 날 밤, 음식을 다 먹어버리고 나자 누구 하나 말을 하지 않았다고 한다. 다른 사람이 무슨 생각을 하는지 잘 알고 있었던 것이다.

지도원이 먼저 말했다.

"두 전우, 내가 재수 없는 소리를 하는 게 아니라 아직 정신이 맑을 때 뭔가 써두어야겠어."

그 병사와 조리원은 머뭇거리지 않고 펜을 꺼내 썼다. 본적과 주소, 가족의 이름, 가족들에게 하는 부탁 따위였다. 쓰고 또 쓰다가 조리원이 울었다. 그 혼자만 아내와 자식이 있었던 것이다.

지도원이 한 번 검사해보더니 말했다.

"너무 간단해, 어쩌다가 한 번 죽는 건데 우리 함께 한 장 더 쓰자고."

그래서 세 사람은 의논을 하면서 또 한 장을 써냈다.

'우리는 평범한 사병들이고 평범한 사람들입니다. 해발 4,800미터 고지에서 조용히 죽어갑니다. 얼마나 싱거운 죽음입니까? 기아와 추위 때문입니다. 하지만 우리는 우리의 죽음이 가치가 떨어지지는 않는다고 믿습니다. 우리는 국경보위사업을 위해 몸을 바쳤거든요. 우리는 부끄러운 게 없고 유감이 없습니다. 우리는 맑은 정신으로 조용히 죽음을 기다리고 있습니다. 기아와 추위는 우리의 목숨을 빼앗아갈 수 있지만 우리의 의지와 정신은 빼앗아갈 수 없습니다. 청춘의 생명이 갑작스럽게 끝나는 것은 아쉬운 일이지만 우리의 넋은 어두운 잿빛을 휘감고 슬피 울부짖으며 몸을 떠나지 않을 겁니다. 이것이 바로 생명 자체가 우리에게 준 두터운 보상입니다.'

다 쓰고 나서 세 사람은 유서를 손에 받쳐들고 태연히 마지막 순간을 기다렸다.

한참 후 동지들이 왔다. 부연대장이 사람들을 거느리고 그들을 구하러 왔다. 부연대장은 그들의 유서를 보고 칭찬했다.

"글재주가 대단하구먼."

1988년에 하이난〔海南〕이 성으로 승격되었다. 취재단에 끼인 나는 취재할 일념에 불타 남보다 먼저 하이커우〔海口〕로 날아가 초대소(호텔보다 한 등급 낮은 여관)에 들었다. 국제방송국의 첸리췬〔陳立群〕도 거기에 있었다. 두 사람은 할 일이 없어 함께 거리에 나가 거닐었다.

거리에는 야자나무 향기가 그윽했고 택시는 전부 삼륜차였다. 2위안만 내면 하늘 끝까지라도 실어다주었다. 무심히 머리를 돌리니 삿갓을 쓰고 파인애플을 파는 할머니가 눈에 띄었다. 그때 나는 깡통 바깥에 있는 파인애플을 난생처음 보았다. 나는 걸핏하면 열이 났는데, 열만 나면 어머니는 나에게 파인애플을 먹였다. 햇빛이 아른거리면서 또다시 어머니의 말씀이 들리는 듯했다.

"자, 파인애플을 좀 먹으렴."

"20전에 한 덩이."

아니, 왜 돈까지 달라나? 놀란 김에 다시 보니 어머니는 할머니로 변해 있었다.

파인애플을 샀는데도 할머니는 입을 다물지 않았다. 나는 알아듣기 힘들었지만 천하를 메주 밟듯 하면서 굴러먹은 첸리췬은 입을 문지르면서 말했다.

"자동차를 사겠느냐고 묻는 거야."

나는 그래도 무슨 셈인지 알 수 없는데 첸리췬은 어느새 흥정을 붙였다.

"뭐요? 크라운 한 대에 10만 위안이라고요? 방금 야자를 파는 할머니가 7만 위안을 부른 것도 사지 않았는데."

몇 번 흥정해보다가 성사할 가망이 없어 할머니와 헤어졌다.

첸리췬은 나를 끌고 길가의 따파이당[大排檔, 중국 남방의 거리에서 간단히 차려놓고 요리를 파는 곳]에 들어가 새우 한 근, 채소 두 접시와 맥주 한 병을 시키고는 안경을 치켜올렸다.

"야, 이 친구야. 너 정말 모르는 거야, 아니면 모르는 척하는 거야? 지금은 전국 인민이 다 장사를 하는 때 아니야?"

"전국 인민이 다 장사를 하더라도 그들에게 자동차가 있을 리 없잖아."

내가 이렇게 대꾸하자 첸리췬은 눈을 부릅떴다.

"왜 없어? 오후에 내가 한 대 보기까지 했는데. 80퍼센트 신품인데 풀로 덮어놓았더라고."

"어디에서 생긴 거지?"

"너 외계인이냐? 밀수한 거지. 관세를 내지 않았기에 엄청 싸지."

장사에서는 나는 지능장애자라고 할 지경이다. 이전에 수학을 잘 하지 못한 것과 관계가 많다.

어린 시절에 한 녀석이 내가 아끼는 유리알 일곱 개를 가져갔다. 속

에 알록달록한 유리 꽃이
있는 유리알이었는데, 그
는 자기 외삼촌이 친황다
오 유리알 공장의 공장장이라
면서 며칠 후에 오면 나한
테 유리알 네 근을 주겠노
라고 큰소리를 쳤다. 그러
나 아무리 기다려도 그의
삼촌은 오지 않고 친황다
오에 계시는 나의 외삼

촌이 오셨다. 외삼촌은 그 곳에 그런 공장은 없다고 하셨다.

그날 오후 첸리췬의 입에서 많은 인기 상품을 알게 되었다. 전자시계, 컬러 TV, 자동차, 알루미늄 덩어리, 신문종이…. 그야말로 장사 기회는 무한했고 눈앞은 환해졌다.

뒤이어 취재단이 하나둘 도착했다. 우리는 차에 앉아 전진하면서 차가 멈춰서면 취재하고 차가 움직이면 노래를 불렀다. 사업과 오락을 다 할 수 있으니 꽤나 즐거웠다.

우리 취재단을 모시고 다니도록 〈하이난일보〉에서 파견한 사람이 제일 인상 깊었다. 키가 훌쩍 크고, 거무스레하고, 여윈 사람이었는데 가는 곳마다 상대측에 일일이 우리를 소개했다. 사투리가 심해 우스운 일이 많았다.

〈중국일보〉의 장씨도 재미있는 신인(神人)이었다. 도수 높은 근시안경을 끼고 몸에서 학문 냄새를 풍기는 사람인데, 어느 날인가 읽을 줄 모르는 한자를 어떻게 읽느냐고 물었더니 그는 생각도 해보지 않고 즉각 대답했다.

"부수(部首)가 있으면 부수를 읽고, 없으면 위쪽을 기준으로 삼아 읽지."

꼬불꼬불한 산길을 따라 둥산링〔東山嶺〕에 가서 목적지에 이르니 사람들은 단체로 화장실에 갔다. 소변을 볼 때는 워낙 말이 없는 법인데 장씨는 기어코 한마디를 했다.

"아무리 위대한 사람이라도 쉬는 해야 하거든."

취재단에는 신인이 한둘 있어야 한다. 그렇지 않으면 기나긴 길에서 오가면서 재미가 없다. 신장에 갔을 때는 〈노동자일보〉의 로판〔老範〕이 제일 웃겼다. 농촌에 지식청년으로 내려간 적 있는 그는 문예통이어서 길에서 온통 옛 시절의 문예회보공연 이야기를 늘어놓았다.

'새로 지은 집의 새하얀 벽에는 마오 주석의 초상이 걸려 있어요' 라든가, '하늘에는 별들이 반짝이고 초생달이 환하게 비치는데 생산대에서 대회를 열어 고생살이 털어놓고 원한을 푼다네' 따위였다.

보스텐호〔博斯騰湖〕에 이르러 하늘과 물이 함께 푸른색으로 빛나고 물새가 어지러이 날며 울어대니 우리는 감동받은 마음을 나타내지 못하는데 로판이 70년대의 시구로 심정을 나타냈다.

보스텐호야, 너는 신비한 사발마냥
행복한 살림은 이루 다 말할 수 없구나…

하이난은 별로 크지 않아 10여 일 만에 취재를 다 끝냈다. 우리는 손을 저어 작별하고 각기 동서남북으로 흩어졌다.

〈화성보(華聲報)〉의 첸댄〔陳典〕이 나와 왕샤오워이를 끌고 선전으로 갔다.

화교성, 서커우〔蛇口〕, 사터우자쟈〔沙頭角〕 같은 곳에 가보는 것은 우리 내지 사람들에게는 나라 밖에 나가는 것이나 다름없었다.

베이징에 돌아와 독신기숙사에 들어가니 밤이 깊었는데도 친구들은 눈이 휘둥그래가지고 내가 불어대는 이야기를 들었다. 나는 남방에서 사온 전자시계와 청바지, 옷감과 무게가 2그램이나 되는 금반지를 하나 하나 그들에게 보여주었다.

나중에 사람들은 일제히 책상을 탕탕 내리쳤다.

"샤하이〔下海, 장사판에 몸을 던진다는 뜻〕 하자, 샤하이 하자!"

결심을 내렸을 때는 동녘하늘이 푸릇푸릇 밝아왔다.

극작가 워이밍룬〔魏明倫〕 선생이 '샤하이'의 어원을 고증해 주었다.

"이른바 '샤하이'는 대체로 전통희곡 '샤더하이〔夏得海〕'에서 나온 말이다. 다른 극인 '루더산〔入得山〕'과 어울려 흥미가 있다. 산에 들어가 호랑이를 잡고 바다에 내려가 용을 잡는다는 것이다."

그는 또 설명했다.

"물귀신이 변덕을 부려 바람이 불고 파도가 이는데 얼떨떨한 사또가 기발한 생각이 들어 사람을 바다에 내려보내 담판을 짓게 했다. 마침 아문에는 샤더하이라는 나졸이 있어 사또는 그를 바다에 내려보내는 최적의 후보로 삼았다. 나졸은 별수없이 유서를 쓰고 푹 취하게 술을 마신 다음 바다에 들어가 목숨을 버렸는데, 복 많은 사람은 엎어져도 금을 쥔다고 그의 이런 행동이 용왕을 감동시켰다. 용왕은 그를 도와 바보 사또가 맡긴 임무를 완수하게 했다. '샤더하이'는 극에서 황당, 막무가내, 모험, 요행 등의 뜻이 섞인 혼합적 의미다."

이렇게 추론해보면 샤하이를 하면 죽을 수밖에 없고, 목숨을 부지하더라도 눈먼 고양이가 죽은 쥐를 만나듯이 우연일 수밖에 없다.

나는 문화인들이 이런 이치를 잘 안다는 것을 발견했다. 그들이 워이밍룬 문화경제회사의 개업을 축하하여 보낸 전보에는 예외 없이 비장한 분위기가 풍긴다.

'일어나라, 노예가 되기를 원하지 않는 사람들. 우리의 피와 살로 새 장성을 쌓자. 결심을 내리고 희생을 두려워하지 않으며 갖은 고난을 무릅쓰고 장사거리를 따오자!'

극작가 사예신[沙葉新]의 생각이었다.

"자기 혼자 무대를 만들고 자기 혼자 극을 한다."

소설가 펑지차이[馮驥才]의 감개였다.

"촨[川]강은 동으로 흐르고 법문(法門)은 천만인데 천부(天府, 쓰촨을 가리키는 말)의 구름은 상서로우니 인생의 대경지로다."

작가 쟈핑와[賈平窪]의 생각이었다.

문화인들은 돈을 벌자는 말을 하기 싫어하는 듯하지만 사실은 뱃심이 약해서 용기를 내지 못하는 것이다.

그때 나는 나라의 일꾼으로서 월급을 받으면서 장사를 하면 기율위반이라는 것을 잘 알기에 공개적으로 장사를 할 수는 없으니 암암리에 해볼 수밖에 없었다.

우선 상품을 어디에서 얻어올까 걱정되었다. 그때는 출신을 따지지 않고, 학력도 보지 않으며, 나이도 상관이 없고, 생김새야 어떻든 상품이 있기만 하면 남들이 눈을 씻고 다시 보는 세월이었다.

어느 날, 나는 한 말라깽이 기자와 트럼프를 했다. 그가 에이스 두 장을 내놓기에 내가 두 장을 뽑아 꽉 눌러놓으려고 하는데 그가 나직이 묻는 소리가 들렸다.

"컬러 TV를 사겠다는 사람이 있나?"

나는 손을 얼른 끌어들였다. 알아보니 그의 외삼촌이 푸젠〔福建〕텔레비전 공장의 공장장인데 컬러 TV 2백 대를 생질에게 넘겨 팔아달라고 했다는 것이다. 우리가 믿지 않을까 봐 그는 즉석에서 외삼촌과 푸젠 남부 사투리로 통화까지 했다.

상품이 생겼으니 트럼프 놀이는 아무런 재미도 없었다. 우리는 당장에 살 사람을 찾기 시작했다. TV가 인기 좋을 때 컬러 TV를 살 사람은 결혼 상대를 구하기보다 쉬운 일이었다.

살 사람과 연락하고 나니 잠이 오지 않았다. 계산해보면 이 장사로 순이익 20만 위안을 남길 수 있는데, 최악의 경우에도 나는 5만 위안을 가질 수 있다. 그때 내 월급은 1백 위안도 채 안 되었다.

침대에 누우니 상상의 나래가 펼쳐졌다.

이제 기자는 더 할 생각이 없다. 자전거는 꼭 새 걸 사야지. 빨간색 경주용으로 말이야. 두 형님에게도 한 대씩 사드려야 하고. 그들이 군대에 가 있을 때 한 달에 7위안밖에 받지 못하면서도 나에게 1위안씩 나눠주지 않았나.

대학에 붙은 다음 둘째형님은 주일마다 학교에 와서 나를 도와 빨래를 해주었거든. 날 데리고 식당에 가면 볶음요리 한 접시를 시켜서 요리는 전부 나한테 집어주고 자기는 국물에 밥을 비벼먹었지. 둘째형님은 무서운 구두쇠지만 나한테는 잘해주었어.

누나에게는 손목시계를 사드려야지. 누나는 학도공(學徒工, 견습노동자)로 일할 때 한 달에 19위안을 벌면서 5위안을 떼어내 나에게 잡지를 주문해주었지.

어머니에게는 맛있는 음식을 한 상 사드리고, 아버지에게는 마오타이주를 한 병 사드려야겠다. 부모님은 혼신의 심혈을 기울여 네 자식을 키워냈잖아.

장 아저씨들에게도 인사를 해야지. 량샹의 장 아저씨는 날 끔찍이 사랑해주었지. 집에서 기르는 닭이 알을 낳으면 전부 나에게 가져다주었거든. 위생소의 장 아저씨는 비바람을 무릅쓰고 부를 때마다 오셔서 20여 년이나 내 병을 고쳐주었다. 참 이상한 일이야, 아무리 아파도 장 아저씨를 보기만 하면 병이 절반은 낫거든. 마오타이를 두 병 더 보태자.

옛날 농민봉기의 영수 진승(陳勝)은 머슴으로 있을 때 친구들을 보고 '부귀해 지면 서로 잊지 말자'고 했다지….

그날 밤 나는 마오타이를 50여 병 선물하고서야 어렴풋이 잠들었다.

이튿날 새벽, 아침해가 솟아오르고 하늘은 푸르고 구름은 새하얀데 내 마음은 한없이 즐거웠다. 나는 침대에 앉아 정신을 차리고 '돈이 손에 들어오기 전에는 돈이 아니다'라는 대학 동창생 량웨의 명언을 상기하고, 당분간 여전히 방송사에 다니면서 형편을 봐가며 진로를 정하기로 작정했다.

방송국에 가서 내 사무실에는 가지 않고 먼저 말라깽이를 찾아갔다. 그 방에 있는 사람이 말했다.

"말라깽이는 출장 갔네. 한 달이 지나야 돌아오거든."

순간 머리가 '웅' 하면서 피가 정수리로 몰렸다.

그 후에는 늘 그렇게 웅웅거리는 데에 습관이 되었다. 며칠 웅웅 하지 않으면 오히려 불안했다.

어떤 물건은 지금도 동년배들에게는 귀에 익은 물건이다. 옌산(燕山) 석유화학회사의 폴리염화비닐 500톤, 선양군구 구내의 알루미늄 덩어리 200톤, 산둥 라이양(萊陽)의 판탸오(盤條) 1,000톤, 지린 스쇈(石硯)

의 신문종이 300톤, 베이징과 텐진의 컬러 TV 각각 1,000대, 하이난과 옌지(延吉)의 크라운 승용차 각각 200대….

눈 깜짝할 사이에 이런 물건들을 사는 사람이 없어졌다. 시대의 총아들은 새 상품을 입에 담았다. 핵산(核酸)이나 니켈판 따위….

언젠가 수샤오산(蘇小三)이 자전거를 타고 내 기숙사에 찾아와 기어코 옛 소련에서 얻어온 반탱크로켓포 20대를 내 침대 밑에 숨겨놓겠노라고 했다. 나는 기를 쓰고 반대했다.

"당국에 발견되면 탈레반(아프간 민병대)으로 여길 거 아냐?"

담판이 실패하자 수샤오산은 체면이 깎여 돌아가면서 한 마디 툭 던졌다.

"큰일은 못 하겠구나. 우리 학급의 궈잰빙은 나를 도와 운동장 하나를 내어 투-154 비행기를 보관하겠다고 했는데."

샤하이 운동은 급작스레 몰려왔다가 재빨리 지나가 버렸다. 장사다운 장사는 하나도 못 해봤지만 깨달은 이치는 꽤나 되었다.

우선 성실하고 신용을 지켜야 한다는 것이다. 기만과 가짜 제조는 장사판의 대기(大忌)다. 원저우(溫州), 스스(石獅), 진쟝(晉江) 같은 곳들은 한때 가짜와 저질 제품이 모였다가 흩어지는 곳으로 소문났는데 지금도 옛날에 진 무거운 빚을 갚고 있다. 그곳의 기업가들은 자기가 이제는 청백한 사람이라는 것을 증명하기 위해 높은 대가를 치러야 한다. 이렇게 될 줄 알았더라면 애초에 그러지 말았어야 하는데.

둘째, 장사는 규칙을 지켜야 한다. 그 시절 바람을 부르고 비를 내리게 하는 재주를 부리다가 눈 깜짝할 사이에 거품처럼 사라진 풍운아들이 얼마였던가. 일시적인 이익을 위해 잠깐 사이의 즐거움을 누리려고 하다 보니 결국 사람도 망치고 재산도 잃었다. 역시 첸이(陳毅) 원수의 말씀이 정확하다.

"손을 내밀지 마라, 내밀면 꼭 잡히리니."

셋째, 자기의 위치를 잘 정해야 한다. 들떴다가는 큰일이다. 다재(多才)는 무재(無才)라고 어느 업종에서나 앞장설 수 없고, 어느 일에서나 순조로울 리 없다. 적당하게 벌면 손을 뗄 줄 알고 성공했을 때 물러서는 현명함이 있어야 한다. 평범한 살림이 제일 좋은 살림이요, 편안한 상태야말로 가장 진실하다.

여러분은 장사판에서 갈리고 닦이면서 경험이 나보다 훨씬 많으니 나는 한마디 축복하고 싶다. 자기를 잘 알고 처사하라.

얼마 전에 8·1영화촬영소에 일 때문에 갔는데 비가 억수로 퍼부었다. 촬영소 사람이 말했다.

"우리 촬영소를 좀 보시오. 이렇게 좋은 판탸오를 밖에 내버려둔다니까."

"뭐요? 판탸오?"

억수로 퍼붓는 빗속에서 나는 판탸오 앞에 서서 까딱하지 않았다.

"갑시다. 비를 맞지 말고."

사람들이 날 부르자 나는 얼굴에 흐르는 빗물을 쓱 닦고 소리쳤다.

"날 상관하지 마세요. 여러 해만에 처음으로 뭐가 판탸오인지 실컷 보게 말이에요."

이런, 판탸오란 쇠막대기에 불과한 것이었던가(판탸오란 철사나 철근을 둥글게 감은 막대기 모양으로 긴 것도 있고 굵은 것도 있는 봉 코일을 말한다).

재판

누가 내 지갑을 도둑질한다면 폐물(廢物)을 훔칠 뿐이다. 하지만 누가 내 명예를 도둑질한다면 그는 그것 때문에 부유해지지 않지만 나는 그걸 잃어 알몸뚱이가 되고 말 것이다.
 - 셰익스피어

2002년 2월 20일은 내 서른여덟 번째 생일이었다. 이날 베이징 차오양[朝陽]구 법원에서는 피고 베이징화린기업이 원고 추이용왠의 초상권과 명예권을 침범했기에 민사 책임을 져야 한다고 판결했다.
"38세 생일에 이런 선물을 받으니 기분이 좋으냐?"
친구의 물음이었다.
"너는 유통기일이 지나 변질된 선물을 좋아해?"
내 대답이었다.
"이 재판을 어떻게 평가하십니까?"
기자의 질문이었다.
"더럽고 꺼림칙하지요."

내 대답이었다.

1996년 6월 23일, 우리가 제작한 '진실한 말 솔직하게' 프로의 '다이어트를 해야 하나' 가 정시에 방송되었다. 실용적인 의의가 있는 논쟁이라고 해야겠다.

다이어트 찬성자들은 과분한 비만이 인간의 몸과 마음에 부담을 끼친다고 주장했고, 다이어트 반대자들은 뚱뚱하거나 여윈 건 예로부터 심미관과 유행의 주제였다고, 오늘은 사람들이 여윈 모습을 선호하다가도 내일은 뚱보가 인기 좋을 수 도 있다고 반박했다.

중앙TV 여성프로 진행자인 뚱뚱한 장웨(張越)는 더욱 솔직하게 고백했다.

"누가 다이어트 약이 효과가 있다고 떠들어댄다면 그건 새빨간 거짓말이에요."

그녀는 많은 친구들과 마찬가지로 다이어트 약 제조자들한테 속은 적이 있었고, 맹목적으로 체중을 줄이는 고초를 겪었다.

물론 이건 유일한 견해가 아니었다. 다이어트 전후의 몸매를 대조한 사진을 들고 다이어트의 덕을 보았노라고 주장하는 사람도 있었다.

프로 진행의 시각으로 보자면 이 프로는 상당히 모범적이었다. 프로에 참가한 시청자나 초대손님들도 다 자원해서 신청했고, 목표에 맞게 초청되었다. 그 기회를 타서 현장에서 약을 판 사람도 없었고, 어떤 제조상을 선전하지도 않았다. 방송 효과로 가늠해보더라도 양쪽에 공평한 프로였다. 찬반 양론의 소리가 평등하게 울렸다.

아마 연말쯤이었다고 기억한다. 신장의 한 시청자가 나한테 전화를 걸어 TV에서 내가 '미복락(美福樂, 중국어 발음은 메이푸러)' 다이어

미국방장관 코언의 부인이 남편과 함께 중앙TV 방문.
코언 부인의 토크쇼는 미국에서 수백만 시청자를 보유,
내 시청자 수가 1억이라고 알려주니 그녀는 깜짝 놀랐다.
그녀가 기절할까 봐 나는 징이단(敬一丹)의
'초점취재'를 2억의 중국인이 본다는 것을 비밀에 붙였다.

트 약 광고를 하는 것을 보았노라고 말했다. '미복락' 이라는 말을 난생 처음 들어본 나는 별로 마음에 새겨두지 않았다. 아마 그 시청자가 잘못 보았겠지.

그런데 1997년에 들어서니 일이 차차 복잡해졌다. 핫라인의 문의는 질문으로 변했다. '미복락' 을 복용하고 효험이 없거나 부작용이 생긴 시청자들은 분개해서 일제히 내가 왜 사람을 속이느냐고 질타했다. 그 속에는 정리해고 당한 노동자와 퇴직금으로 생계를 유지하는 노인들도 적지 않았다. 어렵게 버는 돈인지라 그들은 유달리 화가 치밀었고 말도 더 듣기 거북했다.

뒤이어 나는 유사한 정보에 포위되었다. 하얼빈, 선양, 자오조앙[棗莊]에서 일하는 동창들이 그들이 녹화한 TV 광고와 인쇄물을 부쳐왔다. 물증이 산더미 같아 나는 입이 열 개라도 할말이 없었다. 형님이 장시(江西)성의 소재지인 난창[南昌]에 출장을 갔더니 손에 그런 광고를 끼워주는 사람이 있었다. 형수도 베이징의 상점에서 그런 인쇄물을 받았다. 시청자들의 편지가 날이 갈수록 많아지고 말도 점점 심해졌다.

긴긴 밤을 뜬눈으로 새우면서 나는 장기간 고민에 빠져들었다. 송사는 예부터 쉬운 일이 아니니 사전에 부작용을 고려하지 않으면 안 된다. 작은 신문들에서는 근년에 시비를 만들지 못해 애쓰는데 제멋대로 지껄이는 그런 신문에 뉴스의 주인공이 된다는 것은 정말 싫었다. 한바탕 떠들면 그 결과 자신이 다칠 뿐 아니라 프로도 원기가 상한다.

나는 방송사의 변호사에게 도움을 청했다. 방송사 변호사는 즉시 상대방 변호사와 연락했다. 대답은 차디차 인정미라고는 눈곱만큼도 없었다. 첫째, 3만원을 줄 테니 광고는 계속 내보낸다. 둘째, 송사는 두렵지 않다. 법원은 자기네 말을 듣는다.

그처럼 도리를 따지지 않고 횡포를 부리는 바람에 나, 일개 서민은 분개하고 말았다. 그 전에 많은 사람들이 상대방은 기업이고, 돈이 많고, 세력이 크며, 상대방 변호사의 배경이 무엇인가를 알려주었다. 돈이 많으니 일이 잘 풀릴 것이라고, 변호사는 바로 전에 법원에 있던 전임법관이라 이런 특수 배경을 주의해야 한다는 것이었다.

나의 머릿속에는 여러 해 전의 정경이 떠올랐다. 건달들이 늘 우리를 괴롭혔다. 그놈들은 사정없이 주먹을 휘둘러 우리는 늘 피하기만 했는데 그 날 우리가 고생스럽게 물을 뿌려 얼음판을 만들었더니 건달들이 또 와서 우리의 썰매를 빼앗고, 스케이트를 가로챘다. 친구들은 억지로 참다 보니 얼굴이 새빨개졌다.

그 날 나는 어디에서 용기가 생겼던지 갑자기 팔을 휘두르며 대들었다. 바짝 마른 장작에 불이 붙은 듯 친구들은 산에서 내려온 호랑이처럼 건달들을 잡아 팼다. 우리가 사람 수가 적었는데도 그놈들은 꼬리를 내리고 도망쳤던 것이다.

나는 마오쩌둥 선집에서 답을 찾았다. 정의는 악을 이긴다더라.

이 재판은 하지 않을 수 없다. 정말로 〈수호지〉의 영웅들이 핍박에 못 이겨 양산박에 올라가는 격이었다.

미국에서 갓 돌아온 런융〔任勇〕 변호사는 한창 피가 들끓고 있었다. 내가 사실을 서술하자 그는 연신 고개를 끄덕였다.

"너무 간단하구먼."

그 말을 들어보면 이 재판은 너무 시시한 모양이었다. 런 변호사는 이 재판 경험을 평생 잊지 못하리라고 나는 생각한다. 한 나라의 특색이라는 것이 무엇인지 단숨에 깨달았으리라.

그는 장페이씬〔張培信〕 변호사와 함께 사방으로 돌아다니며 증거를 수집했다. 알고 보니 상대방이 내 권리를 침범한 규모가 우리의 상상을 훨씬 초월했다. '미복락'은 내 초상과 명예를 도용하여 이미 전국 90개 TV방송국에서 거의 1만 회에 가까운 불법광고를 방송했다.

여기서 먼저 해당 법률을 알아보는 것도 무방할 것이다. 책을 내는 기회를 빌어 법률지식 보급에 조금이나마 이바지하는 셈치고.

중화인민공화국 민법통칙(民法通則) 제100조에는 이렇게 규정되어 있다.

'공민은 초상권을 향유하는 바 본인의 동의를 거치지 않고서는 영리를 목적으로 공민의 초상을 사용할 수 없다.'

최고인민법원의 '중화인민공화국 민법통칙을 집행하는 약간의 문제에 대한 의견' 제139조를 보기로 하자.

'영리를 목적으로 공민의 동의를 거치지 않고 그 초상을 이용하여 광고, 상표, 장식창 등을 만들면 공민의 초상권을 침범한 행위라고 인정해야 한다.'

최고인민법원에서는 '명예권 침범사건을 심사하는 데 약간의 문제에 대한 해답' 제7조에 이렇게 규정하였다.

'명예권을 침범한 책임이 구성되는가 하는 것은 피해자가 확실히 명예를 손상 당한 사실이 있고, 행위자의 행위가 위법이며, 위법행위와 손해 결과 사이에 인과관계가 있고, 행위자가 주관적으로 착오가 있느냐에 따라 인정해야 한다.'

중화인민공화국 민법통칙 제120조는 이렇게 정의하고 있다.

'공민은 성명권, 초상권, 명예권, 영예권이 침범 당했을 때 침해행위를 정지하고 명예를 회복하며 나쁜 영향을 없애고 사과하라고 요구할 권리가 있으며 손실을 배상해달라고 요구할 수 있다.'

최고인민법원의 '중화인민공화국 민법통칙을 집행하는 데 대한 약간의 문제에 대한 의견' 제150조의 규정은 다음과 같다.

'공민의 성명권, 초상권, 명예권, 영예권과 법인의 명칭권, 명예권, 영예권이 침범 당했을 때 공민이나 법인이 손해배상 요구를 제기하면 인민법원에서는 권리침범인의 착오 정도와 권리침범행위의 구체적인 경위, 그 결과와 영향에 근거하여 그 배상 책임을 확정할 수 있다.'

법관이 이 몇 가지를 알면 법에 따라 판결할 근거가 있다. 변호사가 이 몇 가지를 알면 승소에 대한 믿음이 강해진다.

1999년 4월 29일, 런융 변호사는 기소장을 베이징 차오양 법원에 제출했다. 그 시각부터 나와 함께 22개월이나 시달리게 될 줄을 그는 꿈에도 생각하지 못했다.

내가 재판을 한다는 소식이 신문에 실렸다. 어떤 작은 신문에서는 한바탕 떠들어댈 궁리를 했다. 기사 제목이 바로 '추이융왠 천가(天價) 요구'였다. 천가란 엉터리없이 비싼 값을 부른다는 것을 의미한다

화린그룹에서 나의 초상과 명예를 도용하여 제멋대로 '미복락' 광고를 한 몇 해 동안 그들의 이익은 다른 다이어트 약 제조자들을 훨씬 능가했다. 산시성 시장만 보더라도 내 초상을 사용한 다음 판매량이 3배로 늘어났다. 해마다 연말이면 화린그룹에서는 득의양양하여 자기들의 판매실적을 공표했는데, 1억 위안 이상인 그 판매액 속에는 물론 내 권리를 침범해서 얻은 폭리도 포함되었다.

화린그룹에서는 재빨리 대응했다. 나와 잘 아는 친구들을 찾아 설득하는 동시에 거간꾼을 통해 화해 가격을 제출했다. 나에게 상대방 변호사 사무소의 상황을 알려주는 일을 맡은 사람들도 있었다.

사실 화해는 좋은 일이다. 중국 전통문화는 예부터 소송을 좋아하지

않았다. '송사를 없애는 것'이 많은 왕조들이 추앙한 미풍양속이었다. 하지만 화해의 중요한 전제는 당사자 쌍방이 적당하게 자기 이익을 양보하는 것이지 어느 한쪽에서 다른 쪽을 일방적으로 압도하는 것이 아니다.

화린그룹은 베이징에서 설명회를 열고 그들의 견해를 표명했다. 그 회의에서 그들은 힘들여 기획한 견해를 내밀었다.

'초상을 신문기사에 썼지 광고가 아니었다. 우리가 추이융왠의 초상을 쓸 때 그는 유명인사가 아니었다. 초상을 잠깐 썼을 뿐이지 중앙TV에서 일깨워주자 정지했다.'

마지막 견해 때문에 그들은 상당히 난처하게 되었다. 그들이 궤변을 늘어놓을 때에도 불법광고는 여전히 각지에서 방송되고 있었던 것이다. 동시에 화린그룹의 변호사는 관할권 이의를 제출했다. 그룹은 차오양구가 아니라 쉔우구에서 집중으로 생산하고 경영한다는 것이다.

그런데 가소로운 것은 상대방 변호사가 화린그룹에서 내준 편지를 들고 수속을 밟으러 갔을 때 거기에는 분명 회사 사무지점이 차오양구 화앤베이리〔華嚴北里〕라고 쓰여 있었고, 청사 이름도 화린홍루였다. 정말 소가 웃다 꾸러미 터질 일이었다.

그 날 법원에서 돌아온 런윰은 그 장면을 이야기하면서 웃음을 참지 못했다. 그러나 나는 웃음이 나오지 않았다. 황당한 소동이 벌어질 것이 육감적으로 느껴졌기 때문이다.

정확하게 말해 런윰은 괜찮은 변호사로 국제소송도 여러 번 맡았고, 적용하는 법률도 손금보듯 훤했다. 그가 나의 의뢰를 접수할 때 나는 첫 대화에서 말했다.

"저는 일이 바빠서 재판 도중에 너무 구체적인 일에는 신경 쓰지 못할 것입니다."

그러자 내 말이 끝나기도 전에 그의 손이 허공에서 휘둘러졌다. 쓰촨 사람인 런융은 키가 작달막하고 총기가 있었다. 겉보기에도 영리했다.

"관계할 필요 없어요."

그의 대답이었다.

관할권 이의가 결과를 보기도 전에 그의 얼굴에는 낙심한 빛이 실렸다.

"그 자들은 시간을 끌고 있어요."

관할권 이의는 결국 우리가 이겼다. 그러나 재판 날짜는 언제인지 아직 알 수 없었다. 여름이 더위를 휩쓸고 다가왔다. 내막을 아는 사람들은 다이어트 약의 판매 성수기라는 것을 잘 알고 있었다. 재판을 하지 않으면 결과가 나오지 않고, 그러면 권리침범 행위가 한층 확대된다는 것을 의미했다.

런융은 미친 듯이 차오양 법원에 전화를 걸었다. 그쪽에서는 그때마다 하는 수작이 달랐다. 누가 출장을 갔다느니, 누가 전근을 했다느니, 요즘 사건이 많다느니, '삼강(三講, 1999년에 장쩌민 총서기가 벌인 정치사상 강화운동)'을 한다느니….

화린그룹은 교외에서 언론회의를 열었다. 많은 신문사의 사장과 광고 담당자가 초대를 받고 달려가더니 그 후에는 누구도 신문에 그 송사를 싣지 않고 일심전력 광고만 실었다.

어느 날 런융은 취해가지고 눈이 시뻘개져서 나를 찾아왔다.

"왜 당신네 언론 매체들은 다 공정하지 않은 거요?"

"법원도 이 꼴인데 매체 얘기를 할 거 있어요?"

이렇게 대답하고 런융을 보면서 나는 가슴이 아팠다. 미국에서 중국으로 돌아와 아주 간단하다고 여기는 소송을 담당한 사람을 보고 무슨

말을 해주랴? 중국의 법제(法制)가 건전하지 못하다고 말하나?

사실 나는 그를 해치려는 생각은 눈곱만큼도 없었다. 나는 10여 년 기자노릇을 하면서 수십 건의 재판을 취재했는데 정말 당사자가 되고 보니 그 느낌은 방관자와는 딴판이었다.

나는 런융이 타향의 무송(武松, 〈수호지〉의 호랑이를 잡은 영웅) 같다고 생각되었다. 술을 몇 사발 마신 다음 몽둥이를 들고 비틀비틀 경양강(景陽崗)으로 달려가 호랑이를 찾아 이역에서 갈고 닦은 솜씨를 펴 보이려 했는데, 자꾸만 곤두박질을 치게 될 줄이야. 머리를 숙여보면 죄다 자기 편이 쳐놓은 올가미라 속상하지 않을 리 있겠는가.

시간을 질질 끌다가 '미복락'의 판매 시즌을 또 하나 보낸 다음 차오양 법원에서 소식이 왔다. 차가운 1999년 12월 7일, 재판은 처음으로 개정되었다. 우리가 4월 29일에 기소장을 제출한 때부터 일곱 달이 지나간 뒤였다.

이날 나는 방송 일 때문에 주하이로 가서 바다에 뜬 배의 갑판 위에서 마카오가 조국으로 돌아오는 프로 '마카오 동포와 만나'를 촬영했다. 배가 너무 작아 자꾸 파도에 흔들렸다.

나는 불현듯 깨달은 바가 있었다. 사람들은 가끔 TV프로 진행자를 너무 우러러본다. 진행자는 유명인이고, 유명인은 바람을 부르고 비를 내리게 하는 재주가 있어 비바람에 부대낄 염려 없이 강호에서 웃음으로 일관한다고 여긴다. 이것은 물론 환상이다. 사실 TV 진행자의 명성은 머리 위의 허망한 테일 뿐 자신의 정상적인 권리도 지킬 수 없다.

나를 예로 들어보자. TV 화면에 나타날 때마다 책임을 져야 한다. 일단 견해나 표현이 이상적이 아니면 수없는 항의전화와 수없는 편지를 받게 된다. 탐색하고 추궁하는 이가 있고, 심지어 질책하고 욕설을 퍼붓는 경우도 있다.

책을 쓰려 하면 해적판을 경계해야 한다. 거리를 거닐자면 대중 이미지를 주의해야 한다. 사람들이 사인을 해달라거나 사진을 찍자고 하는 건 다 체면을 보아 하는 일이라는 것을 알기에 자칫하면 욕을 먹는다. 좆같은 자식!

직장의 우두머리는 내일 너를 쫓아내면 넌 개뿔도 아니라고 말한다.

나는 감정이 있는 사람이다. 어머니는 말씀하셨다.

"얘가 얼떨떨해질 때면 세상에 두려운 것이 없다."

나는 나를 욕하는 편지를 볼 때마다 그런 잘못이 있으면 고치고 틀린 지적이라도 그렇게 되지 않도록 경계했다. '나한테 애정을 가지기에 나를 욕하는 것이다' 하면서 마음을 풀었다.

예외는 단 한 번이다. 칭화(清華) 대학의 한 교수가 메일로 나를 일본인의 잡종이라고 욕했는데, 그 이유는, 내가 다음 장에 나오는 옛 일본군인 히가시 후미오(東史郞)를 취재할 때 너무 친근하게 대했다는 것이었다.

그는 내 고향이 항일유격전의 주요 싸움터였던 허베이성 중부 지중

[冀中] 평원이라는 것을 몰랐을 것이다. 나는 일본에서 동창생 주훙을 만났을 때 들은 말이 생각났다.
"모두 나를 친일파라고 욕하는데, 내 집은 대도살이 벌어졌던 난징에 있단 말이야!"
나는 당장에 수화기를 집어들고 칭화 대학에 전화를 걸어 나를 욕한 사람을 찾았다.
"사과하지 않으면 내 식대로 일을 해결하겠습니다."
결국 그는 사과했다.
나는 시시각각 자신의 대중적인 이미지에 신경을 곤두세웠다. 공공장소에 가서 질탕하게 놀아대지도 않았고, 모든 상업활동을 사절해버렸다. 심지어 재판을 하기도 전에 배상금을 전부 사회공익사업에 헌납하겠다고 성명을 발표했다.
그런데도 이해하지 못하는 사람들이 있었다. 정리해고 노동자라고 자칭하는 한 여자는 쉰 목소리로 욕을 퍼부었다.
"빌어먹을 녀석, 너 무슨 자격이 있어서 그렇게 많은 돈을 달라는 거야? 미쳤잖아! 우린 한 달에 빌어먹을, 몇 백 위안밖에 받지 못하는데."
나는 수화기를 들고 뭐라고 말하면 좋을지 몰라 자신을 위안할 수밖에 없었다. 천하가 혼란해지지 않을까 봐 걱정하는 작은 신문들이나 욕하자. 그들의 선동으로 영향이 미쳤구나.
나는 주하이 바다의 파도와 바람 속에서 겉으로는 아무리 요란스러워도 나는 여전히 일반 백성일 뿐이오, 바다 속의 좁쌀이며, 바다 위의 작은 배에 불과하다는 것을 깊이 깨달았다.

밤이 되자 런융이 전화를 걸어왔다.

"미안해요. 이상과 현실은 너무 거리가 머네요. 법관은 우리 말을 잘라버리고 우리가 증거를 제시하지 못하게 했어요. 하지만 우린 확실히 할 일은 다 했어요."

내가 무슨 말을 하랴?

"괜찮아요."

그 한마디뿐이었다.

그 후 나는 런융 변호사가 나를 피하기 시작하고 한 발 물러섰다는 것을 분명히 느꼈다. 그를 나무랄 일이 아니었다. 일차로 개정한 후 재판은 또 바다에 돌 던지기로 감감 무소식이었다. 런융은 여전히 거듭거듭 전화를 걸었고 그쪽의 구실도 여전히 전근, 학습 따위였다.

런융은 무기력해졌다. 더 정확하게 말하면 힘이 있어도 어디다 쓸 수가 없었다.

그 나날은 내게는 스트레스가 제일 큰 시기였다. 밤중에 깨어나면 머릿속에는 '재판'이라는 두 글자만 맴돌았다.

추이씨 가문의 역사에서 처음 건 송사였다. 가끔 나는 아버지가 어떻게 이토록 공정하지 못한 세상사를 보고도 참고 지내오셨는지 알 수 없을 때가 있다. 아버지도 성격이 강한 분이어서 화를 낼 때는 손에 닿는 유리란 유리는 죄다 박살내는 것을 본 적이 있으니까.

정년퇴직 전에 아버지는 사단의 부정치위원이었다. '어험!' 하면 사람들이 설설 기는 인물이었다.

자리에서 물러나 간부휴양소에 가자 계급장과 배지가 사라졌고, 우리 형제들이 모아서 갖춰드린 사복차림을 하자 겉모습이 밑바닥 서민으로 변해버렸다. 그러나 마음은 아직 변하지 않았다. 한 졸병이 양배추를 팔면서 불손한 말을 던지는 바람에 아버지는 화가 나서 야단이셨다.

내가 현장으로 달려갔을 때 일흔이 내일 모레인 아버지는 백발을 휘날리며 성난 사자처럼 울부짖으셨다. 후두염이 있는 분이라 목이 벌써 쉬셨다. 몸에 맞지 않는 사복은 어울리지 않았다. 순간 나는 아버지가 노쇠하셨다는 느낌이 강하게 와 닿았다. 관리가 관직에서 물러나면 존엄도 뒤따라 노쇠해지는 법, 평지에 내려온 호랑이의 비애를 묵묵히 체험할 수밖에 없다.

다행히 아버지에게는 아들이 셋 있었다. 그래, 이런 대목에서는 주먹이 센 자식이 제일이라고 여기는 농민들의 생각이 전혀 이치에 맞지 않는다고 할 수 있단 말인가?

나는 한걸음에 뛰어가 졸병을 손가락질하며 훈계했다.

"이 분이 혁명을 위해 죽음을 무릅쓰고 싸울 때 넌 세상에 태어나지도 않았다!"

그 녀석이 시답잖아 하는 꼴을 보고 나는 한마디 보탰다.

"고분고분하지 않으면 우리 형님을 불러다 패준다. 믿어지지 않아?"

밤에 집으로 돌아오신 아버지는 침대에 앉아 헐떡거렸다. 방에는 전등을 켜지 않았다. 어둠 속의 아버지가 각별히 가엾었다. 나도 그 분이 왜 속상해하시는지 알 만했다. 목숨을 걸고 선지 피를 흘리면서 바뀌온 존엄과 자신감이 순간에 무너지지 않았던가.

아버지가 자신감을 회복하려면 민간에서 자리를 잡도록 도와야 한다. 우리는 아버지의 군복을 걸어 넣고 한창 유행하는 몸에 맞는 옷을 사드리고, 좋은 음식을 대접하고 두 분을 모시고 관광길에 올랐다.

특히 내가 TV에서 얼굴이 알려진 다음 아버지의 자신감은 부쩍 늘어났다. 어디 나가시면 남들이 다시는 아버지를 '사단의 부정치위원'이라고 소개하지 않고 '추이융왠의 부친'이라고 소개하는 것이었다.

내가 재판을 할 때 아버지는 부대를 떠나 18년째 되는 해였다. 이때의 아버지는 자애롭고 평화롭고 잔잔해져 불같은 군대 기질이 사라진지 오랜지라 말도 달랐다.

"참을 만하면 참으려무나."

이때 나는 이미 물러설 길이 없어졌다. 봉건적인 생각도 들었다. 물러서면 가문의 수치가 된다. 이판사판이니 결사적으로 덤벼보자. 나의 적수들은 제조회사만이 아니라 기득권 세력 전체다.

재판은 여전히 질질 끌기만 했다. 2000년 여름이 되었다. 다이어트 약의 황금 시즌이 다시 돌아왔다. 지난해의 경험으로 미루어보면 차오양 법원은 이 계절에 재판을 시작할 리 없었다. 런융의 수심에 잠긴 얼굴을 보면서 나는 변호사 한 분을 더 모셔다가 우리의 전열을 가다듬자고 제의했다.

런융은 흥미가 다분했다.

"누구를 모셔오지요?"

"웨청(岳成) 변호사가 어떤가요?"

그전에 나는 웨청을 몇 번 만나보았다. 제일 마음에 드는 말이 한마디 있었다.

"나는 농민이라구요."

농민의 장점과 단점은 불 보듯 뻔한 것이었다. 웨청은 농민의 장점을 더 많이 발휘했다. 첫 대면에서 그는 이렇게 승낙했다.

"이 재판을 무료로 해드릴게요."

내가 가슴속에 맺힌 아픔을 털어놓자 그는 빙긋 웃었다.

"고생이야 누군들 하지 않습니까? 백성들이 얼마나 고생이 많은가요? 그래, 당신도 백성이지만 고생 등급으로 나누어본다면 일반 백성이라고 할 수 없지요. 먹고 입을 근심이 없겠다, 자동차를 타고 돌아다니겠다…."

그는 내 말머리를 잘라버리고 자기 이야기를 했다.

80년대에 변호사가 되어 20년 사이에 1천여 건의 사건을 다루었는데, 그의 말대로라면 자기 인생에서 세 번의 비약이 있었다고 한다. 1976년에 현 소재지에 들어가서, 1986년에 성 소재지로 진출했으며, 1996년에는 상경했다는 것이다.

"성공하려면 성실하고 정직하며 동정심이 많아야 하지요. 그런 권리를 침범한 그 기업은 맛이 틀렸구먼."

그는 화제에서 빗나갔다.

"변호사는 남의 위기를 틈타 돈을 버는 사람입니다. 일이 없으면 누가 우리를 찾겠습니까. 때문에 우리는 양심에 부끄럽지 않게 서비스해야 합니다."

그는 나의 견해에 동의했다. 런융은 힘자라는 데까지 했고, 참 쉽지 않다고.

나중에 그는 일어서면서 웃었다.

"질질 끈다고 무서워하지 마시오. 십 년, 백 년 끌 수는 없으니 조만간 깨끗한 이름을 돌려주고야 말 거요. 자, 버섯 먹으러 갑시다."

2000년 겨울이 되었다. 12월 7일, 차오양 법원에서는 또다시 재판을 개정했다. 여전히 1심이었다. 작년의 오늘은 리허설이 된 셈이었다. 개정 전에 갖가지 소식이 갖가지 경로를 거쳐 우리 귀에 들어왔다. 나는 단단히 각오해야 한다고 웨칭에게 거듭 귀띔했다.

개정 전날, 나는 어쩐지 마음을 진정할 수 없어 전화를 걸었더니 웨청은 면도 중이었다. 그는 허허 웃으며 말했다.

"좀 다듬어야지. 변호사가 출정할 때는 이미지를 조심해야 하거든."

이튿날 그는 곧장 차오양 법원장 앞으로 다가가 물었다.

"우리를 패소하게 하려고 하신다면서요?"

"그러면 왜 왔나?"

원장이 되물으니 웨청은 당당하게 내쏘았다.

"우리가 어떻게 지는지 보려고요."

'경제 반시간'의 기자 첸다후이(陳大會)는 나를 보고 이 송사 후의 많은 일들을 이야기할 생각이 없느냐고 물었다.

"그래요. 아마 한평생 말하지 않을 수도 있어요."

나는 이 송사를 거쳐 중국 사법계의 현황을 몸으로 체험했다. 법에 따라 나라를 다스리자면 아직도 힘든 일을 해야 한다. 길은 멀고 책임은 무겁다. 나는 너무나 많은 불협화음과 이상한 상황을 겪었다. 사법 제도가 건전하지 않으면 이후에도 더 많은 사람들이 얼떨떨한 상태에서 제물이 되리라고 믿어마지 않는다.

나는 책임지고 하는 말이지만 지금 단계에서 재판을 하려면 반드시 원가(原價)를 따져보지 않으면 안 된다. 앞뒤를 잘 재어보고 해야지 한때의 치밀어오르는 화를 참지 못하고 경솔하게 행동하다가는 나중에 인간적으로나 경제적으로 손해보기 쉽다.

나는 만나는 이들마다 돈이 있는 기업과 소송을 벌이려면 더구나 거듭거듭 생각해보아야 한다고 일깨워드리는 바이다. 잠시 후에는 기업 하나만 상대하는 것이 아니라 모든 이익집단과 맞섰다는 것을 알게 될 테니 말이다.

2001년 2월 20일, 22개월을 끈 다음 드디어 1심 판결이 나왔다.

'피고 화린그룹은 원고의 초상권과 명예권을 침해하였기에 10만 위안을 배상한다. 피고는 중앙TV에서 일곱 번 사과한다.'

피고는 아주 수지맞게 내 권리를 침해했다. 증거를 수집하기 시작해 우리는 소송에 3년의 시간을 들였다. 지칠 대로 지친 끝에 결코 공정하지 않은 판결문 한 장을 받은 것이다.

늦어진 판결이기에 공정하지 않다고 말하는 것이다. 피고는 교묘하게 판매 황금 시즌을 두 번 피했고, 차오양 법원은 효율이 없었기에 공평하지 않았다. 권리를 침해한 자를 징계하지 않았기에 공평하지 않다고 말한다. 그들의 거액의 소득과 비교하면 푼돈 10만 위안은 너무나 적은 금액이다. 남의 권리를 도용한 자는 얼씨구 좋다고 할 노릇이었다. 그 이후, 또 다섯 개의 불법기업에서 그 자들을 따라 배웠다.

나는 10만 위안의 배상금을 옌볜 조선족자치주 옌지〔延吉〕시의 돈이 없어 공부를 못하는 아이들에게 기부했다. 그 일곱 번 사과는 들으나마나였다. 마지못해 하는 사과는 쇼에 불과하니까.

이때 많은 구경꾼들은 재미가 적었던지 상소하라고, 재판을 끝까지 하라고 나를 부추겼다. 처음 소송 당시의 '천가 요구'도 사실은 그들의 입에서 나온 말이었다.

"상소하고 싶지 않아요."

내가 거절하자 그들은 안달이었다.

"왜 그래요?"

"인생에 3년이 몇 번이나 있다고요?"

동쪽엔 일본

흰 백양나무 푸른 하늘
솔솔 부는 바람
목련꽃 피는 저 언덕 북국의 봄
아, 북국의 봄이여

- 일본 노래 '북국의 봄'

시모신조우〔下新莊〕는 완행 열차만 서는 한큐전철의 작은 역이다. 조용하고 화목한 고장이다. 자그마한 손두부 집, 소박한 커피숍, 언제나 미소를 볼 수 있는 세탁소, 직원이 두셋뿐이지만 서비스를 짭짤하게 하는 우체국, 깨끗하고 조용한 애완동물 미장원, 오전 9시부터 오후 5시까지 자기 책임을 다 하는 다다미 집과 메밀국수 집….

오늘 동쪽 집에서 손으로 만든 두부를 한 모 갖다주면, 내일 서쪽 집에서 젓가락으로 만든 공예품으로 답례를 한다. 모레 남쪽 집에서 문 위에 가만히 찹쌀떡을 한 꿰미 걸어놓으면, 다음날에는 북쪽 집의 사람이 길에서 내가 떨어뜨린 손수건을 줍는다…. 분명 무릉도원이었다.

 자그마한 마을은 겉부터 속까지 온화한 분위기였고, 서두르는 법이 없었다. 거기에는 인정이 흘러 넘치는 사람들의 마음이 속속들이 배어 있었다. 그 따스한 온정은 나를 포근히 감싸고 덮어주었다. 어쩌다가 내가 재채기를 하거나 콧물을 흘리기만 해도 그들은 큰일난 듯 한바탕 떠들곤 했다.

 이 글은 일본에 간 중국 유학생 류우옌(劉燕)의 작품이다.
 중국의 많은 곳에서는 이런 방식으로 동쪽 이웃 일본을 묘사하기를 거부한다. 일본인들이 중국에서 불지르고 살인하고 강간하고 약탈했던 시대는 이제 겨우 50여 년이 지나갔을 뿐이다. 워낙 야만스럽고 잔인했으며 그 결과가 참혹했기에 그 악몽의 경험이 있는 사람들에게는 바로 어제 일처럼 느껴지는 것이다.
 때문에 그들은 일본을 찬양하는 사람들을 보면 일본에서 살던 나날에 대한 마음속의 한간(漢奸, 친일파와 비슷한 뜻이나 민족의 배신자를 통털어 하는 말) 콤플렉스가 발동되었다고 단정해버리는 것이다.
 류우옌을 처음 만났을 때 그녀의 가냘픈 몸매와 바른 예절, 일본식 화장을 보고, 더욱이 그녀의 유창한 일본어를 듣고 나서는 내 마음속으로도 그렇게 단정해버렸다.
 그러나 우리의 느낌은 틀린 것이었다. 철저히 뉘우친 히가시 후미오(東史郎)가 나서서 일본인의 허물을 벗길 때 류우옌은 결연히 그 일에 뛰어들었다. 류우옌이라는 훌륭한 통역이 있었기에 히가시 후미오 일행의 목소리는 중국에서 또 한번 확대되었다.

(*히가시 후미오는 일제 시대의 일본 군인이었다. 1987년 일본에서 〈우리 난징보병대〉라는 전쟁일기를 출판했는데 그 책에 동료인 하시모토(橋本)가 1937년 난징 최고법원 앞에서 한 중국인을 묶어 우편물 주머니에 넣고 가솔린을 뿌리고 불을 붙여 태우다가 다시 못에 던져 넣고 수류탄으로 폭사시키는 대목이 있다. 당사자인 하시모토는 그 내용이 허구라고 주장하면서 히가시 후미오를 명예훼손죄로 기소, 1998년 12월 22일 도쿄 고등법원의 2심에서 히가시 후미오가 패소했다. 히가시 후미오와 변호사는 이에 불복해 이것은 역사 사실을 무시하는 우익세력의 정치행위라고 강조했다. 히가시 후미오의 일기는 1999년 3월에 중국에서 번역 출판되었고, 중국 각지의 각계각층 인사들이 들고일어나 그 일기의 정확성을 증명했다.)

물론 그녀도 그 때문에 대가를 톡톡히 지불했다. 시모신조우에서의 느낌은 더구나 그녀로 하여금 의혹을 불러일으켰다.
'이처럼 착하고 성실하며 온순하고 부드러운 백성들이 어떻게 도살, 약탈, 방화와 강간 같은 폭행과 어울리는가?'
잠시 자기의 사고방식을 내려놓고 우리 함께 류우옌의 결론을 들어보기로 하자.
"프랑스 사회심리학자 구스타프 르팽은 일찍이 19세기 말에 자신의 명저 〈오합지졸-대중심리연구〉에서 예언했어요. '우리가 이제 곧 들어서는 시대는 정확하게 말하면 집단의 시대다'라고요. 집단에 들어선 개인은 '집단잠재의식'의 작용으로 심리적으로 변화가 일어나는 거예요. 동물치매나 저능아나 원시인처럼 자기도 모르게 자아의식을 잃어버리고 지금까지와는 전혀 다른, 이성적인 수준이 아주 낮은 생물로 변하는 거예요."

르팽은 이렇게 지적했다.

'우리는 원시시대로부터 야만과 파괴적인 본능을 계승했다. 그런 것들은 우리 모두의 몸에 잠복되어 있다. 한 사람의 인간이 고립적인 생활에서 이런 본능을 만족시킨다면 극히 위험하지만, 그가 책임을 지지 않아도 되는 집단에 가입하면 자기가 저지를 받지 않는다는 것을 잘 알기 때문에 이런 본능을 철저히 표출하게 된다. 생활 속에서 우리는 자기의 동포한테 이런 파괴적 본능을 방출할 수 없다. 그러므로 동물에게 방출한다. 집단 수렵의 열정과 흉악하고 잔인한 행위에는 이와 같은 데에 원인이 있다.'

여기에서 우리는 이렇게 고쳐 써도 된다. 중국을 침략한 일본군은 야만과 파괴적인 본능을 그들이 개나 돼지보다 못하다고 여기는 중국 사람에게 방출했다고.

러시아의 작가 솔제니친은 작품 〈굴라그 군도〉에서 옛 소련 숙청 시기에 있었던 감옥 안의 집단 죄악을 묘사했다.

굴라그 군도 수용소에서 가장 소름 끼치게 무서운 존재는 소년 죄수들이었다. 그들은 젊고 민감하며 적응력이 강해서 군도에 가자마자 재빨리 약육강식의 동물 논리를 배웠다. 게다가 수용소에서는 소년 죄수들을 보호해야 한다고 명문으로 규정해놓았다. 절대로 총살하지 않고 체벌도 최소한으로 한다고.

그리하여 그들은 거리낌없이 무슨 짓이든 다 했다. 여자의 육체에 대한 욕망이 갈수록 진해지자 소년 죄수들은 음모를 꾸미고 일을 벌였다. 한 아이가 아파서 다 죽게 되었다고 소란을 떤 것이다. 간호사는 급한 김에 그들과 함께 큰 감방으로 들어갔다. 소년들은 짐승처럼 달려들어 그녀의 옷을 벗기고 키스하고 물어뜯고 강간했다.

그들에게 총을 쏘지 못하게 되어 있었으므로 누구도 간호사를 구출할 수 없었다. 그들이 음욕을 다 채울 때까지 뻔히 보고 있을 수밖에 없었다.

소년들은 노인들도 모욕했다. 노인들의 밥을 빼앗고, 옷을 빼앗았다. 노인들은 '저 녀석들이 자라나더라도 사회의 해악이 되고 말 테니 미리 조용히 없애버려야 한다'고 의견을 모았다. 그들은 남몰래 소년 죄수를 붙잡아 땅에 쓰러뜨리고 무릎으로 가슴을 짓눌렀다. 갈빗대가 우둑우둑 부러지는 소리가 들린 다음에야 녀석을 놔주었는데, 며칠 후 의사도 무슨 병인지 알 수 없는 상태에서 소년은 저승으로 가버렸다.

환경을 바꾸면 인간이 야수로 변한다.

굴라그에서 나온 사람들은 취할 지경으로 아름다운 밤에 손풍금을 켜면서 노래를 부를 것이다.

'깊이 잠든 화원은 고요해, 산들바람 속삭이네…'

싸움터에서 내려온 일본인들도 피 묻은 칼을 거두고 손뼉을 치며 즐겁게 노래를 부를 것이다.

'행복하면 어서 손뼉 치세요…'

1999년 4월의 어느 날, 스튜디오로 들어가는 길에 TV 기자가 나를 가로막았다.

"지금 무슨 생각을 하십니까?"

그래, 내가 지금 무슨 생각을 하고 있는 거야? 나는 곧 스튜디오에 들어가 히가시 후미오를 취재하게 된다. 자기 손으로 중국 사람을 죽인 적 있는 일본인이다. 50년 전에 그는 '왜놈'이었다.

히가시 후미오를 취재하는 일은 순조롭게 진행되었다. 나는 그와 나란히 앉아 가까이에서 그의 백발이 성성한 머리를 살펴보았다. 그는 소송 때문에 머리가 셌다고 한다. 슬픔과 분노가 그 머리 위에 쓰여 있었다.

그 자리에는 그 동안 백으로 천으로 헤아리는 초대손님들이 앉아 있었지만 그날처럼 내 마음이 착잡해진 적은 없었다. 마음속의 충동을 억누르기 어려웠다. 순간순간 그 흩날리는 백발에 경의를 표하고 싶었다. 정의와 양심이 소생하여 참회가 생기는 것이고, 진정한 참회는 존경을 받아야 마땅하다.

그러나 다음 순간에는 덮쳐들어 그의 머리카락을 잡아뜯고 싶었다. 그와 그의 동료들은 중국에서 얼마나 많은 원혼을 만들어냈던가. 하기는 진행자는 이성과 객관성과 공평성을 잃어서는 안 된다. 우리는 이 점을 잘 아는 바이다.

학술 연구는 확실히 냉정하고 대등해야 하며 적당한 환경이 필요하다. 그러니 아무 곳에서나 학술적인 사유를 할 수는 없다.

그런데 일본은 역사를 가르치는 방법으로 국민들에게 학술적인 교정(矯正)을 하고 있다. 상당수의 일본인들은 이렇게 생각한다.

'미국은 인디언에게 사과하지 않았다. 영국도 인도인에게 사과하지 않았고, 프랑스도 아프리카 인들에게, 스페인도 멕시코인들에게 사과하지 않았다. 그런데 왜 하필 우리 일본 사람들만 물고 늘어지는 거야? 미국은 우리한테 원자탄 두 개를 던졌지만 우리는 미국에 사과하라고 요구하지 않았다. 그러니 중국인들은 일본인보다 너그럽지 못해.'

일반 백성들마저 피비린내 나는 역사를 이런 식으로 대할 때 전쟁의 죄를 짊어진 인간들은 그 짐을 벗어버린 듯 홀가분해질 것이다.

'중일전쟁'(항일전쟁이 아니라는 표현에 주의할 것)을 연구하는 일본 학자 미즈타니 나오유키〔水谷尙子〕는 현장에서 이런 질문을 던지기까지 했다.

"누가 난징 대학살의 희생자가 30만이라고 했나요? 하나하나 다 세어본 건가요?"

그녀는 현장에서 즉시 나타난 분노에 대해 시답잖게 여기면서 투덜거렸다.

"중국인들은 일본에 대해 너무 무지해요!"

만약 어느 중국학자가 '히로시마 원폭 사망자들이 폭발 때문에 죽었는가 아니면 고온에 데어서 죽었는가' 라고 묻든지 아니면 '일본여자들이 거리에서 미군 병사들한테 강간 당할 때 쾌감이 있었느냐 없었느냐' 따위의 문제를 묻는다면 무지라고 인정받을지 어떨지 모르겠다.

만약 중국과 일본의 학자들이 회의실이나 교실이나 혹은 자료실에서 마음을 가라앉히고 학술교류를 한다면 질책을 받을 게 없다. 우리가 반대하는 것은 학술의 이름을 빌어 사실을 덮어 감추는 행위다. 역사상식이 알려지는 것을 막으며 양심의 비난을 호도하고 야만과 잔인과 인간성을 잃은 행위에 대해 규탄하지 않으려는 짓이다.

모든 것이 베일에 가려질 때 전쟁은 죄악을 휩싸고 다시 몰려오게 되는 것이다.

제2차 세계대전이 끝난 다음 독일의 법정에서는 피고가 손으로 머리를 감싸쥐고 변호를 포기하는 장면들이 나타났다. 저지른 죄의 증거가 속속들이 눈앞에 전개될 때 극도의 혐오감에 싸여 더 이상 살고 싶지 않다고 했다. 사악(邪惡)이 이처럼 엄하게 규탄 받은 것은 심판에 대한 제일 큰 포상이다.

1966년까지 독일에서는 8만6천 명의 나치 전범자들을 심판했다. 다시 말해 이 민족은 법정에서 같은 죄악을 8만6천 번이나 질책한 것이다.

독일인에 비하면 일본인들은 망각이 너무 헤프다.

우리가 히가시 후미오를 취재한 프로 제목은 '전쟁의 기억'이었다. 상하로 나누어 방송되었다. 한 달 후 일본의 산케이신문에서 전면 톱으로 이 토론을 보도했다. 큰 제목은 '일중(日中) 사이의 역사인식 단층 폭로'였다.

그 내용은 이런 것이었다.

'히가시 씨는 영웅으로 인정되었다. 중국의 정치 의도는 분명하다. 국영 TV 방송국의 토론은 사건에 대해 일변도의 자세였다…'

미즈타니도 동년 8월 호 〈세카이〉 잡지에 '나는 왜 히가시 후미오에게 반론을 펴는가'라는 글을 발표하여 자기가 중국TV 방송국으로부터 '포위공격' 당한 감정을 전했다. 그녀는 중국의 진행자와 토론자들이 모두 사건에 대한 '예비지식'이 부족했다고 강조했다. 그녀는 여전히 자기의 학술 배경에서 빠져 나오지 못하고 있는 것이다.

2000년 3월, 나는 일본에 갔다.

이튿날 밤 우리는 우정성에서 주최한 환영연회에 참석했는데 일본 측에서 누군가가 물었다.

"선생님 프로에서 일본인을 청한 적 있지요?"

"예, 그렇습니다. 히가시 후미오 씨가 오셨지요."

나는 이 이야깃거리가 연회에 충격을 주리라고 여겼는데 뜻밖에도 통역을 선 나의 동창생 주홍을 제외하고는 자리를 같이했던 일본인들은 다 히가시 후미오 소송사건을 들어보지도 못했던 것이다.

후에 주홍이 나한테 알려줬다.

"이 일은 일본에서는 아는 사람이 없어. 몇몇 신문에서 기사를 좀 냈을 뿐이야."

일본에서는 이런 일이 이상하지 않을지도 모른다. 후에 내가 일본에서 발표한 의견, 예컨대 뉴스 보도가 너무 국내 소식에 치우쳐 시청자들의 시야가 좁아진다거나 오락 프로가 너무 저속하다는 따위는 전부 우스개로 치부되었다. 우리가 일본 동업자들의 근성과 높은 효율성에 진심으로 경의를 표시한 것도 그냥 인사치레로 넘어갔다.

일본인들은 자신감을 바탕으로 해서 정연한 처세 이념을 만들어냈고, 자기들 딴에는 그것을 문명적이고 과학적이며 현대적인 상징이라고 알고 있다.

실은 과분한 자신감은 자만심이나 거만과 다름없다. 때문에 수시로 농경 시대의 근시적이고 거칠고 야만스러운 특성이 드러나는 것은 전혀 이상하지 않다. 내 친구가 늘 외우고 다니던 중국의 옛사람이 한 말과 맞아떨어진다.

"형세를 살펴보지 않으면 너그럽든 엄하든 다 잘못이다."

72세 되신 시가노부오〔志賀信夫〕선생은 존경할 만한 분이다. 2000년에 우리가 그를 만나뵐 때 그는 이미 저서를 70여 권 출간해 그야말로 저서가 키에 맞먹는 격이었다.

우리 방문을 성사시키려고 그는 한 번 또 한 번 친히 나서서 관료들을 설득했다. 우리가 일본에 있을 때 그는 많은 시간을 할애하여 갖가지 문제, 심지어 아주 천박한 문제까지 전혀 짜증내지 않고 대답해주었다.

작별하기 전 마지막 간담회를 마치고 우리는 회의실에서 나왔다. 그날 따라 비가 억수로 퍼부었는데 바람이 우산을 휘돌아 우리 몸에 빗물을 안겼다. 우리는 72세 고령인 시가 선생이 걱정스러웠는데 그는 성큼성큼 빗속으로 걸어갔다. 발걸음도 가볍게 활기에 넘치는 모습이었다.

자전거의 나라 중국, 중국을 싣고 달리는 자전거.

인생의 하나하나 고비마다 선생은 다 그렇게 성큼성큼 걸어갔을 것이다. 우리는 할말을 잃고 그 뒤를 따라가며 비바람 세례를 받았다.
그 날 커피숍에서 나는 시가 선생에게 의문나는 점을 물었다.
"아무리 시청률에 신경을 쓴다지만 저속한 프로는 질책할 여지가 없단 말입니까?"
선생은 생각해볼 나위도 없다는 듯 즉석에서 대답했다.
"TV 방송사에서 시청자들의 저급한 취미를 맞추느라고 격조가 낮은 프로를 제작하는데 이건 만드는 사람과 보는 사람이 함께 범죄를 저지르는 거지요."
정직에는 마찬가지로 국경이 없다.
지난 1980년대에 세계적으로 평화의 바람이 넘실거렸다. 중국의 매체들은 이 시기에 일본인들을 도깨비로부터 인간으로 바꿔주었다.
중국의 관중들은 영화관에서 청순하고 아름다운 구리하라 고칸〔栗原

小卷〕, 요시나카 고유리〔吉永小百合〕, 마츠사카 게이코〔松阪慶子〕, 야마구치 모모에〔山口百惠〕를 보면서, 속 깊은 다카구라 겐〔高倉健〕을 보면서 안도의 숨을 내쉬었다. 알고 보니 일본인들은 모두 옛날 영화에 나오는 일본 침략군 장교들 같은 '포악한 왜놈' 들이 아니었구나.

그 후 사람들은 일본 음식을 먹고 일본 옷을 입으며 일본 자동차에 앉아 다니면서, 일본의 가전제품에 감탄을 금치 못했고, 전쟁의 상처는 점점 희미해져갔다.

신문의 제목은 가슴속까지 따스해지게 했다.

'중일 두 나라 인민들의 영원한 친선을 위하여 노력하자.'

물론 전쟁의 그늘은 사람들의 마음속 깊은 곳에서 떨쳐버릴 수 없었다. 일단 무슨 일이 생기면 옛일을 다시 들먹이게 된다. 어떤 상황에서나 사람들은 용사처럼 자기 진영 앞에 썩 나서서 결전의 태세를 취하는 것이다.

최근 일본 제품이 중국에서 품질 문제를 일으키고, 중국 여객이 일본에서 수모를 당한 일들은 커다란 풍파를 불러일으켰다. 사실 양심대로 말하자면 중국 제품도 자국의 소비자를 해치지 않는다고 할 수 없고, 중국의 승객들도 중국민항의 천대를 받는다.

그러나 우리는 중국 사람들이 이성적이 못 된다고 비난할 이유가 하나도 없다. 이런 것은 사라지지 않는 전쟁의 상처이기 때문이니 말이다.

나는 심지어 이렇게 생각해본다. 어느 날 다시 전쟁이 일어나 나와 시가 선생이 전투에서 마주친다면 서로 머뭇거리다가 누가 먼저 방아쇠를 당길 것인가?

류우옌도 마찬가지 문제로 당황했다. 히가시 후미오의 일기에 나오는 하시모토가 생경한 중국어로 그녀에게 말을 걸었다고 한다. 하시모토는 전쟁 후 중국에 가서 관광한 적이 있는데 자기도 중일친선을 바란다고 강조하더라는 것이다. 하시모토도 전쟁 후에는 '착하고 부지런한 일본인'이 되었다.

류우옌은 도무지 알 수 없다고 말했다.

"도저히 그를 살인마라는 단어와 연결시킬 수가 없을 지경이었어요."

지금 우리가 함께 류우옌의 연구 결과를 종합해보면 깜짝 놀랄 것이다. 어느 날인가 이 집단이 다시 '집단 잠재의식' 상태에 들어가면 야만과 박해의 본능이 또다시 살아나게 된다.

그때에 이르면 군국주의 대열에 오싱(阿信, 80년대 중국에서 인기가 좋았던 일본 드라마 '오싱'의 주인공)이나 모리오카(杜丘, 추리소설〈그대여, 분노의 강을 건너라〉의 주인공 검찰관, 다까구라 겐이 모리오카 역을 맡아 열연한 영화는 70년대 중국에서 폭발적인 인기를 누렸다)와 도라 지로우(寅次郞, 영화 '남자는 힘들어'의 주인공)가 서 있는 것이 전혀 이상할 게 없다.

이런 분석과 예상은 옛 소련의 영화감독 럼도 한 적이 있다. 1965년, 럼이 찍은 기록영화 '보통 파시스트'에서 우리는 '독일인의 생존공간을 쟁취한다'는 민족주의적 구호의 선동 아래 그 평범한 독일인들이 순식간에 사람을 죽이고도 눈 한번 깜짝하지 않는 마귀로 탈바꿈하는 것을 볼 수 있었다.

살인하기 몇 달 전, 며칠 전이나 몇 시간 전만 해도 그들은 마음씨 좋은 평범한 인간이었다.

우리도 충분히 시간을 내어 연구해보아야 한다. 우리는 왜 늘 학살당하기만 했는가를! 기록영화의 형식을 취한다면 그 제목은 이렇게 달아도 무방하리라. '보통 피해자.'

사랑, 질병과 축구

당신은 달걀 한 개를 보기는 했지만 달걀을 다 보지는 못했다.
- 파울로 호프만 〈아르키메데스의 보복〉

평론 부서에는 〈공담(空談)〉이라는 내부간행물이 있었는데, 사람들이 글로 감상을 발표하는 잡지다. 수요일마다 주례회의를 할 때 나눠주는데, 인기가 대단했다.

윗사람들이 그 윗사람들의 지시를 전달할 때도 듣고 싶지 않으면 머리를 수그리고 형님, 누나, 언니, 오빠들의 글을 볼 수 있으니 말이다. 후에 윗사람들은 엄명을 내렸다. 먼저 회의를 하고, 회의 후 〈공담〉을 나눠준다고.

그래서 나는 문화대혁명 시기에 사람들을 회의에 참가시키기 위해 언제나 회의 끝에 영화를 돌린다고 선포하던 일이 생각났다.

〈공담〉은 발행 부수가 1백 부라서 〈10월〉, 〈당대〉 같은 이름난 문학지와는 비교할 수 없어도 자기 글의 수준을 잘 정리하여 동료들의 눈살을 찌푸리지 않게 하는 것은 나름대로의 재능이라고 해야겠다.

너무 정식으로 딱딱하게 쓰면 남들이 이렇게 말한다.

"대단한 척하기는. 이게 뭐 〈TV연구〉도 아닌데."
너무 속되게 휘갈기면 반대로 말을 듣는다.
"〈공담〉을 화장실 문학으로 아는구먼."
 너무 딱딱하지도 않고 속되지도 않게 한 편 내놓으면 수요일에 신분지수가 몇 퍼센트 급상승한다. 남자 편집자들은 당신 참 사나이라고, 거친 듯한 가운데 섬세한 멋이 있다고 추켜주고, 여자 편집자들은 말은 하지 않지만 하얀 이를 드러내고 헤죽헤죽 웃어준다.
 아래에 적은 글 세 편은 모두 내가 〈공담〉에 내놓았던 글이다. 그중 첫 편 '사랑을 논함'은 널리 호평을 받은 글이다.

[사랑을 논함]

 평론부에 온 다음 일에 빠져 있다 보니 한가한 틈이 너무너무 적어졌다. 때문에 늘 자신이 이미 결혼했고, 아이까지 있다는 게 다행스러웠다. 지금까지 끌다가는 언제 그런 시간을 낼 수 있을까.
 후에 관찰하고 생각해보았더니 이건 단순한 시간 문제만이 아니었다. 평론부에서의 사랑은 확실히 갖가지 불편을 겪게 된다.
 우선 시간을 보기로 하자. 동분서주하면서 외출해 취재하고 돌아와서 편집을 하노라면 처녀들을 초대해 뱃놀이할 겨를이 거의 없다. 한가한 정취는 언제나 일에 밀려난다.
 그 다음 공간을 보라. 날마다 취재대상과 만나기는 하지만 취재대상을 연애 상대로 만드는 건 참 어렵고 이 업종의 불문율에도 어긋나는 듯하다.
 그러면 평론부에 들어와 찾아볼까? 그것도 쉽지 않다. 우리 평론부의 남녀는 걸핏하면 야근을 하기에 얼굴빛이 파리하다. 그러니 남자들은 정기가 부족해지고 여성들은 얼굴이 파리하니 미모가 줄어든다.

본인은 평론부 만회를 위해 '세 마디 반'을 창작했는데 거기에 여성 편집자들을 가리켜 한 말, '2년 후 다시 보면 아줌마' 라는 말이 강렬한 공감을 일으켰다. 그러니 진실한 말을 솔직하게 한 셈이다.

문제는 결코 이뿐만 아니다. 평론부는 중앙TV에 소속되어 있기에 청춘남녀들은 자기도 모르는 사이에 자만감에 빠지기 쉽다. 연애할 때 자기 몸값이 두 배쯤 올라간 줄로 알다 보니 민간의 미남미녀가 평론부 사람의 가족이 될 가능성은 그만큼 또 줄어든다.

더 무서운 일이 있다. TV 방송사에서는 날마다 이 모임, 저 축제 하면서 떠들썩하기 때문에 미녀들이 구름처럼 모여든다. 프로그램의 진행자 가운데에도 국가적 미인들이 적지 않다. 그런 이들과 자주 만나다 보면 눈앞이 반짝하지 않을 수 있으랴. 그런데 그 틀에 맞춰 결혼할 사람을 찾는다면 억지공사일 수밖에 없다.

평론부의 젊은 동료들이 일이 없을 때 사무실에서 무료해하는 모습이 종종 눈에 뜨인다. 배고프면 과자 몇 개 집어먹고 졸리면 소파에 쓰러져 잔다. 머리카락이 검불 같고 얼굴에 때가 끼어 꾀죄죄하다. 풀이 죽어 활기라곤 없다. 그런 모습을 볼 때마다 동정심이 북받쳐 오른다. 이런 정경을 그들의 부모가 보면 어떻게 생각할까 하는 생각이 든다.

문제를 발견하기는 쉬워도 문제를 해결하기는 참 어렵다. 윗사람과 아랫사람들이 함께 관심을 가져야 한다. 윗사람들은 아랫사람들을 간곡하게 타이른다. '일을 잘하라고, 노력해야지.' 그런데 그분들은 어떻게 다 결혼을 했을까. 물론 남에게 의지하기보다 자기가 스스로 노력해야 한다. 중요한 뜻은 자기 스스로 정해야 하고 자기 스스로 방법을 찾아야 한다.

때문에 나는 젊은 동료들에게 영화 〈타이타닉〉을 보라고 권한다. 거기에는 성공한 사람의 본보기와 경험이 있다. 그 남자 주인공인 총각녀석은 가난뱅이일 뿐이다. 그러나 의기소침하지 않고 자비심에 시달리지도 않는다. 도박에서 이겨 배표 한 장을 얻고, 배에 올라서도 대담하게 1등실의 여자를 쫓아다닌다. 그녀가 남의 약혼녀라는 걸 알면서도 말이다. 물론 이 점은 배울 바가 아니다.

배울 만한 것은 뭐냐 하면, 그가 용감하게 사랑하고 결단성 있게 행동한다는 점이다. 이것이 바로 사나이의 매력이다.

그 주인공 여자도 따라 배울 만하다. 돈을 따지지 않고 자신의 감정을 따랐고, 지위를 보지 않고 재능을 중시했다. 그리고 얼마나 잃어버렸나에 관심을 주지 않고 자신이 얻은 진지한 사랑만 보았다. 그리하여 그처럼 열렬하고 넋을 씻어주는 눈물겨운 사랑이 생겨난 것이다.

연애의 환경으로 보면 그들도 너무 나빴다고 할 만하다. 주위에는 조소와 멸시에 찬 눈길이 가득했고, 나중에는 심지어 죽이려고 쫓아오는 자까지 있었다. 그러나 진정한 사랑은 언제나 어려움을 이겨내는 법이다.

언젠가 젊은 동료와 사랑 이야기를 꺼냈더니 대번에 그는 집과 신분, 가구를 들먹였다…. 잘 보아둘 필요가 있다. 그 사람들은 배에 있었고 배에서 내린 다음 어디로 가야 할지, 전도가 어딘지 모르는 상황이었다.

"대답해줘, 잘 살아가겠다고."

배가 침몰한 다음 젊은이가 차디찬 물 속에서 여자를 보고 그렇게 말했을 때 나는 그만 눈물이 좔좔 흘러내렸다. 정말 내 젊은 동료의 사랑을 위해서도 눈물을 흩뿌리고 싶다.

미래에 우리는 늙어가게 마련이다. 우리가 머리에 은발을 늘어뜨리고 자기의 옛일을 하나하나 꼽아볼 때 금상, 은상과 자기가 만족하는 프로그램과 칭찬과 표창은 다 있지만 유독 사랑이 없다면 그건 평생의 유감이리라.

봄이 왔다. 젊은 친구들이여, 시간을 아끼자. 도처로 출격하여 사랑을 찾아보자. 잡념을 버리고 용감히 돌진하자. 앞에 지뢰가 있든 아니면 만길 나락이 있든.

봄이 왔으니 가을이 멀랴.

[병이 있네요]

누군가 당신을 보고 병이 있다고 하면 어떻게 대처할까? 화를 내지 마라, 당신은 정말 병이 있으니까.

당신의 체온은 정상이고 소화흡수도 괜찮아 혈색이 건강하지만 다음의 증상이 있지는 않은지? 초조해진다, 화를 낼 줄 모른다, 가슴이 답답하다, 온종일 즐거워하거나 온종일 침울해한다, 언제나 성공에 급급하다, 손가락도 까딱하기 싫거나 늘 일하고 싶어한다 등등….

이런 건 다 심하게 병에 걸린 증상이다.

'진실한 말 솔직하게' 프로에서 전문가는 심리질환이 나타나는 형태가 두 가지라고 했다. 한 가지는 병이 있다는 것을 시인하는 건데 그러면 빨리 의사를 찾아가야 한다. 다른 한 가지는 시인하지 않는 것인데 그러면 틀림없이 병이 있는 것이다.

사실 병이 있다고 시인해서 나쁠 게 뭔가? 예를 들어, 상사와 문제가 생겼을 때 한쪽에서 자기가 병이 있다고 시인하면 다른 쪽에서 용서해줄 수도 있다. 양쪽이 다 병이 있다고 시인하면 동병상련이 될 테고.

마음에 병이 있는 건 몸에 있는 병처럼 관찰하기 쉽지 않다. 대소변을 검사

해서는 소용없다. 가끔 몸에 반응이 생기면 그래도 좋은 편이다. 목이 굳거나 눈이 건조해지거나 손이 저려오고 잠이 오지 않는 등의 증세에 근거해 덩굴을 따라 참외를 따듯 따져보면 병에 맞춰 약을 쓸 수 있다. 그런데 많은 경우에는 아무런 증세도 나타나지 않아 의사들이 초조해지게 마련이다.

왜 사람의 마음에 병이 생길까? 원인은 간단하다. 사회는 갈수록 전진하는데 사회의 전진이 개인의 전진을 초월하거나 반대로 개인의 전진이 사회의 전진보다 앞서면 병에 걸리게 된다.

정신과 의사들의 민간처방은 이렇다. 주관적인 능동성을 발휘해 사회변화를 뒤쫓아가거나 발길을 잠깐 멈추어 사회를 기다리라는 것이다. 그러나 이런 처방으로는 병의 뿌리를 뽑지 못한다. 이 병이 나을 만하면 저 병이 생긴다. 그래서 정상적인 상황으로는 늘 몸이 불편하게 마련이다.

실은 마음에 병이 있다고 해도 무서울 건 없다. 다른 이들과 마찬가지로 같은 밥을 먹고 같은 물을 마시며 같이 일하고 연애하는데 쌍둥이를 낳을 수도 있지 않은가.

마음의 병도 질병이라 할 수 있느냐고 묻는 사람도 있다. 물론 고치지 않으면 안 된다. 병이 발작할 때면 산이 무너지는 격이라는 말이 있듯이 고치지 않다가 쓰러져버리면 나라와 백성을 위해서도 해로운 일이다. 일하다가 지쳐서 쓰러지더라도 태산 같은 죽음이라고 하기 어렵다. 마음속에 병이 있는 만큼 겉에 드러나지 않으니 결론을 내리기 어렵다.

지금부터 당신은 이 일을 중요시해야 한다.

자주 자신에게 물어보라. 웃어야 할 때면 웃고, 울어야 할 때는 울며, 무슨 일이든 꽁하고 마음속에 새겨두지 말고 집안 사람들과 이야기하고, 친구가 있다면 친구와 이야기를 하라. 일이 자질구레하다고 꺼리지 말고 상사를 찾아가 말해도 좋다. 정치사상 사업도 심리치료의 한 부분이다.

이렇게 해도 마음이 풀리지 않으면 정신과 의사를 찾아가 자문을 구해보아야 한다. 돈과 시간이 든다고 아까워해서는 안 된다. 당당하게 남들에게 선포해야 한다.

"내일 나는 출근하지 않고 정신과 의사를 찾아갈 겁니다."

지금까지 우리는 낡은 관념으로 생각하다가 몸에 병이 있는 것은 받아들여도 마음에 병이 있는 것은 받아들이기를 꺼렸다. 치질이 생기면 온 동네 사람들이 다 알 지경으로 떠들어대면서도 마음에 병이 생기면 얼굴이 새하얗게 질려가지고도 말하지 않고 억지로 버텼다. 그렇게까지 할 게 뭔가?

'진실한 말 솔직하게' 프로에서 전문가들은 정신위생을 중요시한다는 것은 바로 사회의 문명 수준이 강화되었음을 말해주는 것이라고 했다.

동료의 마음속에 병이 생겼다고 비웃지 말아야 한다. 그의 몸에 병이 생겼을 때와 마찬가지로 대해주고, 위로해주고, 격려해주며, 철에 맞는 과일을 사 주어야 한다.

사실 최근에 내 마음이 각별히 괴로운데요.

[축구]

우리 팀에는 축구 팬들이 적잖아 월드컵이 시작되기 전부터 그와 관계되는 프로그램을 만들어보자고 떠들어댔다. 그래서 나온 프로가 '축구, 가정과 사랑' 이다. 축구 때문에 부부 사이에 모순이 생긴 문제를 다루었다.

그걸 내보내고도 성이 풀리지 않아 또 한 가지 만들려고 자료를 수집하면서 프로에서 '내가 보는 월드컵' 이라는 화제를 내놓고 공개적으로 초대 손님을 모집하기 시작했다.

32강이 정해지니 축구 팬들의 열정은 더욱 달아올라 핫라인에 신청하는 사람들이 그치지 않았다. 심지어 어떤 공무원은 팩스를 보내 자기야말로 당당한 초대손님이라고 선언했다.

축구경기가 잔혹한 단계에 들어서니 선전지령도 꼬리를 물고 내려왔다. 중국 축구를 거들지 말 것, 아시아 축구도 말하지 못함, 심판원 문제도 말해서는 안 된다…. 나머지는 맘대로 말해도 좋다.

살펴보니 남는 게 별로 없었다. 그래서 이 프로를 포기하려고 했는데 축구 팬들의 열정은 차마 저버리기 어려웠다. 날마다 쉰 목소리로 신청하는 사람들이 있었으니까. 그들의 눈에 새빨갛게 핏발이 선 것을 연상해볼 수 있었다. 이 정도까지 기를 쓰고 버텨오면서도 한마디 해보고 싶은 마음을 잊지 않으니 얼마나 속이 탔을까 짐작할 만했다. 결승전 전야에 짬을 내 중국 팀과 우즈베키스탄의 경기를 보니 두 팀은 느리다는 게 제일 큰 특징이었다. 공을 연결하는 재주는 참 좋은데. 방금 월드컵 경기를 보았는지라 이런 시합은 도무지 참을 수 없었다.

나는 프로급 팬의 마음으로 억지로 버텼다. 눈꺼풀과 어려운 항쟁을 하다가 나중에 결국 세수도 하지 않고 잠들어버렸는데, 깨어보니 아내가 투덜거리는 소리가 들렸다.

"왜 우리 축구장은 남들보다 더 크냐? 사람 숫자도 적은 것 같고."

월드컵의 전화(戰火)가 이제 곧 꺼지게 되니 프로를 만드느냐 포기하느냐 하는 문제가 또 거론되었다. 오후 내내 논쟁을 해도 결론이 나지 않았다.

기획 담당 하이샤오는 마음을 가라앉히지 못했다. 그도 그럴것이 10년을 경영하여 세 칸짜리 집을 분배 받아 한참 인테리어 장식을 하던 중이었으니까. 그래서 자꾸만 하는 말이 프로를 한다면 자기가 기획하고 프로를 만들지 않는다면 마룻바닥이나 사러 가겠다고 하는 것이었다.

그 날 이미 4강이 나왔다. 복도에는 언제나 누가 챔피언이 되느냐를 가지고 다투는 사람들이 있었다. 그래서 나는 화장실에서도 편안히 보낼 수 없었다.

갑자기 떠오르는 생각이 있었다. 1, 2등을 다투는 나라의 축구 팬 대표들을 모아보면 어떨까? 겉으로는 누가 챔피언이 되느냐가 화제이지만 이야기할 내용은 너무나 많다. 두 나라의 축구 전통, 축구 토양, 축구 인재의 배양, 프로 선수에 대한 요구, 승부에 대한 태도 등등.

좋다, 이렇게 해야지. 나는 그렇게 작심하고 화장실에서 용무를 다 보고 나서 한걸음에 회의실로 달려갔다. 생각을 내놓자 즉시 통과.

기획 담당 하이샤오와 후디는 크게 일을 벌일 기세로 일정표를 짜놓았다. 새벽에 결승전 출전 팀이 결정되면 그 날 오전에 그들의 대사관과 연락해 참가자들을 추천해달라고 협조를 부탁했다.

준결승전에서 브라질이 이기자 이른 새벽에 후디가 브라질 대사관과 연결을 시도했다. 예절 바르게 그들이 결승 진출을 축하하고 나서 자초지종 본론을 밝히자 저쪽에서 말할 차례가 되었다.

"저는 교환수인데요. 어제 밤에 너무 늦게까지 축구 구경을 하다 보니 그분들은 다 주무시거든요. 점심 무렵에 다시 전화를 걸어주세요."

밤에 기획 담당 둘이 사무실에 들어서자마자 다급한 소리를 질러댔다.

"야단났어. 크로아티아가 결승전에 들어가면 사람을 찾을 수 없을 걸."

한바탕 의논한 결과 우리는 견해의 일치를 보았다. 방법은 한 가지뿐, 프랑스 팀이 이기는 것이다.

프로를 녹화하는 날 쌍방의 진용이 얼굴을 내밀자 내 머릿속에는 낱말 하나가 떠올랐다.

'오합지졸.'

아니나다를까, 프랑스의 초대 손님 셋은 축구를 전혀 모를 뿐 아니라 중국어도 잘 몰라 자리나 지키고 있을 뿐 말이 따라가지 못했다. 그래서 브라질 사람들한테 한바탕 애를 먹었다.

그 바람에 스튜디오의 관중들이 가슴이 아파 모두 총부리를 돌려 연약한 프랑스 인들을 도우려고 나섰다. 심지어 이런 말을 하는 사람까지 있었다.

"언제나 브라질이 1등을 해서야 무슨 재미가 있습니까? 남의 차례도 있어야지요."

이거야말로 완전히 생억지였다. 프로 촬영을 끝내고 나서 나는 프랑스 인들에게 물어보았다.

"왜 진짜 축구 팬을 내보내지 않았어요?"

"진짜 축구 팬은요, 죄다 귀국했거든요."

후에 어수룩한 프랑스 인들이 과연 금빛 찬란한 월드컵을 가슴에 안았다. 나는 말 두 마디가 생각났다. 한 마디는 중국 속담이었다.

'바보는 바보 나름으로 복이 있느니라.'

다른 한마디는 축구계 인사들이 입에 달고 다니는 말이었다.

'이것이 바로 축구다.'

웃음

말해보면 세상은 굉장히 크고 중국 사람은 아주 많지만 사람마다 절박하게 대해야 할 사람은 사실 몸 가까이의 몇 사람뿐이고 서로 연구하는 상대들도 그 몇 사람뿐이다.

- 류우전윈 〈단위(單位)〉

(1) 참을 수 없는 가벼움

생활은 재담이나 코미디보다 더 재미있다. 이건 내 생각이다. 독자들에게 몇 가지 실례를 들어 즐겁게 해주고 싶다.

1. 방송사에서 프로를 담당할 때 자기 소개를 '제 성은 추이, 추이융 왠입니다. 영원할 영(永)자와 원수(元帥) 할 때 원자입니다'라고 했더니 며칠 후 청취자의 편지가 날아왔는데 '최영수 앞'이라고 쓰여 있었다. 순간 식은땀이 온몸에 돋았다. 그도 그럴것이 워낙 '원자는 원단(元旦, 신정)의 원'이라 말할 생각이었으니까.

2. 집에서 쉬다가 전화를 받았는데 레이(雷) 아줌마라는 할머니가 부

들부들 떨리는 목소리로 어머니에게 내일 오후에 회의가 있다고 전해 달란다. 그대로 옮겼더니 어머니의 말씀.

"얼떨떨한 사람이라구, 방금 내가 그쪽에 알려줬는데."

3. 아버지의 생일에 나는 '목숨 수' 자가 쓰인 큼직한 케이크를 사 왔다. 온 집안 식구가 함께할 때 분위기를 돋우느라고 내가 한마디 했다.

"수자가 무슨 뜻인지 아는 사람 있어요?"

입빠른 조카가 앞질러 대답했다.

"늙어도 늙어도 죽지 않는단 말이지요."

4. 한 여성이 버스에서 인민영웅기념비를 가리키면서 아들아이를 보고 물었다.

"귀염둥이야, 저게 뭐냐?"

"천안문이야."

"아니야."

그 여성은 아들의 몸을 돌려세우고 분수 뒤쪽에 있는 천안문을 가리키며 다시 물었다.

"저게 뭐지?"

아들의 대답.

"엄마, 나 물 마실래."

5. 징이단의 딸 왕얼칭이 학급에서 토론을 개최했는데 제목은 '옛날 사람이 더 똑똑한가, 현대인이 더 똑똑한가?' 였다.

지지자는 물론 현대인이 똑똑하다고 주장했다.

"옛날 사람들이 언제 위성을 발사해보았니? 자동차에 앉아보았냐고?"

반대자는 이름을 찍어가며 반박했다.

"현대인이 똑똑하다면 넌 왜 지난번 금요일에 수학숙제를 다 하지 못했니?"

지지자는 너는 당번을 서지 않았다고 반격, 결국 뒷부분은 인신공격으로 변해버렸다.

6. 자유시장에서 오이를 사는데 장사꾼이 나를 보고 기뻐하면서 물었다.

"저어, '진실한 말 솔직하게' 프로 내용 소개자이시지요?"

7. 몇 해 전에 한 친구가 광시(廣西)성의 베이하이(北海)에 갔는데 기사가 물었다.

"어디서 오셨습니껴?"

"베이징에서요."

기사가 또 묻기를,

"베이징은 수도에서 멀지 않습죠?"

친구의 대답.

"딱 붙어 있어요."

8. 신문부 주임 스잰이 회의를 열고 열변을 토했다.

"나는 텔레비전을 하려면 두 가지를 단단히 붙잡아야 한다고 봅니다. 첫째로….".

첫 번째를 이야기하자 한 사람이 끼여들었다.

"참 잘 말씀하셨어요. 바로 그래야지요. 두 번째는요?"

스잰은 떨떠름해져서 잠깐 생각해보다가 뇌까렸다.

"우선 첫 번째 요소나 잘 기억하시구려."

위의 이야기들을 모아보면 한 학자의 말이 지당하다는 게 증명된다.

"생활에는 우스운 일이 얼마든지 있으나 우리에게 우스운 눈이 있느냐 없느냐가 문제다."

(2) 편지의 가벼움

'진실한 말 솔직하게' 프로에 보내오는 편지와 '초점취재'에 보내오는 편지는 전혀 딴판이다. 보는 느낌도 아주 다르다. 때문에 '초점'의 동료들이 남녀를 불문하고 식당으로 가는 길에서도 눈빛이 흐릿하고 이마에 푸르스름한 빛이 돌면 그들이 또 편지에 겁을 먹었다는 걸 짐작할 만하다.

자, 여러분도 편지 몇 통 보시지요.

〈편지 1〉
'다음 화제는 왼손잡이 이야기라던데 그 프로에 참가하겠다고 단호히 요청하는 바입니다. 전 진짜배기 왼손잡이입니다. 오른손이 없거든요."

자, 낙천적임을 느낄 수 있는가?

〈편지 2〉
'당신들이 앞으로 의사와 환자의 관계를 토론한다던데 나는 내가 초대손님 자격이 당당하다고 여깁니다. 벌써 25년이나 수의노릇을 했으니까요.'

원망 티가 좀 나는가?

〈편지 3〉
'저는 중학생입니다. 최근에 당신들의 프로를 보고 몹시 불만스럽습니다. 저는 당신들의 프로에서 응당 많은 사람들의 관심을 가지고 있는 중대하고도 의미 있고, 센세이션을 일으킬 만한 사회의 중점 화제를 토론해야 한다고 봅니다. 이번에 화제를 하나 추천합니다. 학급 간부가 되면 밑지는 거냐 밑지지 않는 거냐?'

눈앞이 아찔해지지 않는지?

〈편지 4〉

'그 날 당신은 프로에서 시청자들의 편지마다 다 보았다고 장담했습니다. 그 말을 듣고 특별히 감동하였어요. 당신은 정말 좋은 사람이에요. 당신이 중앙TV에서 제일 뻥을 잘 치는 사람이라고 단정할 만해요.'

…이거, 칭찬이 맞아?

(3) 질문의 가벼움

〈질문 1〉

'비바람을 겪지 않고는 무지개가 보이지 않는다' 는 노래가 있는데요. 당신은 늘 결혼과 가정 프로를 담당하는데, 이런 면에서 경험이 풍부한 것과 관계있는 게 아닌지요?

그 노래에는 가사가 한마디 더 있잖아요?

'누구나 손쉽게 성공할 수는 없다.'

〈질문 2〉

많은 고장에 다녀왔다던데 어느 도시가 제일 아름답나요? 어느 민족의 처녀가 제일 예뻐요? 솔직하게 대답하세요. 다 아름답고 다 예쁘다고 하지 말고.

제일 아름다운 도시는 순서에 따라 상하이, 다롄〔大連〕, 샤먼〔夏門〕이고 제일 예쁜 처녀는… 화장하기 전 말인가요, 아니면 화장한 다음 말인가요?

〈질문 3〉

프로 이름이 '진실한 말 솔직하게'인데, 정말 솔직하게 말할 수 있어요? 그럴 용기가 있느냐구요?

있습니다.

※ '솔직하게 말한다'는 말을 대중들이 오해한다고 해야겠다. 귀에 거슬리지 않는 소리만 '솔직한 말'이라고 아는데, 사실은 그렇지 않다. 어떤 사람들의 말은 관료 냄새가 나고 틀에 맞춘 말 같지만 그 사람들은 바로 그렇게 생각하니까 마음속 생각을 진실하게 털어놓은 거다. 그러니 그런 말도 솔직한 말이라고 해야겠다.

〈질문 4〉

신문에 당신이 '진실한 말 솔직하게' 프로에서 몸을 뺄 생각이라는 보도가 있던데 여기를 나가면 뭘 하려고 합니까? 이 일을 내놓고 또 무슨 일을 할 수 있다고 생각하세요?

여기에서 나가자마자 그 신문사에 가서 항의하려고 합니다. 제 밥통을 망가뜨렸으니까요. 전 뭐 다른 손재간도 없는데.

〈질문 5〉

언제쯤 퇴직할 계획입니까? 퇴직한 후 어떻게 남은 힘을 발휘하려고요?

TV방송사에서 남자는 예순이 정년인데 제가 만약 고급 직함을 받으면 계속 일할 수도 있지요. 정말 퇴직하면 그 무슨 남은 힘을 발휘할 생각은 없습니다. 일심전력 게이트볼이나 칠 생각입니다.

〈질문 6〉

부랑자가 돌아서면 금보다도 소중하다는데 전 새 사람이 되어 바른 길을 걷기로 결심했습니다. 정당한 장사를 하려고요. 단, 밑천 3만 위안이 모자라니 꼭 도와주십시오. 제가 또 기로에 들어서지 않도록.

당신이 그처럼 쉽게 기로에 들어선다면 그 누군들 감히 도와주겠습니까?

〈질문 7〉

당신들은 쓸데없는 소리만 쥐어짜는 거야, 왜 부패척결은 말하지 않는 거지?

우리가 어디 적게 말했습니까? 부패척결은 그저 입놀림에 그치는 게 제일 무섭지요. 말이 나온 김에 알려드립니다만, 우리와 '초점취재'와 '뉴스조사'는 한 집안입니다. 다 같이 신문평론부에 있기에 주제를 나눕니다.

〈질문 8〉

추이 선생님, 책을 쓸 시간은 있으면서 왜 우리 학교에서 주제학급회의에 참석해달라고 세 번이나 청했는데도 오시지 않았어요? 너무 틀이 큰 게 아니에요?

책을 한 권 쓰면 여러 부 찍을 수 있지만 주제학급회의는 하나하나 직접 가서 참가해야 하니까 그럴 수밖에 없네요.

〈질문 9〉

국장 앞에서도 그렇게 입이 까진 꼴이에요? 평소보다 더 곰상스럽게 웃지는 않나요? 여전히 이웃 아주머니의 아들 모습이에요?

저는 국장 앞에서도 원 모습을 유지한다고 여깁니다. 여전히 이웃집 아줌마의 아들 모습이고요. 그런데 동료들은 제가 국장을 만나면 한결 더 이웃집 아줌마의 아들 같다고 하더군요.

〈질문 10〉

추이 형은 인터넷에 들어가세요? 인터넷 연애를 해보셨어요? OICQ(중국 최대 채팅 사이트) 번호를 알려줄 수 있어요?

무슨 말씀을 하시는지 이해가 되면 꼭 알려드리겠습니다.

〈질문 11〉

추이융왠 씨에게는 우상이 있어요? 있다면 누굽니까?

있지요. 톈꽝〔田方〕, 펑저〔馮喆〕, 진산〔金山〕, 자오단〔趙丹〕 등 옛날 영화배우들입니다.

〈질문 12〉

추이 형님, 형님 이름을 제 고양이한테 달아줄까 하는데 동의하세요?

난 괜찮은데 고양이가 동의할까요?

〈질문 13〉

근무시간 외에는 무슨 일을 하세요? 술 마시러 바에 가세요? 거리를 거닐어요? 영화관에 가서 영화구경을 하세요? 축구장에 가서 축구 구경을 하세요?

거리를 거닐고, 영화도 보고, 축구 구경도 합니다만 바에 가는 법은 없고, 철학책은 보지 않습니다. 이 두 가지 일은 제 머리를 아프게 하니까요.

〈질문 14〉

진행자님, 당신도 유명인이 책을 펴내는 그런 속된 물에 물들었다는 생각이 들지 않아요?

그렇지요. 그런 유명인사들이 그렇게 많은 책을 냈으니 이제는 우리 서민도 한 권 내놓을 때가 됐잖아요.

〈질문 15〉

'진실한 말 솔직하게' 프로를 누군가 이전에는 '손꼽아 기다리다가' 이제는 '골라가면서 본다'고 하고, 어떤 사람은 '보고 싶지 않다'고 하는데 어디에 문제가 생겼다고 보십니까?

양쪽에 다 문제가 있다고 봅니다. 우선 이 세 가지 보는 방법에 대해 이야기해봅시다. 연애에서 결혼까지와 비슷하다는 느낌이 들지 않아요? 연애할 때에는 감정이 후끈 달아올라 이성이 부족하지요. 보면 볼수록 예뻐 보이지 않습니까? 결혼한 다음에는 날마다 얼굴을 맞대고 살다보니 자연히 기준이 높아지게 되지요. 제 뜻은 시청자들도 새것을 좋아하고 낡은 것을 싫어하게 된다는 말입니다.

물론 우리의 문제도 많습니다. 진보하지 않으면 퇴보하잖아요. 시청자들의 감상 수준이 갈수록 높아지는데 우리가 그들이 나아가는 발걸음을 다 맞춰드릴 수는 없거든요.

〈질문 16〉

추이 선생님, 프로가 어지간히 소문이 나니까 자만에 빠져 새로운 형식을 과감하게 개발하지 못하는 게 아니에요?

그런 가능성이 있다고 말해야겠습니다. 잠재의식이 장난치는지도 모르지요. TV 프로의 명성은 스포츠 챔피언과 달라서 보존하려고 하더라도 어떻게 손을 대야 할지 모릅니다. 하지만 프로를 5년 하다 보니 일정한 틀과 방법이 생길 수도 있고 그런 조작에 익숙해지면 격정이 줄어듭니다. 우리는 지금 신선한 피를 받아들이고 있습니다. 시청자 여러분들이 프로에서 그들의 작용을 체험할 수 있으리라고 봅니다. 우리는 아직도 사람이 부족합니다. 당신이 이 일을 할 만하다고 생각하면 즉시 전화해주십시오.

전화번호는 010-6398-4662입니다.

또 몇 마디

한 마디로 말해서 차차 인생도 그저 그렇다는 느낌이 든다. '그저 그래' 라는 네 글자가 좋은 술처럼 맛좋으면서도 뒷맛이 있다. 아무리 변하고 아무리 보아도 이 몇 글자에서 벗어나지 못한다.

– 위핑버(兪平伯, 학자)〈중년〉

중국의 책은 정말 많다. 진시황 때부터 불살랐는데도 줄어들 줄 모르니 말이다. 진시황은 책을 쓰는 사람들이 많아 책이 너무 많다는 걸 잘 알았기 때문에 구덩이를 파고 책 쓰는 사람들을 묻어버렸다. 그런데도 후세에 책을 쓰는 사람들이 줄어들지 않는다.

책을 쓰는 이점(利點)은 책을 쓰지 않고서는 알 수 없다. 토막토막 난 견해나 학문은 혀끝에서 맴돌면서도 나와주지 않아 사람을 공연히 안달하게 하는데 일단 종이 위에 뿜어놓아 글자로 만들면 가로 봐도 세로 봐도 눈에 거슬리지 않는다.

이렇게 속시원하게 해주는 맛이 있으니 책을 쓰는 게 현대인의 유행이 된 것도 이상할 게 없다.

나와 로진[老金]은 방송사 시절 한 전호 속의 전우였다. 그녀가 만만치 않은 인물이라는 걸 알아챘을 때는 어느덧 출판사 사장이 되었고, 나는 TV에서 일하고 있었다.

로진은 TV 방송이 내 몸에 비춰준 후광을 발견하고 책을 쓰라고 나를 부추겼다. 사진을 찍는 사람보고 사진사가 살짝 웃으라는 것과 똑같은 말투였다.

살짝 웃는 건 어렵지 않지만 잘 웃어주는 건 쉬운 일이 아니었다. 그래서 로진은 나를 찾아와 설득하기 시작했다. 그것도 베이징에서 황사 바람이 몰아치는 날만 골라 매번 먼지투성이가 되어 내 방으로 들어서곤 했다. 만나자마자 새 책 한 권을 건네주면서 지나가는 말처럼 한마디 하곤 했다.

"이것 봐요. 아무개가 또 한 권 만들었어요."

그 말투는 어떤 사람이 밥 한 그릇을 먹었다는 식이었다. 로진은 단숨에 서른 번이나 뛰어왔고 전화도 수십 통 걸었다.

그 바람에 나는 어떻게 했으면 좋을지 몰랐다. 보는 이도 아실 테지만 고생스레 자란 아이가 갑작스레 남들의 높은 평가를 들으면 얼마나 황송하겠는가.

나는 친구들을 찾아가 물었다.

"쓸까 말까?"

"써라, 우리를 잊지 말고 책에 써넣어."

친구들의 대답이었다. 동료들에게 물었더니 동료들도 찬성이었다.

"쓰라고요. 우리 팀은 언제나 남에게 줄 물건이 없어서 난감했는데."

집안 식구들에게 물었더니 그들은 내 마음대로 하라고 했다.

한동안 나는 만나는 사람마다 물어보곤 했다. 힘에 부치는 일을 억지로 한다면 생각이 언뜻 스쳐지나가더라도 심하게 시달리게 마련이다.

드디어 펜을 들 때 나는 함박눈이 흩날리는 둥베이를 골랐다. 날씨가 추운 고장에서는 사람이 들뜨지 않을 테니까.

쓰기 시작하니 내가 겨우 짧디짧은 38년을 살았구나 하는 생각이 들었고, 글이 내려가지 않을 때에는 내가 이제는 38세라는 느낌이었다. 38은 길한 숫자인 것 같지만 사실은 여러모로 난처한 나이다.

늙지도 않고 젊지도 않은 나이, 오전에는 그래도 여유작작하게 일하다가도 오후에 식은땀이 나기만 하면 힘겨워진다. 노인 앞에서 나이티를 낼 수 없고, 젊은이 앞에서 청춘의 맛을 꾸며내기도 어렵다.

정복을 한 벌 사서 입어보면 정말 세월의 흔적이 느껴지는데, 현대의 맛이 나는 것으로 갈아입으려고 하다 보면 거울 속에 잡색 머리가 섞인 모습이 얼른 눈에 뜨인다.

테이블에 엎드려 쓰다 보니 친구들이 내 붓끝에 나타나 점잖은 풍채를 뽐내는데, 정신을 차리고 보면 변해도 많이 변했다는 느낌이 든다.

로바이는 사망했다. 그의 가족들이 쟈그다치를 떠나 대싱안링에는 더운 김이 서린 집이 하나 줄어들었다.

로왕은 여기저기서 돈을 꾸어 아들을 아르헨티나에 보내 축구를 배우게 하다 보니 빚을 잔뜩 져서 아직까지 다 갚지 못했다.

정왠제는 해적판 때문에 원기를 크게 상해 결연히 강호에 숨어 다시는 얼굴을 드러내지 않는다…

그럭저럭 다 쓰고 나서 눈을 비비고 기지개를 켠 다음 글자 수를 세어 본 나는 깜짝 놀랐다. 한 글자 한마디씩 쓴 것이 20여만 자나 될 줄이야!

이제는 책제목을 달기만 하면 된다. 내가 제일 좋아하는 작가는 챈중수, 아청과 류우전원이라 책제목을 그들의 작품과 비슷하게 만들고 싶었다.

그래서 많은 이름이 떠올랐다.

〈포위된 현성〉,〈인생의 변두리에서〉,〈미친놈들〉,〈닭털천지〉….

헌데 생각해보니 너무 점잖지 못해 웃음을 거두고 진지한 척하면서 궁리해보았다. 그제야 이〈그저 그래〉를 생각해낸 것이다.

한 마디로 말해, 차차 인생도 그저 그렇다는 느낌이 든다. '그저 그래' 라는 네 글자가 좋은 술처럼 맛좋으면서도 뒷맛이 있다. 아무리 변하고 아무리 보아도 이 몇 글자에서 벗어나지 못한다.'

위펑버 선생의〈중년〉에서 따온 말이다. '그저 그래' 라는 말인즉 바로 별것 없이 그저 그렇다는 뜻이다. 모든 생각은 다 그 속에 들어 있다.

의기소침하지 않았고 홍진(紅塵)을 간파하지도 않았다. 연륜이나 자력(資力)으로 보면 그런 노릇은 아직 내 차례가 아니다.

하지만 어딘가 씁쓸해지고 느낀 바도 있으며, 막무가내였다는 느낌도 든다.

이제는 책을 다 썼으니 됐다. 생활은 이제부터 다시 새로 시작되는 것이다.

옮기고 나서

중국에서는 너무나 잘 알려진 책

많은 중국인들이 '샤오추이(小崔)'라는 애칭으로 부르는 추이융웬. 좌우가 평형을 이루지 못한 얼굴에 얄궂은 웃음을 띠고 자유자재로 이야기를 이끌어 나가는 사람. 나는 여러 해 전부터 그를 인간적으로 좋아했다. 우리 부모도 그를 무척 좋아한다.

추이 씨는 일개 서민임을 자처하지만, 사실 그의 인기는 연예계의 웬만한 스타들이 따를 수 없을 정도로 높다. 내가 그와 만나보았다고 하니 부러워하는 사람이 하나둘이 아니었다.

나는 추이 씨보다 네 살 아래, 동시대 사람이라고 할 만하다. 그가 어린 시절에 겪은 일들은 나에게도 너무나 익숙한 일들이요, 그가 다녀본 고장들 역시 나에게 익숙한 곳들이 많았다.

책을 번역하는 동안 나는 추이 씨와 함께 중국을 돌아보고 역사를 돌이켜보았다. 구어체가 하도 많아 중국어를 글로만 배운 사람은 아예 책을 보고는 무슨 말인지 알 수 없는 경우가 많았다.

그의 역사와 경력을 더듬는 동시에 나의 삶도 돌이켜보았다. 나는 또 책에 나오는 사람들과 함께 살았다. 분노에 차서 키보드를 두들기기도 하고, 흐르는 눈물을 주체할 수 없어 한참 쉬기도 했다. 물론 킥킥 웃을 때가 가장 많았지만….

직접 만나본 추이 씨는 TV에 나올 때보다 더 친절하고 솔직했다. 그는 일부 내용을 한국어로 그대로 옮길 수 없다는 점을 충분히 이해하면서, 그런 경우에는 한국식 표현으로 고치라고 위임장까지 써주는 배려를 아끼지 않았다. 한글판 〈그저 그래〉에서 원문의 뜻과 꼭 맞지 않은 부분은 그의 허락을 받고 조절하였음을 밝혀둔다.

그리고 책에 나오는 사람이나 일들은 중국에서는 너무나 잘 알려져 있어서 원서에는 그저 이름만 댔지만, 한국인들에게는 생소하기에 간단한 설명을 곁들였다. 가장 간결하고 정확하게 알리려고 하니 그것도 만만치 않은 일이었다.

추이 씨는 자기 책이 한국어로 옮겨진 후 재미가 줄어들까 봐 걱정했으나, 사실 번역에서 제일 어려운 것이 '맛의 재현' 이라고 생각한다. 일부 내용은 한국인과 너무 거리가 멀어 삭제했고, 또 어떤 내용은 중국어로는 배를 끌어안고 웃을 지경으로 재미있지만 한국어로는 도저히 살릴 수 없어 아쉽지만 잘라버렸다.

또 어떤 경우 중국어 낱말이 두 가지 이상의 뜻을 가지기에 적재적소에 쓰면 야릇한 연상을 불러일으켜 킬킬거리게 되는데, 한국어에서 합당한 낱말을 찾으려고 애를 썼으나 제 맛을 살리지 못할 때도 있어 유감이었다.

추이 씨의 프로를 보고 있노라면, 추이용왠은 마치 '진실한 말 솔직하게' 프로를 위해 태어난 사람 같다는 생각이 가끔 든다. 마이크를 손에 들고 관중석 사이를 오가면서 까다로운 질문에 묘한 답을 할 때 나도 모르게 박수를 친 적이 한두 번이 아니다.

입체적인 삼유(三維) 세계에서 활약하는 인간인 그는 평면의 문자로는 도저히 묘사할 수 없는 사람이다. 중국어를 배우는 사람은 한글판을 읽은 다음, 할 수만 있다면 원서를 구해 보면 추이 씨의 맛을 더 잘 알게 될 터이고, 중국에 오는 이들은 '진실한 말 솔직하게' 프로를 시청하거나 그 남다른 토크쇼 프로 제작에 참가해보면 생생한 중국의 모습을 더 잘 알게 되리라 생각한다.

2001년 가을에 옌벤[延邊] 문학계의 한 원로평론가는 나에게, 중국어와 한국어를 잘 아는 특기를 발휘해 중국과 한국 두 나라, 두 민족의 문화 교류에 이바지하라고 권유했다.

〈그저 그래〉 한글판은 본격적으로 이 일에 착수한 후 내놓은 첫 작품. 첫 선을 보이게 되니 가슴이 공연히 두근거린다. 보는 이들의 평가를 기다릴 뿐이다.

2002년 6월 28일 베이징에서

리동혁(李東赫)